U0902746

世界法学名著译丛

何勤华 主编

早期法律与习俗

Henry Sumner Maine

Early Law and Custom

〔英〕亨利·梅因 著

冷霞 译

上海人民出版社

世界法学名著译丛总序

法学，作为近代社会科学的一个重要组成部分，是西方文明的产物。在法学发展的历史长河中，融入了从古代希腊、罗马至现代西方无数法学家的灵气和睿智。历史上的各个法学流派和法学家提出的各种学说，都包含有科学的、真理的内容，都是人类文明的组成部分。将西方法学中的优秀成果翻译并引入国内，为建设现代中国的法学提供借鉴，是我们从事法学研究的一项重要工作。

早在 160 多年前，先进的中国人如林则徐（1785—1850）等就已经开始将西方的一些法学名著如瑞士法学家瓦特尔（Emer de Vattel, 1714—1767）的《国际法》节译为中文，介绍给国人。1864 年，北京崇实馆又正式出版了由美国传教士丁韪良（William Martin, 1827—1916）翻译的美国法学家惠顿（H.Wheaton, 1785—1848）的《万国公法》一书，此后，中国近代维新思想家严复（1854—1921）又翻译出版了一系列西方政治法律名著，使其在国内广泛传播。

进入 20 世纪以后，我国学术界进一步加快了引进外国法学著作的步伐，先后翻译了施塔姆勒（R.Stammler, 1856—1938）、狄骥（Leon Duguit, 1859—1928）、耶利内克（G. Jellinek, 1851—1911）、奥利弗（M. Hauriou, 1856—1929）、拉德勃鲁赫（G.Radbrueh, 1878—1949）、霍姆斯（O. W. Holmes, 1841—1935）、庞德（R.Pound, 1870—1964）、穗积陈重（1855—1926）、美浓部达吉（1873—1948）等人的作品，为当时中国近代法学的形成作出了巨大的贡献。

1949 年中华人民共和国成立，尤其是 80 年代改革开放以后，我国翻译介绍外国法学名著的速度进一步加快，其质量也有明显提高。当代许多外国著名法学家的著作陆续被译成中文，使我们可以与他们为友，与他们对话，与他们交流，从而使我们能够充分吸收他们的智慧，更自觉地建设我们自己的法学。

但是，与哲学、经济学等学科相比，法学界翻译的外国作品还是比较少的，尚有许多优秀的法学经典未能及时译成中文。在这种情况下，上海人民出版社高瞻远瞩，与华东政法大学达成协议，出版一套《世界法学名著译丛》，以为学术界吸收借鉴这些法学优秀成果尽一点绵薄之力。陆续推出的书目有柏拉图的《法律篇》、格劳秀斯的《战争与和平法》、威格摩尔的《世界法系概览》、德沃金的《自由的法》、维拉曼特的《法律导引》、布莱克斯通的《英国法释义》、梅特兰等著的《欧陆法律史概览：事件，渊源，人物及运动》、麦克唐奈和曼森合编的《世界上伟大的法学家》等。

我们清楚地认识到，国外法学名著，每一本都是学术精品，如果翻译得不准确、不畅达，就是对这些精品的糟蹋。所以，在翻译过程中我们尽可能地小心、谨慎、认真，宁肯速度慢一点，也不敢有丝毫的马虎。但由于这些作品都包含了深邃的思想和广博的知识，并夹杂了许多希腊文、拉丁文和阿拉伯文等，翻译起来并非易事。因此，译文中的错误和疏漏仍在所难免。此点，务必请读者诸君原谅，并多加指正，使其在再版时能够加以订正。

在本译丛的翻译出版过程中，我们得到了上海人民出版社领导的大力支持，在此，均表示我们诚挚的谢意。

何勤华

于上海　华东政法大学

译者的话

梅因古代法研究的变与不变

1861 年，梅因的《古代法》一经出版，好评如潮，该书为梅因带来了无数声誉，既被誉为英国历史法学的开端，也被视为梅因毕生工作的一个宣言书。[1] 1883 年，继 1871 年的《东西方乡村社会》、1875 年的《早期制度史》之后，《早期法律与习俗》一书出版，标志着梅因古代法系列著作的最终完成。二十二年间的四部著作展现了梅因对于古代法律与社会演进的思考全景。无疑，《古代法》是其中最成功、也最受好评的一部。它构成了梅因整个学术研究的基础，该书的研究资料、研究方法以及许多核心观点都贯穿其学术生涯的始终，如梅因自己所言，“经深入思忖和探究，尤不改其见解”[2]。在很大程度上，梅因此后的研究大多都只是对《古代法》构想的思想地图的进一步丰富和细化。当然，梅因也并非一味地固执己见、不知变通，他因应 19 世纪下半叶学术潮流的发展以及多位学者对其理论的学术批评，在资料、方法以及观点等方面进行了相应的调整。

作为梅因晚年学术代表作，《早期法律与习俗》一书能够比较充分地体现梅因学术生涯后半程的特色。虽然梅因在该书出版之时已经离开牛津，担任剑桥大学三一学院院长近六载，但该书的内容主要是其在牛津教学期间思考所得，与《东西方乡村社会》《早期制度史》共同构成了梅因的牛津三部曲。该书共 11 章，部分章节已在当时的期刊上发表，如第 5、6、9、11 四章已经在《双周评论》上发表，第 8 章的内容要旨也已经发表于期刊《19 世纪》上。[3]但梅因也在该书第 1 版的序言中提及，他在收录这些内容时，“已做相当程度的修订”。本文拟从此书出发，对梅因学术理路的变与不变作初步的探索。

一

关于研究资料的选择，梅因在《古代法》一书中有过明确的讨论。他说：“我们可以通过三类证据来知晓先民社会的形态：身处优等文明的考察者对同时代之劣等文明的阐释、特定民族所留存的对其远史的载录、古代法。"[4]第一类证据虽然最为有利，但数量稀少。梅因不信任第二类证据，因为它很可能被"民族的傲气和新时代的宗教情绪而曲解"，人们对自己的描述也并不客观。他认为第三类证据——古代法的危险要少得多，因为古代法之所以得以留存，仅仅因为其古老。虽然在某些情况下，古代法的内容也可能会因编纂者的私心、偏心和粗心所改变，但梅因相信，倘若材料充分，再加以精心比较，亦可去伪存真。[5]基于这一观点，《古代法》一书的资料聚焦于第三类证据——古代法典。

在《早期法律与习俗》一书中，我们可以看到梅因的资料来源日益扩展，除了坚持对古代法资料的运用外，他越来越重视当代的人类学和社会学观察成果的历史价值。在该书中，既有作为官方调查成果的《旁遮普习惯法》《旁遮普习惯法说明》等地方习惯法资料，也有人类学学者撰写的研究成果，如科尔布鲁克上尉和曼先生分别发表的关于安达曼岛民的研究报告，担任中印度贝拉尔省专员以及拉其普特人总督代理人的艾尔弗雷德·莱尔编写的《雅利安研究》一书，甚至还有赴中国的传教士的描述中国宗教和丧葬文化的相关文章。这些资料都可归于梅因所说的三类资料中的第一类，是对于历史研究最为有利的证据。梅因的这一变化，一方面是因为该书的研究对象——早期的法律与习俗萌生于人类社会的初期，许多并未形诸文字，更未曾纳入法典；另一方面，梅因时代正值大英帝国的鼎盛时期，众多英国精英，包括梅因自己都曾奔赴印度等古老文明，获得了观察西方文明以外的其他社会的机会，他们得以通过亲身观察获得一手资料并将其编纂成文。梅因拓展研究的资料来源因此得以可能。

《早期法律与习俗》在资料运用上的另一个特色是该书可能是梅因所有著作中，相对而言，涉及中国内容最多的一本。《古代法》一书只在谈及停滞型社会和改革型社会的分类时提及中国，将中国归入了停滞型社会之中。[6]《早期制度史》一书中涉及中国的地方也只在该书第八讲"原始社会的发展及传播"的开篇，梅因认为在研究新观念的产生时，要搞清楚进步社会的原始状况，就不应忽略包括中国在内的东方，[7]不应认为中国和其他停滞型社会绝对固定不变。[8]《东西方乡村社会》一书中涉及中国的一处意义也不大，是第一讲中提到印度土著在印度东北部时因受印度文明和中国文明的压力而被迫迁往他处。[9]

显然，在这三部著作中，中国并未被纳入梅因的考察之中。但是在《早期法律与习俗》一书中，涉及中国的篇幅猛增，其内容遍布多个章节。

在第一章讨论人类早期社会宗教与法律关系时，梅因说："从中国到秘鲁，几乎所有有记载的法律体系首次为人注意之时均与宗教的仪式以及教规相缠绕。"[10]

在第二章讨论中讨论佛教的死后惩罚——地狱酷刑与君主的世俗惩罚的关系之时，梅因同样以中国作为例证："佛教可怕的地狱酷刑图相当有名。它们大多源自中国，并且很可能夸大了（但是没有过于夸大）自古以来组织得当的庞大的中华帝国及其附属国所实施的刑事司法，在这个体系中，刑罚的威慑作用被认为至关重要。"[11]

在第三章讨论祭拜祖先这一主题时，中国更是成为一个重点例证。梅因不仅引用《诗经》《楚辞》等中国古典文献来描述中国早期的祭祖仪式，还引用1882年的传教士文章描述近代中国的丧葬仪式，认为"中国人是热衷于这一宗教信仰和仪式之共同体的最佳范例"；[12]引用《诗经》来说明"文明的中国人现在祭拜直系的女性祖先，但对女性的死后祭拜比对男性的祭拜产生得更晚。"[13]

在第四章讨论祭拜祖先与继承之间的关系时，他引用美国传教士文章，详细描述了中国祭祖仪式的巨大开支，[14]还指出"祭拜祖先仪式引发对男性后代最强烈的渴望，产生了一整套关于父权、儿子的身份以及继承的引人注目的观念，这些观念必然是在所有更为强大的人类民族中广泛传播的"，[15]而中国正是其中的一员。

在第七章原始社会的理论中，为了论证内婚制与外婚制并非完全对立的概念，一个社会可以既是内婚制的，也是外婚制的论点，梅因也将中国作为例证之一，他说："在中国，有具有亲族关系的大团体，每个团体一般都具有相同的族名。这些团体是'外婚制'的，没有男人会娶一个与自己拥有同样族名的女性；人们对这一事实已经做了很多研究。但是作为现场调查中国社会现象的一群认真的调查者中的一员，杰米森先生发现，他们也是内婚制的。表面上看，他们是内婚制的——他们拒绝与任何周遭部落通婚；在内部，他们是外婚制的，他们拒绝与任何拥有同样姓氏从而表明具有同一血统之人结婚。（《中国评论》，第10卷，第2期）"[16]

笔者认为，《早期法律与习俗》一书中关于中国的篇幅之所以猛增，一个重要的原因是该书出版之前的数年间，也就是 19 世纪 70 年代末 80 年代初，梅因能够获得的与中国相关的资料较之前大为丰富。他在该书中引用的《楚辞》《诗经》均来自马克斯·穆勒翻译的 50 卷《东方圣书》，该丛书的第 3 卷为中国卷，出版于 1879 年。另一篇梅因多处引用的传教士文章发表于 1882 年的《中国评论》。显然，这些材料是梅因在出版之前的三部著作时无法获得的。

但是，资料的充沛不足以解释一切。梅因的既往研究主要聚焦于雅利安民族内部，其引用的资料来源除了雅利安人的各个分支之外，只有属于闪含语系的希伯来人。希伯来人的《旧约》作为西方基督教的神圣文本，其文明早与西方文明交汇融合，会被纳入梅因的考察之中自属当然。但为何他要将研究的对象扩展至既不属于雅利安种族也与西方文明关联不深的古老中国，这是一个值得思考的问题。

从上述梅因对中国资料的使用来看，笔者推测原因如下：其一在于梅因的理论最受批判之处即为其父权制理论。据说他的主要论战对手麦克伦南就在其著作《父权制理论》(*The Patriarchal Theory*)一书中，用超过 350 页的篇幅，致力于证明"亨利·梅因爵士只有一个明确的父系亲属关系的例子(即罗马的例子)，却认为父系亲属关系很可能处处盛行，连同它的家长权(patria potestas)的单一例证——两者都发生在一个绝非野蛮的共同体中……——来表明家长权和父系亲属关系在原始家庭中是普遍存在。"[17]面对如此激烈的批评，梅因需要更多有力的证据来捍卫自己的理论。当他发现古老中国的众多习俗与其理论非常一致，能够为其遭受猛烈抨击的父权制理论以及相关论点提供有力的支撑，使其论证更具有说服力时，自然非常乐于采纳；其二在于，虽然梅因并不主张其理论适用于所有的人类文明，但也并不拒绝，甚至是乐于在可能的情况下，扩大其理论的适用范围。古老中国例证的加入，无疑恰好是扩大其理论适用范围的一个良好途径。此外，在行文中，梅因不吝表现对于古老中国文明的友善和赞美，他把中国称为"伟大的民族"，称中国祭祀祖先的风俗为"了不起的信仰和习惯体系"。[18]这也体现了梅因对不同文化怀抱尊重和宽容态度。

除了上述进步，梅因早期著作在资料运用方面的一些缺陷在本书中也隐约有所体现。例如此前学界对梅因的一个重要批评就是，他将从先进的罗马法中得出的结论扩大适用，难以避免以偏概全的危险。虽然与《古代法》相比，《早期法律与习俗》中的罗马法内容占比并不高，但从书中的只言片语依然可以看出梅因将罗马法视为其理论的出发点和立足点的倾向："罗马法向我们提供了无需检验便可从文明回溯至野蛮状态的唯一可靠的路径。"[19]"让我们通过研究古罗马法来修正我们的思想，这是我们一直希望去做的。"[20]显然，梅因并没有完全改变其对罗马法经验的过度依赖。

二

1859年，达尔文《物种起源》一书先于梅因《古代法》两年出版。一般认为，梅因的法律进化论立场是受到了达尔文的启发。虽然也有学者对这一关联并不认可，但鉴于梅因在其著作中对爱德华·B.泰勒(Edward B. Tylor)和赫伯特·斯宾塞等社会进化论学者的观点多有援引，而这两位正是通过将达尔文的进化论用于阐释社会的运转发展出了社会进化论，因此，无论如何，梅因所持的法律进化论与达尔文进化论之间的关联是无法抹杀的。

法律进化论的立场使梅因致力于在古老社会的法律和习俗中寻找现代法律及其观念的源头。如在《古代法》一书第1版自序的开篇，梅因开门见山地指出，该书的"主要目的一是要揭示某些反映于古代法中的人类最早的观念，二是要指出这些观念与现代思想的关系"。显然，在梅因看来，古代法观念与现代思想之间的关联是确定无疑的。而在《早期法律与习俗》一书的第1版自序中，梅因再次指出"作者在本书中延续了他此前著述的研究思路。他致力于将既有制度与人类的原始习惯或极其古老的习惯，以及与这些习惯相联系的观念相连通"。

需要注意的是，梅因在两书序言中的表述虽然相似，但也存在差异。在《早期法律与习俗》一书中，梅因不再使用"古代法"这一表述，而是使用了"原始习惯"和"极其古老的习惯"两个并列的用语，并且"原始的和非常古老的"这一表述在该书第7章开篇再度出现。这一用语的反复使用说明梅因试图纠正他早期作品中不够谨慎的做法。在早期作品中，虽然梅因使用的资料主要集中在古希腊、罗马等相对较新的历史上，但他并未明确限定其研究的历史时限，而是将"古代""原始""古老""早期"和"远古"多词混用，尤其当他论述某种

"最早"的形式或习惯时,他指的实际是其论述范围内的社会群体中最早的,但由于未作明确限定,因此具有一定的误导性。面对他实际上并未研究最早期的历史时代的批评,梅因在《早期法律与习俗》一书中明确回应说,"确定人类社会的绝对起源并非我的目标"。[21]

梅因的这种谨慎表述在《早期法律与习俗》一书中不止这一处。例如,在讨论法律与宗教的结合时,他说:"与此同时,我们不应当假定,这种法律与宗教的结合为印度人所独有。从中国到秘鲁,几乎所有有记载的法律体系首次为人注意之时均与宗教的仪式以及教规相缠绕。"。[22]其中"有记载的法律体系"的用语表明,他所指称的并非人类历史的最早阶段。

除了上述论述时间的限定,梅因还对其研究对象进行了限定。他指出,他的结论"仅限于到本书前四章中所提出的限定性条件"[23],也就是主要局限于属于印欧语系的雅利安人。其中,罗马和印度远远提供了他的大部分证据,同时他也大量使用了希腊、日耳曼人、凯尔特人和斯拉夫人的资料。[24]梅因之所以把注意力集中在上述群体,不仅因为相应的历史资料更为充沛,也是因为他相信雅利安种族是迄今为止最成功的、最大的进步文明的创造者。他也相信,在雅利安种族内部的各个分支,确实表现出一种法律发展的历史序列。正是因此,他会主张:"东西方之间的巨大差异在于西方的过去是东方的现在。我们称之为野蛮主义的东西是我们自己文明的蒙昧状态。"[25]但由于梅因将其论述的对象限定于雅利安人群体,因此他的进化论并非一般性的,而是一种更为具体而有限的进化论。

与此同时,受德国历史法学派的影响,梅因坚持历史的研究方法,反对纯粹抽象观念和先验假设。这正是他反对自然法学的原因。他说:"我在刚才提到的著作以及其他著作中所遵守的承诺是追溯文明人类制度的真实历史,而非虚构的或者任意假定的历史。1861 年之前的数年,当我开始这一工作的时候,一种基于自然法和自然状态命题的先验理论模糊了背景,阻碍了超越特定论点的道路。"[26]他支持历史发展的偶然性和多元性。历史的偶然性观念在他对英法两国的王位继承规则进行比较时得以体现。梅因认为,两国之所以发展出了对待女性及其后裔王位继承权的迥异态度,并非因为撒利克法的相关规则的规定,而是卡佩王朝的运气和机遇所致。[27]他也从历史的多元发展中挖掘两国分歧的源头："在雅利安人繁衍的横扫西欧和南欧的众多野蛮人群体中，流行着关于财产继承的各种观念。一些群体将女性的后裔完全排除在外。另一些群体则在某些偶然情况下承认他们拥有继承权。因此，我将关于封建君主制的继承权的这些争议视为起源于关于财产继承的不同观点，但是封建精神将其转嫁到了君主后裔身上。它们是未开化的共同体之间非常古老的习惯差异在后世的留存。"[28]

受历史研究方法的影响，梅因区别于一般的进化主义者，提倡一种承认多元可能性的进化论。一般的进化主义者在面对不同群体表现出来的差异性时，往往将其看作是由于发展速度不一致而造成的条件差异，将其视为处于历史的不同阶段。而梅因则更倾向于承认不同群体之间由于历史发展方向的不同而导致存在文化差异。一方面，作为进化主义者的梅因致力于在他所考察的雅利安人的不同分支中寻找普遍性和相似性。另一方面，作为英国历史法学奠基人的梅因，基于其历史的方法和对民族性的认可，承认历史发展的多元路径、不同社会之间的并行发展和文化差异。他的作品向大家展现的"并不是一个将所有社会分等级安置的文明阶梯，而是一个各有界限的社会并排存在的空间领域"。[29]

当然，这使得梅因必须解决追求普适性的进化主义与承认差异性的文化多元主义之间的张力问题。对此，梅因的解决方法是，在承认不同社会可能"并行发展"的同时，主张"示范和模仿"理论。他在《早期法律与习俗》一书中对该理论多有提及：

"最初的人类共同体可能采取了各种形式：……许多不同种类的证据表明，在作为人类天性的模仿本能的作用下，原始社会的这种'混合物'在主导类型的影响下开始成形。达到文明状态的共同体似乎已经受到了一种吸引，使得它们被引向一个典范。"[30]

"只要存在着成功的、或显著的、或者单纯流行的模式，人们在其发展的各个阶段都会努力地予以模仿。政治模仿的习惯，总是很强大的，并且仍然存在。""野蛮人会模仿任何成功的或流行的社会类型——部落、氏族、宗族、村社共同体、外婚制或内婚制的规则、弑婴或者殉夫的习俗。""如果一个制度曾经成功，它就将通过模仿的天性扩展自己，这种天性在野蛮人中比在文明人中更为强烈。继之而来的是，没有一种通过假设内部进化来试图解释所有的社会形式的普遍性理论可能是真实的。”[31]

正是在“示范和模仿”理论的帮助下，梅因能够回应麦克伦南和摩根提出的母权制理论对其始终坚持的父权制理论造成的冲击。他承认有许多野蛮人的群体完全不具有父权制的特征，由于特定社会中的两性比例失衡而导致该社会实行母权制而非父权制，但同时也认为这并非因为母权制才是人类社会最早的制度形式。在他看来，历史的发展并非只有两条修正和发展的道路，而是有着诸多修正和发展可能。个别社会中父权制证据的缺乏并不能论证母权制理论的正确。与此同时，那些最为强大、最为成功的原始群体采取的正是父权制，作为成功的代表，他们的制度和组织方式成为其他社会群体学习、仿效的对象，从而使得父权制依然是早期社会中占据了优势的、主导性的制度模式。

总之，正是由于梅因对历史细节和人类社会经验的复杂性与多样性的尊重，因此他将其进化主义理论局限于雅利安种族内部，并且通过“模仿和示范”理论来调和进化主义与文化多元主义之间的冲突。

达尔文思想对梅因的影响，不仅见于其法律进化论的基本立场，也见于其具体的表述和论证，这在《早期法律与习俗》一书中随处可见。

例如，他在该书中多处使用“自然选择”一词。在讨论长子继承制的发展时，他说：“一个非常古老的，可能是处理这些争吵的最古老的方法，在我们的这个时代被称为自然选择。竞争的首领相互斗争，最有能力之人或者最为强大之人或者最为幸运之人，最终登顶。”[32]他使用自然选择理论来论证外婚制更有可能生育健康的后代，乱交则更可能生下体弱多病的孩子。[33]他还称斯拉夫家族共同体历史发展的缺陷在于“未曾充分暴露于严酷的自然选择过程”。[34]

梅因还多次直接用“进化规律”一词来描述制度和理论的演进，他批评《法律的引用》一书的作者，认为它以一套似是而非的假说掩盖了：“制度如同有机的生命体那样，受制于伟大的进化规律。”[35]他还将进化论用于批评对法律缺乏历史理解之人。他嘲讽“边沁和奥斯丁这样的法律思想家……他们有时仿佛认为，尽管被错误的理论、错误的逻辑和错误的陈述所遮掩，但在所有的谬见后的某处，它们揭示了一个永恒的法律概念的框架，这只能为经过训练的眼光透过元初之光所发现，一部理性的法典或许总是与这种概念相契合”，[36]主张“我描述为正在衰亡和萎缩的法律概念一直被认为属于法学的基本结构；但它们仍然容易衰亡的事实非常有力地表明即使是法学本身也无法逃脱伟大的进化规律”。[37]

此外，梅因直接引用了达尔文的《人类的由来》一书关于“性嫉妒”的观点，将其作为捍卫父权制理论的武器：“根据我们对所有雄性哺乳动物的激情的了解，我们可以得出这样的结论……很难想象原始的男女乱交地生活在一起。从男性现有的社会习惯以及大多数野蛮人多配偶制来判断，最可能的观点是，原始男性最初是生活在小共同体中的，每个都与他能够供养或者获得的多位妻子居住在一起，出于嫉妒心，他会保护他的妻子们不受其他男性的觊觎。”[38]有意思的是，达尔文也在自己1871年出版的《人类的由来》一书中直接援引了梅因《古代法》中的观点：“人类的大部分对其文明制度的改进从来没有显示过一点愿望”。[39]

如前所述，基于其法律进化论的立场，梅因研究过去是为了照亮现在，他对过去的所有研究，都是服务于这一目的的。虽然这是他一以贯之的目标，但是在《早期法律与习俗》一书中，他对现代制度的变革，尤其是英国现代法律的关注度明显提高，古代制度与现代思想之间的关联也愈益明显。

例如，第六章中，他讨论现代英国司法制度的特征，认为是对中世纪日耳曼习俗的继承。[40]在第十章中，他关注欧陆不动产转让的公开登记制度，将之视为对早期社会不动产让与的原始公开性的一种回归。[41]在第十一章中，梅因通过分析早期法典中规则分类排序的变化，推导法院地位的古今变化以及实体法与程序法地位高下的互换，并将其与英国19世纪30年代及70年代的司法改革相关联。在第九章中，梅因在比较英法两国采邑为何会造成不同后果时，提出其中的一个原因是与其他国家相比，英国的封建土地权利更深地扎根于契约之中。这一联想的现实背景是英国于1882年推出了被誉为“19世纪最伟大的不动产法”的《限定土地法》(*Settled Land Act*)，该法允许根据家庭信托占有土地之人(终身地产权人)在信托的其他当事方反对的情况下出售这些土地，从而使其取得了像绝对所有权人一样广泛的经营管理权利。梅因将这一改革与其在《古代法》一书中提出的“从身份到契约”的伟大主题关联起来，表达了想要看到“通过契约净化财产所有权”的愿望。[42]

在一些梅因的研究者看来，梅因对现代法律制度的关切实际上与他对英国现实政治的浓厚兴趣及参与是密切相关的，他们称其为“意识形态的影响”。

三

在具体观点上，《早期法律与习俗》一书也与梅因此前的研究保持了很大的连续性，该书讨论的大部分主题和观点在他此前出版的著作中多少都已经有所涉及。例如他始终将法律演进史和财产权作为其著作的核心主题，关注早期法学中法律与宗教的混合，强调家庭宗教仪式与继承制度之间的关联，将古代父权制家庭作为理解法律发展动力的基本起点，主张财产权从共有向个人所有的演化顺序，始终坚持“从身份到契约”的历史逻辑，等等。

很多时候，他只是通过引入新材料对原有的论点进行丰富与强化。例如，梅因在《古代法》和《早期法律与习俗》一书中对法律与宗教的关系问题时都对《摩奴法典》进行了讨论。《古代法》只是简单地指出，“印度法律史的进程却显示，《摩奴法典》其实是相对晚近的产物”。[43]《早期法律与习俗》的第一章则对《摩奴法典》在印度若干法律典籍中的定位及其具体形成日期进行了详尽探讨。

又如，两书都表达了在人类早期法律记载中法律与宗教相结合的现象。在《古代法》中，梅因以同出自雅利安种族的希腊、罗马及印度的法律为代表，[44]主张“东西方的历史残片都足以向你我展示这一特征，即不管有何本质区别，古法典乃是教条、实在法和纯粹道德训令的大杂烩”。[45]而《早期法律与习俗》一书则进一步扩展该结论的适用范围，试图总结出一条普遍规律的倾向，主张“我们不应当假定，这种法律与宗教的结合为印度人所独有。从中国到秘鲁，几乎所有有记载的法律体系首次为人注意之时均与宗教的仪式以及教规相缠绕”。[46]

当然梅因并非一成不变，他也在必要之时对此前的一些观点进行了修正。除了前述对父权制理论所作的局部调整之外，梅因还对其他的一些具体观点进行了修正。例如，在《古代法》一书中，梅因从对《荷马史诗》中的正义女神忒弥斯的解读入手，认为法律在最初来自首领经神祇的启发做出的司法判决，并且首领的判决先于习惯而产生。他说：“头人们自认受命于天，不应因同一个教条而令彼此受牵制。故此，各个偷人睽隔不闻，其判决互不相干。……紧随着‘判决’的步伐，习惯这一概念的雏形初现了。无论你我多么热情洋溢和一厢情愿地想要推导出习惯在历史上早于司法判初现的结论……但很明显，这两个概念的历史顺序却恰如我在前文所排列的那样。”[47]显然，在此梅因确认的法律发展顺序是：判决先于习惯。

但到《早期法律与习俗》一书中，这一结论已经发生了微妙的改变。他说："荷马的国王首先忙于战斗。但是他也是一名法官，并且可以注意到，他没有法律顾问。他的判决来自直接进入其脑海的神之口谕。这些判决——它与我们日耳曼语中的‘法令’(doom)一词同义——无疑来自既有的习俗或习惯，但是人们在观念上认为，它们是由国王自发地或者通过神的启发而被构想出来的。”[48]在此处，“判决先于习惯”被视为人们观念上的认知，而非历史实际，在梅因看来，真实的历史排序应该是既有的习俗先于首领的命令，首领的自由裁量权并没有他最初预想的那么大。

此外，在《早期法律与习俗》一书中，梅因还纠正了他以前未能理解英国衡平法管辖权的特殊历史基础的错误。他开始认同布莱克斯通的看法，将大法官法院的司法管辖权与国王的补充或者剩余管辖权联系起来。[49]

在梅因的所有成果中，最负盛名的是他提出的“从身份到契约”的理论范式，这一范式的表达是如此有力，以至于后人在解读时往往不顾梅因提出的理论背景和范围限定，意图将其作为一条普适性的规则，适用于整个人类社会发展的所有领域。提起梅因，人们就会想起“从身份到契约”这个著名的表达。事实上，在《早期法律与习俗》一书中，梅因提出了另一个著名的范式，他说：“诉讼法在法院产生初期的优势是如此之大，以至于实体法起初看上去正逐渐隐匿于程序的缝隙之中；早期的法学家只能透过法律技术的形式外壳看到它。”[50]这段话的影响极大，英国著名法律史学家梅特兰不仅在其名著《普通法的诉讼形式》一书中多次援引，[51]称其为“梅因最引人注目的警句”，[52]还于其上拓展引申，得出了另一句脍炙人口的经典名言：“我们已经埋葬了诉讼形式，但它们依然在坟墓里统治着我们。”[53]正是于此处，两位伟大学者灵犀闪现、思想交融，让我们见证了学术前辈们如何于灵感火花闪耀之处实现法律史学术研究的薪火传承。

四

笔者与《早期法律与习俗》一书结缘很早。2003 年，当笔者尚在何勤华教授门下攻读法律史硕士学位之时，经何师和李秀清教授的挑选，本书已被选列为上海人民出版社的“世界法学名著译丛”的一个子项目。笔者试译的该书第 9 章译文也有幸发表于《华东政法学院学报》2004 年第 3 期。在这篇译文的注释中，笔者极其乐观地展望此书中译本将不日问世，但所料未及的是，由于种种原因，此书的翻译最终陷入停顿。好在中国学界梅因的研究成果日益丰硕。在笔者最初着手翻译此书之时，梅因的著作中仅有《古代法》一书由商务印书馆推出了两个中译本，分别为 1930 年的方孝岳、钟建闳版和 1959 年的沈景一版。方、钟译本因出版已久，难觅其踪，沈景一版在相当长时间内都是该书的主流版本。18 年后，当此书译稿于 2020 年春的疫情之中完成之时，梅因著作的中译本已有多部问世：不仅《古代法》一书两度重译，分别是九州出版社 2007 年出版的高敏、瞿慧虹译本[54]以及法律出版社 2016 年出版的郭亮译本，梅因讨论人类早期法律史的另外两本著作的中译本也已相继问世，分别是复旦大学出版社 2012 年出版的《早期制度史讲义》（译者为冯克利、吴其亮）以及知识产权出版有限公司 2016 年出版的《东西方乡村社会》（译者刘莉）。本书的出版可谓拼上了梅因古代法系列著作中译本的最后一张拼图。再加上上海三联书店于 2012 年出版了《民众政府》（译者为潘建雷、何雯雯）一书，迄今为止，梅因的重要著作中仅《国际法》一书未有中译本。

《早期法律与习俗》一书初版于 1883 年，其英国版本由伦敦英国约翰·莫里（John Murray）公司出版，美国版本由位于纽约的亨利·霍尔特公司（Henry Holt and Company）出版，两个版本除页数略有不同外，内容没有差别。本书的底本采用的是纽约版。在翻译过程中，笔者遇到了不少困难，尤其是书中多处涉及拉丁语、古希腊语以及法语等相关内容。为此，笔者特地请教了相关专家，获得了华东政法大学张长绵副教授和马贺副教授、上海社会科学院宗教研究所赵博阳博士以及上海外国语大学 2021 级法律硕士研究生（希腊语法律方向）曹琛同学的帮助，在此向他们特别致谢。此外，本书的翻译还获得了华东政法大学李明倩副教授、上海外国语大学王伟臣副教授以及现任职于南京海关法规处的孔晶博士的帮助，在此一并致谢。本书的翻译和出版，离不开何勤华教授、李秀清教授的大力支持，正是在两位老师的督促和帮助之下，这本书在因我延宕多年后仍能问世，在此向两位老师致以我最诚挚的谢意和歉意。

注释

1. [英]亚伦：《〈古代法〉导言》，载[英]梅因：《古代法》，沈景一译，商务印书馆 1959 年版。

2. 见[英]亨利·梅因：《古代法》，郭亮译，法律出版社 2019 年版，第 5 版自序。

3. See "The Decay of Feudal Property in France and England", *Fortnightly Review*, vol.21, April 1877, pp.460—77; "Ancient Ideas Respecting the Arrangement of Codes", *Fortnightly Review*, vol.25, May 1879, pp.763—77; "The King and his Relation to Early Civil Justice", *Fortnightly Review*, vol.30, November 1881, pp.603—7; "The King and His Successor", *Fortnightly Review*, vol.31, February 1882, pp.180—94; "South Slavonians and Rajpoots", *Nineteenth Century*, 2 December 1877, pp.796—819.

4. [英]亨利·梅因：《古代法》，郭亮译，法律出版社 2019 年版，第 78 页。

5. 同上书，第 79—80 页。

6. 同上书，第 16 页。

7. [英]亨利·萨姆纳·梅因：《早期制度史讲义》，冯克利、吴其亮译，复旦大学出版社 2012 年版，第 111 页。

8. 同上书，第 111 页。

9. [英]梅因：《东西方乡村社会》，知识产权出版社 2016 年版，第 12 页。

10. Sir Henry Sumner Maine, *Dissertations on Early Law and Custom*, Henry Holt and Company, 1883, p.5.

11. 同上书，p.32。

12. 同上书，pp.60—63。

13. 同上书，pp.72—73。

14. 同上书，p.80。

15. 同上书，pp.85—86。

16. 同上书，p.223。

17. Donald McLennan and John Ferguson McLenna, *Patriarchal Theory; based on the papers of the late John Ferguson McLennan*, London: Macmillan and Co., 1885, p.262.

18. Sir Henry Sumner Maine, *Dissertations on Early Law and Custom*, Henry Holt and Company, 1883, p.63.

19. 同上书，p.238。

20. 同上书，p.222。

21. 同上书，p.192。

22. 同上书，p.5。

23. 同上书，p.196。

24. 同上书,pp.194—195。

25. 同上书,p.131。

26. 同上书,p.192。

27. 同上书,p.158。

28. 同上书,p.151。

29. [美]卡鲁娜·曼特娜:《帝国的辩解——亨利·梅因与自由帝国主义的终结》,华东师范大学出版社2018年版,中译本导言,第v页。

30. Sir Henry Sumner Maine, *Dissertations on Early Law and Custom*, Henry Holt and Company, 1883, pp.281—282.

31. 同上书,pp.284—285。

32. 同上书,p.133。

33. 同上书,p.228。

34. 同上书,p.266。

35. 同上书,p.302。

36. 同上书,p.360。

37. 同上书,p.361。

38. 同上书,p.206。

39. [英]达尔文:《人类的由来》,潘光旦、胡寿文译,商务印书馆1983年版,第205页。

40. Sir Henry Sumner Maine, *Dissertations on Early Law and Custom*, Henry Holt and Company, 1883, pp.188—189.

41. 同上书,p.358。

42. 同上书,p.325。

43. [英]亨利·梅因:《古代法》,郭亮译,法律出版社2019年版,第12—13页。

44. 同上书,第13页。

45. 同上书,第11页。

46. Sir Henry Sumner Maine, *Dissertations on Early Law and Custom*, Henry Holt and Company, 1883, p.5.

47. [英]亨利·梅因:《古代法》,郭亮译,法律出版社2019年版,第3—4页。

48. Sir Henry Sumner Maine, *Dissertations on Early Law and Custom*, Henry Holt and Company, 1883, p.163.

49. 同上书,Chapter 6。

50. 同上书,p.389。

51. [英]梅特兰:《普通法的诉讼形式》,王云霞、马海峰、彭蕾译,商务印书馆2009年版,第34、136页。

52. Frederic William Maitland, *Equity, Also, the Forms of Action at Common Law: Two Courses of Lectures*, 1936, Cambridge, p.295.

53. [英]梅特兰:《普通法的诉讼形式》,王云霞、马海峰、彭蕾译,商务印书馆2009年版,第34页。

54. 此译本于2009年由中国社会科学院出版社再版。

原版序

梅因担任牛津大学科珀斯(Corpus)法理学教授期间所做的两个课程讲座已经分别以《东西方村落共同体》和《早期制度史》之名出版。本卷内容出自他在牛津大学任教期间所做的讲座,但其部分形式已做相当程度的修订。

作者在本书中延续了他此前著述的研究思路。他致力于将既有制度与人类的原始习惯或极其古老的习惯,以及与这些习惯相联系的观念相连通。在前四章中,他试图借助由马克斯·穆勒(Max Müller)教授指导翻译的极有价值的《东方圣书》(*Sacred Books of the East*)阐释早期法律与古代宗教之间的密切关系,研究者发现就对现代文明产生了重大影响的数个社会而言,其法律制度于诞生之初均与古代宗教相遇。在此后的章节中,他探讨了对早期法律产生有力影响的因素——国王的权威。在本书的后续部分,他仔细考察了一些财产(property)和保有权(tenure)类型,以及一些法律概念和法律分类,它们存留至今,但其起源似乎可以回溯至远古时期。在本书第七章的开头,作者简要解释了他在后续章节之前插入讨论一些"原始社会的理论"的理由。

第五、六、九、十一章的内容以及第八章的主体部分已经发表于《双周评论》(*Fortnightly Review*),作者就期刊所有人允许其再度出版这些文稿致以谢意。

目 录

第一章　印度教徒的神圣法律 1

对印度的神圣语言*的研究为世界带来了现代哲学和现代种族理论，这
一研究实际上始于对神圣的印度教法的研究。尽管威廉·琼斯爵士(Sir Wil-
liam Jones)**绝非首位生活于印度的英国梵文学者，却是第一个向西方介绍
东方的梵文以及梵文文献的学者。当威廉·琼斯在英格兰进行东方文化研究
的时候，似乎从未对他注定将要挖掘出的珍宝是否存在产生过怀疑。他在两
种高度发达的语言——阿拉伯语和波斯语中寻找了解东方的钥匙。但他接受
了孟加拉一座新设法院的法官职位。根据议会立法，该法院致力于在整个继
承和契约领域为当地诉讼者适用他们自己的法律和习惯；从更早的时期开始， 2
邀请伊斯兰教法学家和印度教法专家——即本土的伊斯兰法和印度教法教授
参与已经成为所有印度教法院的惯常做法，其目的在于向专家们咨询法律规
则，他们被视为这些法律规则的贮藏库。威廉·琼斯爵士在其通信中反复质
疑法院这些本土顾问的准确性与诚实度。他于 1785 年 9 月写道：“我再也无
法容忍受印度教法专家的摆布，他们随心所欲地论述印度教法，当无法找到现
成的规则时，他们就自行制定规则。”由此，他决心亲自了解印度教法的渊源，
专家们均声称其意见以此为基础。他已经掌握了阿拉伯语，因此在研究伊斯
兰法时无需帮助；但是为了掌握用以记录印度教法的陌生语言，他发现有必要
在自己度假期间拜访数个依然教授梵文知识的学府，尽管它们已经没落或者
正在没落。在琼斯那里，改进盎格鲁—印度司法实施的计划最终成为编制伊 3
斯兰法和印度教法的英语汇编的计划。这一汇编使得印度教法专家或者伊斯
兰教法学者的解释不再必要。让他们倍感荣幸的是，当时由康沃利斯(Corn-

* 大约从公元前 1500 年到公元 1500 年之间的历史时期，梵语作为社会宗教生活中的神圣语言，被称为天神使用的语言，具有至高无上的地位。——译者注

** 威廉·琼斯爵士(Sir William Jones，1746—1794)，英国东方学家、语言学家、法学家、翻译家、外语学习天才。曾在印度当法官，用业余时间学习东方语言。威廉·琼斯最早正式提出印欧语假说，揭示了梵语、希腊语、拉丁语、日耳曼语、凯尔特语之间的同族关系，成为历史比较语言学的奠基人，也有人认为他是语言科学的奠基人。他还是英国第一位汉学家。——译者注

wallis)勋爵及其顾问班子组成的印度政府，接受琼斯自动请缨主持该项事业。琼斯聘请了人数众多的本土专家，他们被授予了政府公职。弗拉克斯曼*为琼斯所建的纪念碑位于牛津大学大学学院小教堂，纪念碑刻画了他在数位印度文人的陪伴下免冠露天而坐，四周环绕着传统印度树叶的场景。

事实上，正是从威廉·琼斯求教的这些本土印度老师那里，西方各地的饱学之人和好奇之士逐渐了解到，彼时正处于英王治下的世界一隅，其古老的语言是西方备享尊荣的古典语言的长姐，《荷马史诗》以及雅典戏剧不足以与其一系列诗歌比肩，梭伦立法和罗马的《十二表法》只历经其法律一半的岁月。但当我们与印度越靠近，她就变得越平庸；无论如何，当今印度与边境战争、预算、鸦片以及本色阔平布相联系，这些传遍欧洲的文学发现曾经引发的巨大震动已经不可能再现。但是威廉·琼斯爵士不只是一名学者，更是一名法学家，
4 最能引发其惊奇和兴趣的是他的老师保证，在他学习的古老语言中，留存于世的法律作品被认为具有神圣的起源，极其古老并且为印度教徒规定了普遍义务。其中最古老的法律作品据说由与万物创造有着神秘联系的神明——摩奴口授，它被描述为所有印度教法和印度教规则的公认基础，上亿民众的一切世俗责任的根源。该书依然留存于世，琼斯的译本名为“印度教法总论，或摩奴法令集，鸠鲁伽(Cullúca)注”。该译本是他所规划的汇编的第一批成果。事实上，他似乎将该书在所规划的汇编中的地位视为如同罗马的《法学阶梯》与优士丁尼皇帝著名的《学说汇纂》的关系。

在我看来，威廉·琼斯爵士在其译本的序言中对《摩奴之书》(*Book of Manu*)**所作的说明很可能是他将其老师所述予以理性化后的版本。他的老师似乎都从属于印度学府的一个特定学派，习惯于将摩奴置于特别的地位。威廉·琼斯爵士认为此人实际上是一个凡人，该项立法为其所作。在一篇以摩奴为名的论著中，他被描述为“斜倚而坐，凝神贯注于唯一对象——至尊之
5 神”。由于名字的谐音等原因，威廉·琼斯爵士将他与克里特岛的米诺斯(Cretan Minos)以及埃及人相比较。如前所述，他将这本法律著作类比为罗马优士丁尼的《法学阶梯》，但是他奇怪地将其诞生之日定于公元前1280年。就

---

* 约翰·弗拉克斯曼(John Flaxman，1755—1826)，英国雕刻家、素描画家。——译者注

** 《摩奴之书》即《摩奴法典》。——译者注

较新的研究成果而言，琼斯的这些陈述需要纠正，但是在他的时代，这些研究成果尚未产生。毫无疑问，如果将《摩奴》一书比作英国人所知之书，本应列举一本比罗马《法学阶梯》更为人所熟知的作品——《利末记》(*Leviticus*)。尽管《摩奴》一书包含了大量法律，其本质上仍然是一本宗教典仪之书，涉及祭司职责和宗教教规。我渴望详细论述的一些显著特征都得益于印度著作整体上的这种法律与宗教的结合，而《摩奴》之书正是其中的一员。与此同时，我们不应当假定，这种法律与宗教的结合为印度教徒所独有。从中国到秘鲁，几乎所有有记载的法律体系首次为人注意之时均与宗教的仪式以及教规相缠绕。罗马法中市民法与教宗之法的两分被认为是宗教与法律最早、最彻底的分离。然 6
而罗马《十二表法》留存至今的少量残篇中包含的规则明显是宗教性的或宗教仪式性的：

> 不得用扁斧将火葬用的木柴削光滑，
> 女性不应当在葬礼上抓毁面容。
> 死者不得有黄金随葬。

西塞罗告诉我们(《论法律》，*De Legibus*，2，25，64)，这些包含于《十二表法》前十表中的数个规则源自希腊。他认为，希腊规则出自梭伦，并且解释说这些规则限制了古代丧葬仪式的奢华风气。

威廉·琼斯的观点在东西方都产生了巨大的影响。由此产生的一个后果是，我对此进行的简单介绍完全无法与其实际重要性相匹配。盎格鲁—印度法院从梵文学派那里接受了这样的观点，即所有印度教徒都承认，留存于世的《摩奴》一书中的神圣法律对他们具有约束力。这也是琼斯所认定的婆罗门顾问的主张。在英国法官脑海中的印象，我从其言辞推断英国议会也持有相同印象，显然是，祭司制定的印度教法大致接近于英国普通法，并且至少是为印度教徒所遵循的所有生活规则的基础。人们不久前才开始意识到，这一观点 7
缺乏坚实的基础，因为很可能直至16世纪末，大多数印度教徒都未曾听闻过摩奴，[1]对于被假定为依赖摩奴权威的法律规则更是所知甚少，甚至一无所知。晚近的调查已经极大地限缩了祭司制定之法最初实施的范围。数年前，当我从印度回来时，我在一本关于《东西方村落共同体》的书中（第 52、53 页）中陈述了我之前在对印度司法官进行了个人调查后所形成的观点。我说："在我看来具有最高权威之人所得出的结论是，首先，摩奴和他的注释者编纂的法律最初包含的习惯的数量要比预先设想的少得多；其次，被凝练为典籍的习俗规则已经被婆罗门评注者大幅修改，通常修改其精神，有时则修改其要旨。"事实上，印度教法可能被证实为由大量地方习惯以及一套被凝练为文字的习俗组成，后者假称比其余习惯具有更为神圣的权威，从而对前者产生了巨大的影响
8 力，并且试图吸收这些习惯，如果说未曾试图抑制它们的话。在那之后，对这一现象的系统考察大大强化了我的结论。印度有一个旁遮普省，五河之地，它是雅利安印度人从其故土迁徙进入印度平原后最早的活动中心。该省的法律和制度很晚才获得详尽的官方调查。［《旁遮普习惯法》（*Punjab Customary Law*, edited by C.L.Tupper, Calcutta, 1881）］在我看来该调查获得了非常有趣的结果，其中有一个结果是我们从旁遮普省发现的许多制度在婆罗门评注者掌握它们之前即已存在。深刻影响了所谓印度教法发展的宗教观念的痕迹在此极其轻微；对法律考古学家而言，没有什么比将旁遮普的规则与偏居东南一隅的婆罗门学派制订的那些规则相比较更富于启发的了。事实上，旁遮普印度教法展现出了一些与最为古老的罗马法极其相似之处。也有证据表明，不时流淌过印度南部半岛的印度教只是潺潺浅溪。[2]南部的印度教徒总是被认
9 为教规懈怠；但是真相似乎是，他们并非因懈怠而违反印度教的神圣法律，而是他们及其祖先都不曾了解神圣法律的完整内容。

其他的一些观点，以威廉·琼斯爵士在其序言中首次提出的理论为基础，但是现在大多数博学的梵文学家并不认同这些观点。虽然摩奴的法律书很可能是古代的记录，但是被过分夸大了。该书产生的真实日期尚无法确定：在印度的文学史上，几乎不存在可信的日期。但人们现在相信它相对现代——在多少包含一点法律内容的梵文著作大家庭中，它几乎是最为现代的。这一观点是马克斯·穆勒教授首次适用的一个判断标准得出的结果，现在为梵文学家作为定论普遍接受。摩奴的法律书是诗歌体的，而诗歌是文字尚未产生或者尚未被广泛应用之前，为了减轻记忆负担而采用的一种权宜之计。即便是
10 现在，在我们自己的国家，大量民间智慧都是通过古老的诗歌或者古老的谚语

得以保存的。因此，我们完全可以确定，在中世纪的时候，专业人士通过这两种方法掌握众多法学和医学知识，这些专业人士并不必然是神职人员。许多被凝练为格言的古老的日耳曼法得以保存，很可能英国法律人所熟知并且有时候被称为智慧精髓的拉丁语法律格言也是非常有助于记忆的。关于诗歌，普通的执业医生们曾经用萨莱诺(Salerno)* 医学院传授的诗歌体的拉丁文规则来记忆其专业知识——奇特的医学箴言汇编以严厉的警告开头："世间未有不死药"(*contra vim mortis non est medicamen in hortis*)。在威廉·琼斯爵士的时代，有人以诗歌体来编写柯克勋爵《判例汇编》节略。他严肃地评论说，如果其诗歌更流畅并且法律表述更精确，所有学生可能都会被建议使用该书。现在，梵文的法律书籍有时候是格言式的散文体，有时候是诗歌体，有时候则是两者的混合；马克斯·穆勒所确立的判断标准是，在印度无论如何，格言体的著作比诗歌体的著作更为古老；一旦找到线索，就有更多的证据表明，完全以诗歌体写成的《摩奴》一书，要比印度教的法律书籍[例如《阿跋斯檀巴》 11
(*Apastamba*) ** 和《乔达摩》[3] (*Gautama*)，它们完全是格言体散文写成的]晚得多，甚至要比半散文体、半诗歌体的著作[如《毗湿奴》(*Vishnu*)和《婆私吒》(*Vasishtha*)[4]]晚得多。"在所有吠陀(这是印度教的神圣经典)文献中"，马克斯·穆勒说，"不存在像《摩奴之书》这样以有规律的叙事诗诗节(sloka)书写的书面作品，对这种节奏的持续使用是后吠陀著作的典型标志。"因此，尽管《摩奴之书》一书享有巨大的现代声誉，但其乃印度教伪经。乔利(Jolly)博士(《毗湿奴》的序言)提到有"充分的证据"表明，它已经历经修改和彻底改造。

所有这些文本调查和讨论的结论是，没有哪本书像《摩奴之书》一书那样，其形成日期如此众说纷纭。威廉·琼斯爵士将其产生之日定于公元前 1280 年，施莱格尔(Schlegel)定于公元前 1000 年；埃尔芬斯通(Elphinstone)认为是公元前 900 年，莫纳·威廉姆斯(Monier Williams)认为大约是公元前 5 世纪，

* 意大利南部城市。位于萨莱诺湾，由罗马人在公元前 197 年成立，原为一个古老的城镇。从 646 年起是伦巴第公爵领地的一部分，后在 839—约 1076 年是独立的伦巴第公国首府。在被诺曼人罗伯特·圭斯卡德占领后成为其首府。萨莱诺后来成为那不勒斯王国的一部分。其主要建筑包括一个医学院(欧洲最早的医学院，可能建于 9 世纪)和大教堂(始建于 845 年，在 1076—1085 年重建)，内有圣马太和教皇圣格列高利七世的陵墓。——译者注

** 古代印度教的重要法经，讲高种姓婆罗门和刹帝利的社会以及宗教责任。——译者注

马克斯·穆勒则认为不早于公元前200年。但是已故的最高权威伯内尔
12 (Burnell)博士认为该书迟至公元400年才出现。有人甚至认为该书的现有形式出现于公元11世纪或者14世纪。[参见纳尔逊《印度教法的科学研究》(*Scientific Study of Hindu Law*),p.37.]这就如同一部特定的著作无法被确定究竟是创作于夺取特洛伊的传说时代,还是班诺克本战役(Battle of Bannockburn)* 的历史时刻。但是该书自称其诞生于创世之时,我认为持有这种当前所谓正统观点的印度教徒肯定会宣称它的年湮代远。与此同时,它大胆自夸的神圣起源与一些现在表明更为古老的著作相比可谓相形见绌,因为所谓的《毗湿奴法典》(*Code of Vishnu*)宣称是由印度教三大主神之一向大地女神(goddess of the earth)口述而成的。

但当我们全面审视这一神圣的法律文献的时候,就不可能不认识到关于其起源的现代理论的合理性。没有哪一本论著,更不用说是所有论著的总和,只是一个个体的产物。该文献是博学的婆罗门学派逐渐发展的产物,这些婆罗门学派迄今依然可以在印度找到。它们是由致力于神圣学问之人组成的社团或法团。可能与其工作最相类似的是本尼迪克特教团僧侣们(benedictine)
13 的劳动。但这一比较不能作过度引申。禁欲令的观念似乎并不为早期印度教徒所知。各个学派开始之时要么实际上是一个家庭,要么最初只是一个坐在老师脚边的纯粹自发的学生集合,它试图以家庭为模型来构建自身,因为家庭是唯一知晓的永久性的组织形式。学派之间的区别很可能在于彼此信奉的特定的权威(如同现在,作为标准的特定著作)。由于它代代传承,因此其成员部分地从自愿的追随者那里招募,部分地招募自世袭的后代。这一双重进程在我们最为古老的权威文本之一——《阿跋斯檀巴》中得到了明显的反映。渴望学习神圣学问的学生会去找一名"家庭世袭其业,本人掌握并且虔诚践行该法"的男子(《阿跋斯檀巴》,I.i.1.11)。另一方面,学生被指示将其老师的老师视为其祖先(《阿跋斯檀巴》,I.i.7.12)。关于老师与学生的关系的这一认识在印度至今未绝。印度人仍然将"由老师和学生前后相承而构成的学派视为一个精神家庭"(布勒博士,见上文;Dr.Bühler,loc.cit.)。根据印度教法院所认

---

* 1314年苏格兰独立战争的关键战役,此战中,苏格兰军队大胜英格兰军队,英军伤亡惨重,从而为14世纪苏格兰获得独立奠定了坚实的基础。——译者注

可的法律,尽管可能并非源于真正的惯常做法,老师和学生仍然彼此继承,正 14
如他们在古老的阿跋斯檀巴时代所做的那样。《阿跋斯檀巴》规定,如果没有更近的亲属,“由精神上的老师继承,如果没有精神上的老师,学生应当获得死者的财产,并且为了死者的利益而将财产用于宗教活动,或者他也可以自己享用。”(II.vi.14.3)

另外两个社会,虽然在智识上与印度人截然不同,但其文学史上也存在类似的这种极为神圣并且严格的文学关系。格罗特(Grote)先生关于荷马诗歌的理论认为,《荷马史诗》数量庞大(ii.176—178),是合作创作的成果,不是单个人的作品,而是荷马氏族的作品。该氏族以祖先荷马为名,历史上不一定真有荷马其人,他是“神圣或半神圣的名祖(eponymus) * 或祖先。荷马氏族每个成员的个性都被融于一体,成就荷马之名及其荣耀。”“荷马不是一个人,而是荷马族人(Homerids) ** 神圣的、英雄的祖先,崇拜和祖先的观念在古希腊人的心中融合在一起,如他们通常所做的那样。”一个更类似的例子出现于爱尔兰的古代法律文献中。我在之前的一本著作[《早期制度史》(*Early History of Institutions*), p.242.]中写道:“文学上的领养制度与布雷亨法(Brehon law) *** 学派的存在紧密相关。这种领养制度包括布雷亨教师与其学生之间
所建立的各种关系,为了传授学生布雷亨知识,教师让学生住进自己家中。但 15
是可能让我们吃惊的是,古代的爱尔兰人将这种师生关系视作具有特殊的神圣性,非常类似于自然的父子关系,布雷亨法的小册子认为这一点是不容置疑的。它明确地规定,[5]它创设了与真正的父亲同样的家长权(patria potestes),尽管学术养父免费教学,但是他终生都有权主张其学术养子的部分财产。因此,布雷亨教师与其学生所建立的并非一个我们通常理解的学派,而是一个真正的家庭。虽然普通养父负有给予其养子某种教育的法律义务——教导族长

* 指其姓名被用来命名某事物或活动的人。——译者注

** Homerids,拉丁语为 Homeridae,希腊语为 Homerìdai,居住于爱琴海希俄斯岛(Chios)上的一个氏族,他们的祖先据称是古代希腊诗人荷马。他们声称早在公元前 6 世纪就将《伊利亚特》和《奥德赛》从爱奥尼亚带到了希腊本土。他们可能保存了被归于荷马的文本。他们最初是吟游诗人,荷马史诗的歌唱吟诵者。少数荷马史诗的颂歌、序曲以及虚构的神话被认为是由他们创作的。从公元前 4 世纪开始,希腊语 Homerìdai 一词就被一般地用作指称吟游诗人以及荷马史诗的研究者。——译者注

*** 英王亨利二世时期爱尔兰凯尔特人的法律体系,因由职业解释者和法官“布雷亨”适用和发展,故名。该法律体系于 1366 年被废除。——译者注

之子骑射、游泳、下棋，以及教导族长之女缝纫、裁剪以及刺绣——布雷亨教导其养子最为高贵的学问，即学习有关首领的文字上的专门学问。他虽然收取报酬，但是这是法律为其规定的。该报酬源自其身份，而非一场买卖的结果。”

总体而言，在现代的文学理论中，很少有比马克斯·穆勒首度对存留至今
16 的印度教祭司所著之大批法律著述而提出的文学理论更值得推荐的了。真正的或者拟制的婆罗门家庭逐渐发展了这些法律著述。穆勒在其最初发表于《莫利东印度判例摘要》(*Morley's Digest*)的信件中说，[6]“这些著作的庞大数量部分源于这一事实，即并不存在对所有婆罗门家庭具有约束力的祭礼经(Kalpa-sutras)*，不同的古老家庭拥有各自的祭礼经。这些著作在我们的图书馆中依然极为常见，然而其中许多无疑已经逸失了。此处援引的经文(sutras)为欧洲所未见，婆罗门自己也承认其中一些已经逸失。”关于《摩奴法典》[也被称为“摩奴法论”(Manava-dharma-shastra)]，由威廉·琼斯爵士翻译，他的印度教师视其为所有神圣的印度教法律之基础，它是对摩奴氏族(manavas)的法律学说的修订版，该氏族以梵文文献中经常提到的摩奴之名命名，但现存之书的作者提到这是一个不同于他自己的人。如果以前的摩奴曾经编纂过一本法律书(这是可疑的)，该法典肯定不是以现存法典的形式来编纂的。

这些学者的学派所依据的理论，从古代的或许非常古老的阿跋斯檀巴和
17 乔达摩到后来的摩奴，以及更后来的那罗陀(Narada)的各派理论，可能仍然被一些具有最热忱的宗教信仰之人所坚持，但是随着时间的推移，它影响了每一种思想。最根本的假定是，人们相信一个神圣的或者有创见的文献曾经真实存在，其中包含了所有知识。印度教过去和现在始终都认为，不仅该圣典(scriptures)是真实的，而且该圣典中包含的一切东西都是真实的。从很早开始，印度教学者们似乎已经意识到了解释或者适用这些理论的困难。有时候权威的著作相互抵牾。有时候它们无法为公认的学说或者极其古老的宗教习惯提供基础。最早的一个权宜之计，就是假设圣典中最为古老的部分有些内

* Kalpa是指劫波(根据印度教的宇宙论，宇宙从创始到毁灭的一个周期，约43.2亿万年)，sutras是指婆罗门教经典，故而合译为劫波经。它是婆罗门教的一大类文献吠陀支(vedānga)中的一个组成部分，以宗教仪轨为主要内容，因此也被称为“祭礼经”。——译者注

容已经逸失了。阿跋斯檀巴说，“如果你问，为何雅利安人的决定预设了一个吠陀篇章的存在，那么我的回答是，所有的箴言最初都是在梵书（Brahmanas）中被教授的，但是这些文本已经逸失了。我们可以从习惯中推断出它们曾经存在这一事实。但是，我们不得推断，规定通过遵循该习俗就可获得快乐的吠陀篇章在此前即存在；谁遵循这样的习惯，谁就应下地狱”（I.iv.12.10）。在这些权宜之计的帮助下，其中的一些仍然为博学的印度教徒所使用，该理论至今
尚存；人们观察到，这样一个在系统性思维初期就被牢牢坚持的理论，倾向于 18
将其自身变为事实。随着人类的进步、不断累积的观察和思考，初生的哲学和科学都被解读为神圣的文学作品，虽然它们同时也为其祭司作者的统治观念所限制。但是因为该文献的主体通过后续注释者所做的增补获得不断发展，它逐渐地专门化，主题最初混合于模糊的一般概念之下，此后变得彼此分离和独立。在法律的历史上，早期最重要的专业化就是将一个人的应为之事与他的应知之事区分开来。宗教文献的大部分，包含宇宙的诞生，天堂、地狱和世界的结构，以及神的性质，都归入后一个部分，即一个人的应知之事。法律书籍最初被视为第一个分支的子目，即被归于一个人的应为之事。因此，这类最为古老的书籍是简短的行为手册，教导雅利安印度教徒如何度过一个完美的人生。它们包含大量的宗教仪式，只涉及少量的法律，大量内容是关于因触摸不洁之物而导致的不道德，而非犯罪，更多的是关于宗教忏悔，而非刑罚。它
们试图为虔诚的前三大种姓的印度教徒提供从出生到死亡的指引，给予他关 19
于生活的全面指导，首先，作为圣书的学习者，其次，作为一家之主（或者，我们应当说，一位公民），最后——那被假定为每个人在年老之时的恰当命运——作为一名宗教上的苦行者或者遁世者。[7]

这种奇异的人生安排贯穿了圣法著作系列的始终，仅不见于它们论述纯粹的法律内容的部分。婆罗门阶层负责教授，但是前三大种姓，即婆罗门、刹帝利和吠陀的年轻人都来到他的面前接受其对神圣知识的教导；从一些段落来看，甚至不能确定，地位最低下的种姓首陀罗是否总是被排除在外。这是求学期。当这一阶段结束，接受了教育的印度教徒回到自己的家庭，从事世俗事务。他于是就成为户主。但是，当老之将至，这些书中就会假定（无论实际的做法如何），他遵循一部为他规定了自我克制的全部细节的法典的指导，从积

极生活中抽离出来，并且作为一名遁世者或者苦行者结束他的时代。我们当
20 然必须在第二个阶段，即作为户主的人生阶段，寻找印度教徒的神圣法律可能显示的古代法律的历史。位列其首的求学期是引人注目的，因为它揭示了印度教民族中大多数人持有神圣文献以及对于其种族之教师——婆罗门所具之尊重的真正秘密。对于年轻的印度教徒的教育，不只是对神圣文本和学说的教育；它是一种对于敬畏感的训练，这种敬畏感几乎达到了卑躬屈膝的奴性的程度。这种敬畏感既是对文献的敬畏，也是对教师的敬畏，由一个采取了极其娴熟的技巧的规则体系灌输到未成年人的心灵中。但是，第三个阶段，即苦行主义的阶段，对于这些书籍的现代读者而言，总体上似乎是最难以理解的部分，在本章结束之间，我将对此予以其专门的论述。所有的小册子都提到了过苦行生活的义务，以及为了遵循这种义务而规定的规则，《摩奴之书》一书在第六章对此进行了详细的讨论。书中写道："先已学期期满的再生人（"再生人"，就是通过学习吠陀获得二次生命），在按规定住满家居期后，应即下定决心，断然抑制其感官，生活在山林中。当一个家庭的父亲看到自己皮皱发苍，并且看到了自己的儿子已经生子，那么就让他退隐山林间。要放弃他在家乡的饮食，以及所有家居器
21 皿，让他到人迹罕至的山林中去，把妻子交给儿子照顾，或者如果妻子选择跟随，就让妻子相伴左右……让他经常阅读吠陀，容忍所有的困境……让他耐心地忍受斥责之语；因为肉体虚弱不安的缘故，让他不要与任何活着的人为敌。对任何愤怒之人，让他不要也变得愤怒；被虐待，让他言辞温和；让他不要提及虚幻的事物……乐于沉思至高无上的精神，在这样的冥想中坐禅，无需任何尘世之物，除了他自己的灵魂无需任何陪伴，让他生活于这个世界，追寻彼岸之极乐……一个葫芦、一只木碗、一个泥碟或者一只芦苇所编的篮子，这些是摩奴——自在神之子（son of the Self-existent）所宣告的接受人们敬神之食物的恰当容器。"

印度人上了年纪就退隐至"宗教"，这在当今印度仍然是一个相对常见的做法，而英国法院实施的法律对那些拥抱宗教生活、不再参与任何世俗事物的印度教徒也做了多处规定。考虑到虔诚的印度教信仰者期待在死亡之时降临
22 的大量体验，这本身在习俗上并没有什么惊人之处。但是有理由认为，老年人从活动中隐退要比印度人的神学系统更为古老，并且在许多早期社会中作为一项世俗的习惯而独立于后者存在。如此众多共同体的古代法律或习俗都曾

规定过家长权(patria potestas),它被建立在与父母身份非常类似的权力之基础上;当该权力衰退,有许多迹象表明父权制的权威也消失了。在印度教习俗中,继承并不必然因死亡而发生;人们普遍认为的可能事件是从世俗生活中隐退。户主告别家人,将其财产在子女之间分割——不仅如此,甚至可能被其子强迫退隐。而且,有一些证据表明,当规模更大的印度人的亲属组织——数代同堂的大家庭(joint families)处于比我们所看到的更为古老的状态时,他们将孩子、未嫁的女儿和遗孀,还有年长者这三类视为无法自立之人,因此依赖于整个群体。爱尔兰布雷亨法中也频繁提到“长者”(seniors),他们被说成是氏族必须供养之人,无疑就是指年长者。

事实上,有理由相信,在人类历史的某个阶段,年长者的地位发生了革命
性的变化,可能就如同仍然发生于女性身上的进程那样。有充分的证据表明, 23
部落如果长期受到敌人猛烈压制或者普遍陷入生存的窘境,就会有组织地将无法参与劳动或投入战斗的年长者置于死地。迄今,我们仍然能够看到野蛮的斯拉夫民族强迫他们的年长者跳海之遗址。在世界的许多地方,更为残忍的野蛮人以老者为食。但是,许多共同体的古老记录,尤其是那些操雅利安语的共同体,表明年长者被赋予了最高权威和尊严。弗里曼(Freeman)先生(在他的《比较政治学》第72、73页)列出了一个长长的记载受人尊崇的阶层或者机构的名单,它们表明进步社会对老年人的判断的重视。其中有元老院,斯巴达元老院(γερουσία)、它的《荷马史诗》中的同等物(δημογέροντες)、使节(ambassadors)、方伯(ealdorman),长老(elder)、司祭(presbyter)、阁下(monseigneur)、显贵(seigneur)、祖先(sire)、阁下(sir)以及舍赫(sheikh)*。弗里曼先生最后提到的是山中年长者(old man of the mountain)。如此众多的名号,无论世俗的还是教会的,都证明存在一种非常强烈的感情,并且表明对于年长者的赞誉是走向文明的一个必经阶段。

有一个新西兰酋长的故事,调查人向他询问一位著名的部落同胞的命运,
他回答说:“他给了我们这么多的好建议,所以我们一直善待他,直至他去世。” 24

* 操阿拉伯语的部落(尤指贝都因人)中家族的男性长者,同时也是构成整个部落组织的较大社会单位的首领。舍赫由部落中的男性长者组成的非正式委员会协助。这个词还可作为尊敬的名称或头衔,或用以命名宗教权威。——译者注

如果酋长确实曾经这么回答过，这个答复将野蛮人在不同时期对待年长者的两种观点结合在了一起。首先，他们是无用、累赘并且惹人厌的，只是白白地耗费粮食。但是在后一阶段，对于智慧和忠告的价值的新认识赋予年长者以最高的尊荣。他们漫长的人生开始被视为一种保存经验的方式。语言能力将人与野兽相区分，书写技术是扩大、比较以及传播经验的手段，有可能发展出文明的社会借此与那些被斥为永久野蛮的社会相区别，人类借此能够获得的经验远超特定个体所有。然而，个体生活总是经验的最初来源，某个时候，个体生命被拉得越长，他对知识总量的贡献就越大。这似乎是对在文明初期将巨大权威赋予既缺乏体力又没有军事本领的年长者组成的会议这一现象的最好解释。在那些没有书面作品以供学习并且意识到了自身生存所必需的技术的重要性与平均寿命的短促完全不相称的共同体中，这一现象很可能获得迅
25 速发展。我们发现，几乎在古代世界所有的进步部分，通常以会议方式组织的年长者们都拥有很大的公共权力，这些观念至今仍留有痕迹，在文明的西方，多国模仿英国上议院设立了人造的第二院，对其议员资格只设立了最低的年龄限度。但是这些现代第二院在很大程度上与古代会议的功能相反，从其名称和其他方面来看，最初被认为是由年长者组成的。现在第二院被假定对拥有立法创制权的另一院的立法拥有否决权；但是古代的元老院，无论如何尚处于原始状态，事先决定哪些立法应当被提交给公民大会（popular assembly），如果他们自行立法，他们的法令涉及国家的特定部门，例如宗教和财政。总体而言，它们更接近行政组织，而非立法组织。它们一度拥有对于法律制定权的重要支配权，与此最相类似的，是英国内阁通过其对立法创制权的实质垄断而享有的虽不明确却非常真实有效的权力。

注释

1. 一位权威人士告诉我，除了法律论著外，经典文献中很少提到摩奴。这些最终引用了"摩奴"，但以该名引用的著作也非现存的那些著作。

2. 有两部著作颇值得关注：纳尔逊（MR.J. H. Nelson）的《对马德拉斯高等法院所实施的印度教法的看法》（*A View of the Hindu Law as Administered by the High Court of Madras*），以及《印度教法的科学研究》（*The Scientific Study of the Hindu Law*），尤其是前一部。可能存在的一个疑问是在这些书中所指出的现实恶行现在是否可以救济，或者，如果它们是可以救济的，它们应当以何种方式被消除，但是，我认为它们的存在是不容置

疑的。

3.《阿跋斯檀巴》和《乔达摩》的译本载于马克斯·穆勒的《东方圣书》的第 2 卷,《婆私吒》载于第 4 卷,《跋陀罗衍那》(Baudhâyana)载于同一卷,他最为重要的章节载于韦斯特和布勒(Bühler)的《印度教法汇编》(*Digest of Hindu Law*)中。其作者被博学的印度人视为最古老的权威,但是现存的文本是非常不可信的,可以参见布勒的导论。《毗湿奴》一书由乔利(Jolly)翻译,载于《圣书》的第 5 卷。

4. 同上。

5. 文学养父对养子拥有宣告判决、举证以及作目击证人的权力,正如父亲对儿子所拥有的权力,以及教会对教会土地的保有人的权力。(*Ancient Laws of Ireland*, ii.349)

6. 现在收录于《阿跋斯檀巴》的导论第 1 页,载于《东方圣书》第 2 卷。

7. 完成其初学期的学生可以在任何阶段成为苦行者,但是文本中表明的是常规的人生进程。

26

第二章　宗教与法律

在我看来，包含了印度教神圣法律的最为古老的书籍对法律的绝对起源阐述不多。某个实际遵守的制度、某个习俗或习惯制度，必然藏身其后；一种貌似可信的推测是，它与旁遮普省印度教徒现有的不完善的宗教化习惯法相类。但是它们确实表明了法律人的开端，而非法律的开端。它们使我们看到法律最初是如何被一个专门的学术阶层视为明确的思想主题的。组成这个阶层的法律人最初都是祭司。在凯尔特人、罗马人和希腊人等几个民族最早记录下来的习惯中，有迹象表明存在这两种古老的职业身份。例如，直到人们认
27 识到法学家源自大祭司或神父，才能理解古代罗马法律人为何如此固守文本，数百年来这些文本已经成为其职业的特征，以及为何他们坚持使用僵硬的程式作为陈述事实的方式，这种程式刚刚才在我国消失。在整个中世纪，公开宣称自己为神父的法律人并不亚于自称为世俗之人的法律人，由于我们法律史上的独特转向，总体上，我们国家是唯一一个难以看到教会法学家与罗马法学家或民法学家对法律的发展过程实施同样影响力的国家。如果罗马帝国只是将其行政体系传播到西欧，而并没有将一个极力追求完整性的法典化世俗法的连贯体系遗赠给它，西方的一般法律即使现在也会清晰地反映特定的宗教观念，就像印度教法反映了婆罗门的祭司观念那样。

首先，有必要观察这些法律书籍的婆罗门作者的祭司角色如何影响了他们对“行为”(*conduct*)的看法，这个词最初必然是先于“法律”一词使用的。简而言之，这个看法始终受到他们关于人类死亡后之命运的信仰的密切影响。
28 该命运包含了各种体验，其中的一些类似于天堂或地狱的直接奖惩，如同西方宗教所构想的那样。但是印度教关于人死后状态的信仰，以及主要源自其的佛教信仰，与大多数广泛传播的西方信仰不同，因为灵魂转世代替了直接奖惩，并且所有形式的奖惩被视为不具有永恒性，实质上是瞬息即逝的。我的目的并不是考虑何为最古老的信仰或者印度教徒的信仰，以及在书中呈现于我们面前的宗教观念在多大程度上代表了他们现存的宗教学说，但我应该对此

予以观察。在我已经提到的著作——早期的法律手册中，信仰已经达到了一个确定的阶段，可以自行检验，对我而言，这极具启发性。从很早开始，印度教神学似乎已经将宇宙视为被摧毁后再生，并且注定要被摧毁后再生；但是在这些摧毁和产生的巨大间隔期间，存在的总和被认为是不可摧毁的，并且是无法增加或减少的。尤其是，生命的总量总是不变的。这一生命或灵魂的实体被视为流淌贯穿于所有的生命体，或者我们可以说贯穿于所有的有机体中；但它
总是回到自身——从未停止，依然开始。这一生命之流被分为若干部分，每个 29
部分暂时以外在形式存在，但是始终不断地从一个部分传递到另一个部分，而不丧失其内在同一性。人、动物、圣人以及神本身彼此之间并无本质差别。他们身上所充斥的是同样的生命或灵魂，只是披上一个个不同的外在形式。存在(existence)本身并不终结，但是它的连续阶段是可中止、可变动的。当一个人受到不洁玷污而去世，他的灵魂会行经一系列的炼狱；当其灵魂逃离最后一重炼狱之后，就会披上一个个不同的动物外形，并且最终进入人身，最初进入的人体很可能是病弱之身。但是，在通过学习圣典而获得再生之后，有德之人(the virtuous)死亡之时直接进入天堂，在那里，他们的美德储备使其获得长久的生命；但是天堂也会逐渐衰败，那时天堂的余烬会将他们带回人间，再度出现在富强者中。“所有种姓之人，如果他们履行了自己应尽的义务，将在天堂中享有至高的永恒极乐。后来，当一个已经履行了其义务的人返回这个世界，他就基于其剩余的功绩而获得不同的出身、容貌、肤色、力量、学习能力、智慧、财富以及履行其所在种姓或等级之法律的天赋。因此，在两个世界，他都生活
于幸福之中，像一个车轮从一个世界滚向另一个世界。”[《阿跋斯檀巴》(*Apas-* 30
tamba)，II.I.2.2 and 3]即使是天堂诸神，他们只被视为具有非凡美德之人，最终也会耗尽他们的美德储备，失去福祉。“正是依靠婆罗门”，毗湿奴说(XIX.22)，“诸神才居于天堂。”

前述《阿跋斯檀巴》段落中提到的车轮是这些作者最为喜欢的一个比喻。他们把存在想象成一个旋转的车轮。以不同的间隔代表生命轮回，天堂在上而地狱在下，人类和动物置于两边，这是东方常见的宗教图案；但是尽管印度教徒并非对其一无所知，它们更为频繁地出现在佛教徒中，[1]佛教徒必然从更为古老的印度教那里借用了车轮的象征符号，并且似乎赋予其专门的精神意

义。在佛教徒的车轮画中，佛陀被画在圆圈之外，表现为祈福的姿态。他已经逃离了令人厌倦的存在轮回，远离神与人，于涅槃（Nirvana）中孑然独立。这种可能性的假设无疑被正统的印度教徒视为无神论。高贵的宗教感情带给他
31 们对婆罗门、梵天和神、自我存在、“不朽且无暇”的冥想，他们被“包裹于物质之中，是所有生物的居所”，他们“如同一座被划分为许多街道的城市”。对于这个话题，他们以非常崇高的语言在各处进行自我表达。

在下一章，我将有机会解释，这些书籍所暗示的一个最为古老的特定的宗教体系，它与我已经仔细观察过的信仰非常不同。很可能，这些信仰本身是由如若干更为古老的部分所组成，直接奖惩以及轮回的间接奖惩最初并不属于同一个学说体系。但是，天堂和地狱，以及灵魂的轮回，在最为古老的法律论著中都被提及，尽管只是寥寥几语。在更晚的著作中（但是其中的一些不像《摩奴之书》那么晚），这些主题占据了很大的篇幅，悲观奇异的想象大大丰富了它的内容。天堂，因为在宗教体系中并非不同寻常，只是被模糊地概述；但是地狱，或者更为适当的称呼是炼狱（purgatories）（因为它们本质上是临时性的），被以最为精致的语言细细描摹。在数量上，地狱有 22 层，每层都施加一
32 种新的身体或者精神的痛楚。我认为，将它们设想为某个人的想象力创造的成果，就像但丁的多层地狱那样，是错误的。它们相当于刑罚概念的不同等级。这些惩罚之地，如炼狱的第 21 层，灵魂徘徊于剑叶森林；在第 19 层，他们游荡在崎岖不平的道路上；在很可能比第 1 层古老得多的第 15 层，他们陷入腐臭的泥土之中或者黑暗之地；第 4 层，或曰嗥叫之地；第 10 层、第 11 层和第 12 层分别是燃烧之地、烘烤之地和重压之地。在我看来，后面的这些并不比大权在握的世俗统治者施加的常规（但最初非常残酷）刑罚更为古老。统治者的刑讯室已经深刻影响了死后惩罚的概念，只要将其中的一些遗存——例如，纽伦堡自由市的遗迹——与 14 世纪的某个画家所呈现出的关于炼狱和地狱的流行观念相比较，即可发觉。

如我所言，罪孽深重的灵魂在每一个惩罚之地的逗留都是临时性的，但是其停留的时长都是用天文量级的语言来表达的。例如，如果一名婆罗门被杀死，他的鲜血在泥土上——也就是说，在印度被烧成灰烬的土地上——所造就
33 的灰尘颗粒是如此之多，凶手必须在地狱中度过千年（《摩奴之书》，XI.208）。

佛教徒们对惩罚持续时间的想象更为夸张。事实上，在所有这些主题上，他们似乎已经超越了印度教教义。佛教可怕的地狱酷刑图相当有名。它们大多源自中国，并且很可能夸大了（但是没有过于夸大）自古以来组织得当的庞大的中华帝国及其附属国所实施的刑事司法，在这个体系中，刑罚的威慑作用被认为至关重要。

但是，最终在经历了一系列炼狱之后，灵魂或者生命的部分开始进入轮回
过程，这可能使其重返人身。我已经陈述了我的观点，即通过轮回来洗涤罪孽
或不洁，以及在地狱中通过刑罚来洗罪，最初并不属于同一个宗教思想体系。
但是在这些印度教法律书籍中，它们被混合在了一起；罪孽深重的灵魂，从炼
狱的痛苦中解脱出来，仍然必须经历一系列的动植物形态，方能再度为人。面
对毗湿奴和摩奴这些作者所描绘的灵魂轮回时展示的怪诞特殊的细节而不感
觉可笑是困难的。“最严重的罪犯连续进入所有植物体内。道德罪犯进入蠕 34
虫或昆虫的身体。轻刑犯进入鸟类的身体。第四等罪犯进入水生动物的身
体。那些犯下有损种姓制度之罪的人进入两栖动物的身体。”（《毗湿奴》，
XLIV.2）在这些一般概述之后，是大量关于犯有特定罪孽之人所进入的生物
种类的论述。其中的一些，可能存在自然的契合，但另一些看起来只是任意武
断或者胡乱的猜测。占用了宽广道路之人变成了穴居的大毒蛇。盗窃谷物之
人变成了大老鼠。偷水之人变成了水鸟。但是，把偷丝绸之人变为鹧鸪，把偷
亚麻布之人变为青蛙；偷牛之人变为鬣蜥，这些该如何理解？然而，我可以冒
昧地说，这些信仰中在我们看来非常难以理解的东西曾经是简单而自然的。
据观察，野蛮人将由一种生物向另一种生物的轮回看作几乎是一种简单的日
常进程。原始人通常与野生动物共存，既以其为食，亦为其食，似乎并未意识
到人类对于野兽的巨大优越性。他们似乎对生物与其他一切事物之间的不同
印象深刻，但似乎也认为不同的生命形式之间的壁垒极其微不足道。最近人 35
们已经从这一野蛮的特征中得出了一些非常有趣的推论；人们指出，在那些古
老世界的遗存——童话和神话中，一个生物常常转变为另一种生物，又变回其
最初的形态。我们时代最流行的儿童书是变形记的故事；而奇境故事之所以
受到欢迎，是因为它忠实地遵循了梦的运作；在这里必须指出，许多古老迷信
的原料实际上是构成梦的素材。

但是印度教的法律书籍已经将古代的信仰发展为最为精确和丰富的道德和神学哲学。它们的特殊原则是人的行为和某种形式的生物的经历决定了其下一个生命形式。他在未来的存在形态是变成一棵植物、一只爬行动物、一只鸟、一个女人、一位婆罗门还是一个半圣人,都取决于他自己。他自身的行为决定了他的来世;这些作者以极为庄重的语言宣告过去与未来不可分离。如果一个人死亡时被自愿的罪孽或者非自愿的不洁所改变,如果他没有通过恰
36 当的忏悔来去除污点,那么他将变成最卑微的生物;如果他去世之时比出生之时更为纯洁,他就可以到达人性的最高阶段,或者几近神性。整个理论因其满足了对道德的渴求,并且显然对世界之善恶的不平衡提供了完整解释而获得了尊重。缅甸的末代君主在登基之前曾经出家为僧,终其一生,他都是一位杰出的佛教研究者。一个英国人向他演说英国人在军事、科学和商业上相对于缅甸人的优越性,想要表明这种卓越是由其国民更为纯洁的信仰所致。国王礼貌地表示认可,但是补充说:“毫无疑问,你们前世必然都是极其有德性的佛教徒。”

有了这些解释,那些起初非常令人费解的著作的一些特征就变得比较容易理解了。因此,它们主要被称为法律书籍,是因为它们包含了极其精确的行为准则。但是,如果有人不遵守规则,他会怎么样呢?这是现代法学家要回答的主要问题。惩罚是什么,或者,如技术用语所说,制裁是什么?现代意义上的理解,在这些最古老的书籍中几乎没有人注意到。事实上,它以另一种存在
37 方式来处刑,因而尽管可以如此断言,却无法就此下达任何命令。因此,在现代法律书中施以制裁(saction)之处——也就是说,如果拒绝遵守法律就会遭受各种刑事后果——在这些书中代之以宗教惩罚(penances)。在此进行自我惩罚是为了避免让更糟糕之事于别处降临己身。书中以最不妥协的语言和最为诚挚的态度来描述这些宗教惩罚。[2]在一处,忏悔者被告知要自残其身,并且朝着一个特定的方向前进,直至倒地身亡。在另一处,他要三次跳进火中,或者进行战斗并且将自己作为一个靶子暴露于敌人面前。对于犯下重罪之人,他要躺在一张炽热的铁床上,或者进入一个中空的铁制塑像,塑像两边点火,烧灼至死。对婆罗门饮用禁酒这种相对轻微的罪行,他要将沸腾的烈酒灌入喉咙。其他的宗教惩罚,无论从他们所设想的自虐的时间长度还是复杂程度

上来说,都是非同寻常的。古老的书籍处处暗示人们对于宗教惩罚之功效的怀疑。他们说,既然邪恶的行为本身依然存在,那么这么做又有何用处?尽管如此,他们补充说,权威的观点是宗教惩罚应当被履行。“这个世界之人”,乔达摩写道(XIX.2),“被恶行所腐蚀,例如对不应献祭之人进行献祭,吃禁食之 38
食,言不当之言,忽略已订之规,为禁止之事。他们(即一些婆罗门权威)怀疑他是否应当为这样的行为履行宗教惩罚。一些人宣称,他不应当这样做,因为这种行为不会消失。(但是)最佳观点是他应当履行宗教惩罚。”该观点继而受到了大量援引自印度教经文之内容的支持。值得注意的是,这些作者似乎都不觉得,我们会怀疑是否有任何人会被迫使履行更严厉的宗教惩罚。

那么我们应当称之为法律的东西——即在这个世界上通过施加制裁或刑罚来实施的法律,无论民刑——在这些书籍中最初是如何出现的呢?它的出现与我们称之为国王的角色相关。国王的权威多少被认为存在于这些论著中最古老的部分。但总体而言,他们认为国王和婆罗门之间的联盟是逐渐形成的。这些书中最古老的部分给予国王较少的权力,但是国王的权力及其职能一直在不断增长,直至在最晚期的著作(例如《摩奴之书》)中,国王的全部职责这一主题是论述得最为详细、篇幅最长的主题之一。可以观察到,随着国王的重要性日益增长,祭司关于国王与法律的关系的看法也发生了改变。在我看 39
来,在这些书中最为古老的部分,国王仅仅作为精神指导者的辅助者。他要完成并且执行宗教忏悔。“如果有任何人,”《阿跋斯檀巴》说道(II.v.10.13),“违背了他们的精神领袖的命令,将被带到国王面前。国王应当向他的家庭祭司请教,后者精通法律和统治之术。他应当命令他们履行适当的宗教惩罚,如果他们是婆罗门的话,并且以除了肉刑和奴役意外的强制性手段使其恢复理性,但对其他种姓之人,国王在审查了他们的行为之后,甚至可以将其处以死刑。”在后来的一本论著(《毗湿奴》,III.2)中,国王的职责被总结为两大准则:他应保护其臣民;他应维护四大种姓,以及学生、户主、遁世者和苦行者的四大顺序,各自履行自己的义务;或者,换句话说,他要如同祭司法律人所构想的那样实施整个社会和宗教体系。变革的进一步发展在于《阿跋斯檀巴》书中称为国王家庭祭司的人物地位得到进一步提升。最终,法律书籍开始考虑一个理想的法院,该法院由国王以及担任法院顾问的博学的婆罗门构成。后来的著作

40 给国王的权力披上了神圣的外衣。他由源自神之精华的永恒粒子构成。“尽
管即使只是一个孩子，也不能因为他是一个凡人而轻视他。不；他是以人类外
形出现的强大之神。”（《摩奴之书》，VII.iv.8）。但是他已经失去了实际的个人
权力。他只能根据他的婆罗门法律顾问的建议行事。“一个无知并且贪婪的
国王不能施加公正的惩罚，因为他没有明智而有德性的助手，他的理解力没有
获得改进，他的心灵沉溺于肉欲。只有完全纯洁、守诺、遵守圣典，并且拥有得
力助手和明智理解力的国王才可能公正处刑。”（《摩奴之书》，VII.xxx.31.）

从这一点来看，在这些论著中陈述的法律变成了真正的世俗之法，由王庭
本身通过现世施加的刑罚予以实施。婆罗门自己毫无疑问自始至终都主张神
职人员的可观利益。“肉刑”，它写道，“不得被用于婆罗门；至多可以将其罪行
予以宣告，或者将其放逐或者处以黥刑。”与此同时，《摩奴之书》（VII.17 及以
下）中找到的刑罚或者刑事制裁的抽象学说可能令英国法学家感到满意，他们
坚定地宣告制裁为法律中的主要组成部分。杰里米·边沁几乎无法抱怨这样
41 的说法：“刑罚支配所有人；单靠刑罚即可保护他们；万物皆睡时，刑罚独醒；如
果国王不惩罚有罪者，强者会压迫弱者，如同海中之鱼。全人类依靠刑罚维持
秩序；诸神与恶魔、天界乐师与罗刹、小鸟与毒蛇都被对刑罚的恐惧所节制而
克尽其特殊的职务。”（《摩奴之书》，见上述引文）但是，此种司法学说的全部后
果并非出现在诸如现存的《摩奴》这样的法律书籍中，该书除了大量世俗法律
外，包含了许多祭司规则，在我看来，这些规则大多已经不再有效。一本更晚
的著作《那罗陀》（*Narada*），[3]几乎完全是一本简明的法律书，并且是非常有趣
的那种。作为该书的撰写人，法律人的理性和公正使得古老的婆罗门教体系
各个方面都得以调和。其中论述“证据”的部分在我看来尤其引人注目，不仅
仅是因为（尽管作者相信神明裁判）总体而言极其现代的法律学说，而是因为
其关于真假证人主题的阐述所展现出来的道德水准的提升，这与现代印度教
42 的不真实形成了对照。“亲属、朋友，金银财宝，无论这些曾经多么重要，都无
法阻止准备跃入地狱的无尽黑暗之人。当你来作证时，你的祖先们处于焦虑
之中，并且心想，‘你是要把我们从地狱中救出来还是让我们陷入地狱中？’真
相是人的灵魂；一切事情都以真相为基础。说出真相方能获得更好的自己。
如果你提供了虚假的证据，那么你的一生，从你出生的那晚直至你逝世的那

晚，已经被虚度。没有比诚实更高尚的美德；也没有比谎言更重之罪行。因此，人们必须说真话，尤其是当被要求作证的时候。”（《那罗陀》，第 42、43 页，乔利；pp.42，43，Jolly）《摩奴》（VIII.112）中的类似段落也因屡受谴责的证人资格的规定而蒙羞，“如涉及为救济一名婆罗门而作出的承诺时，轻率的宣誓亦非致命之罪”。

长期研习印度教圣法的研究者所面临的困难，几乎完全是由于该书的过渡性特征造成的，该书最初作为印度教的初始来源被引入欧洲学术界。如果最早被翻译为西方语言的印度教文献这一分支的典范是《那罗陀》，它将被视为大
家所熟知的那类法律书，其中被发现的祭司影响的痕迹很可能被忽略。另一 43
方面，如果首先被知晓的书是《乔达摩》，或者《跋陀罗衍那》（*Baudhâyana*），或者《阿跋斯檀巴》，它很可能立即被视为一种实用宗教行为手册——《印度教徒的完整义务》（*Whole Duty of a Hindu*）；其中包含的法律很可能被认为是偶然性的。但是《摩奴》一书，威廉·琼斯爵士使其享誉欧洲，既不能完全归于前者，也不能完全归于后者。只要它自成一派，要决定其在法律通史上的地位就存在着最大的困难。许多年前，（《古代法》，第 17、18、19 页）我就表达了是否将其用于考古学目的的犹豫心情，但现在我明白自己之前低估了《摩奴》结构中的祭司元素。现在看来，该书所属的文献总体上有两个源头；部分源自某个习惯体系，该习惯体系现在仍难以确定（尽管近来对于印度习俗的地方体系的调查对此已经有所阐释），但是更主要的部分来自印度教的典籍文献。典籍产生的时代越晚，其影响越大。在远古时代，它的创造者开始并没有任何制定或者陈述法律的想法。从宗教赞美诗、祈祷活动、宗教仪式以及神学占卜开始，
其中一些学派转而关注行为，详细地陈述虔诚之人应做什么，如果他不做，他 44
会发生什么，如果他行为有偏差，他可以通过何种行为恢复正直。逐渐地，在这些学派中就产生了这样的确信，即为了以统一的规则规制行为，对统治者而非被统治者采取行动是一个更简单的过程，因此人们请国王来帮助婆罗门并将其奉为神圣。与国王的这一联合的开端就是真正的世俗法的开端。

在我看来，如果教会法学家获得了对普通法律师和民法学家的彻底优势的话，这一切在西欧法制史上也会发生。他们所建立的体系可能被期待给予以宗教惩罚的方式涤罪的做法以极其重要的地位。事实上，这一点已经发生

了，教会体系对其宗教惩罚的偏爱，凌驾于世俗体系对其酷刑的偏爱之上，正如我们可能从传奇故事中所看到的，这与圣托马斯(贝克特)的受欢迎有很大的关系。因而很可能的是，如果犯有更为严重的罪孽，教会法律将会恳求世俗统治者的帮助，以获得适当的抵罪；这种情况再度发生在把更严厉刑罚委托给
45 世俗权力的时候。最终，如果欧洲国王们在实施民刑审判时的御用顾问都是
神职人员，从长远来看，他们将被迫按照由王廷执行的适当制裁来设计民刑法律体系。但是，这个体系的各个部分都将深受教会理念的刺激，并且尽管它的某些或者许多规则很可能借鉴自更为古老的习惯，但是要查明它们的源头或者明确其最初形式将是非常困难的。

在此我们发现了神圣的印度教法的历史实用性的一个主要缺点。在发展的过程中，它们可能已经从外部吸收了许多习俗；但是即使是在其最早的习俗中，它很可能也已经在传播过程中发生了改变，同时在最晚近的习俗中，它可能借鉴自数个不同的习惯体系，并且与其开始时习惯的原则不相容。总体而言，该文献最有价值的部分是关于法律的某些特定分支如何与一套完全宗教性的信仰相分离的阐释。下一章将讨论这一分离的一个例子。

我说过这一古老的文献对法律的起源的揭示比对法律人的起源的揭示要
46 少得多。但是，我们当然可以理解，构想和设计该文献之人远不止是法律人。
全世界都知道，在某种意义上他们是神职人员，但他们又远不止是神职人员。我们明白的是在古代印度社会只存在一个专门受过教育的阶层，该阶层绝对垄断了所有知识。它包含了仅有的法律人，仅有的神职人员，仅有的教授，在品位、道德和感情方面的唯一权威，以及唯一的科学保管人。这些书是关于婆罗门拥有地狱及死亡之匙的冗长断言，但是它们也表明婆罗门致力于指挥比智慧之力更大的力量，他们所有的努力都在于将世界上另一种强大的力量置于他们的影响力之下，征服士兵和世袭君主。他们要成为君主的权力伙伴，成为他们的顾问和襄审官(assessor)。“国王和婆罗门精通吠陀，此二者维护世界的道德秩序”；这句话因此被写在这些书籍中最为古老的那本上。无疑，婆罗门和国王之间的联合经常被确认，并且产生巨大的影响；在早期印度史的朦胧时期，确实出现的事实是尽管宗教最初通过皈依的方式扩张，它们在广袤的土地上建立，并且更多地被世俗权力而非被传道事业所推翻。总体而言，对这

些书籍的研究留下的印象是，比这更可怕的源自身体、智力和精神上的优势的 47
结合而产生的暴政从未存在过。然而，认为将其观念反映在这些文献中的这
一阶级是自我放纵的教会贵族是完全错误的。我必须承认，要充分地描述该
职业自豪感的高度并不容易，这种职业自豪感洋溢在他们作品的每个角落。
所有人都要为他们服务；所有人都要给他们让路；人们以最精细的方式表达对
他们的敬语。他们免受他们自己规定的刑法的束缚。《乔达摩》写道："一个婆
罗门不得遭受肉刑，他不得被监禁，他不得被处以罚金，他不得被流放，他不得
被社会贬低或排斥。"在《毗湿奴》法律书的一个段落中，他们的傲慢可能到达
了顶点，书中写道："神是看不见的神，婆罗门是看得见的神。婆罗门维系着世
界。正是受惠于婆罗门，神居于天堂。"然而他们为自己描绘的人生既不是一
种奢侈的人生，也不是一种快乐的人生。这是一种自始至终都处于可怕的可
能性阴影下的人生。婆罗门在青年时期要恳求他们的老师；在成年时期，作为 48
一名已婚的一家之主，他被无数义务所包围，对其中义务的非自愿违反都会使
其在另一个世界遭受数百万年的堕落或痛苦；在老年时期，他将成为一名苦行
者或遁世者。有可能，婆罗门教主体思想极其顽强的生命力恰可归因于自主、
自弃以及自贬的共同作用。如我已经表明的，祭司法律体系作为一个系统，其
现有权威很可能很大程度上归功于盎格鲁—印度教法院认可其为印度的普通
法；但是潜藏于其下的一些信仰观点，如同它们对整个婆罗门教文献所做的那
样，构成了所有印度教徒最为持久的精神储备。其中的一些观念并不缺乏宗
教及道德上的提升；但总体而言，恶已经凌驾于善之上。我们可以在这一最为
古老的文献中发现，许多迷信的萌芽仍然在发挥着致命的影响——种姓的偏
见迫使受伤的印度兵死于发烧，却不让他们从其低种姓的同袍们或者他的
英国长官那里获得饮用水；污染引发的恐惧，25 年后导致了雇佣军部队发生了
可怕的兵变；拒绝肉食与饮料，这仍然限制一个人口众多国家的食品供应，并
且促成了该国周期性的饥荒。但与这种思想密切联系的是今天有一种受西方 49
知识和西方科学方法影响的日益发展的思想体系开始酝酿。两者的共存使得
英国人对印度的统治在其创新性与困难性、对管理者所要求的谨慎、洞察和自
制都是举世无双的。

50

评注与例证

评注A

车轮图

佛教的车轮图，如我所说，比印度教的车轮图更常见，并且该图形被频繁地描绘。但是来自马德拉斯的格兰特·杜夫先生(Grant Duff)慷慨地赐予我两份印度教的图，虽然轮廓上没有佛教的车轮图完美，但两者显然仿照了同一模型。

从考维尔教授那里，我了解到了佛教图起源的有趣传说："在被称为《大譬喻集》(*Divyávadána*)的北印度佛教集的第21个故事中，有一段记述，说的是佛陀的弟子目犍连尊者(Maudgalyáyana)有时会游览天堂和地狱，当他回到尘世后，他就会描述他所看到的不同景象。"

佛陀对阿难尊者(Ananda)说："无论是目犍连尊者还是像目犍连尊者那样的人并非总是出现，因此，佛轮必须分为五个部分，并被放置在门的内室中。"
51 行乞者听说佛陀已经下达了这一命令，但是他们并不知道何种车轮将被制成。佛陀说："要做成五条道路——地狱道、牲畜道、饿鬼道(pretas)[4]、神道和人道。其中，地狱道在最底层，然后是牲畜道和饿鬼道，神道和人道——也就是，四大洲，即东胜神州(Púrvavideha)，西牛贺洲(Aparagodáníya)，北俱芦洲(Uttarakura)，以及南瞻部州(Jambudvípa)则在上层。欲望、仇恨和愚蠢的冷漠被置于中心"：[5]欲望表现为一只鸽子的形象，蛇是仇恨的化身，肥猪则是愚蠢的冷漠的化身。佛陀之像指向涅槃(Nirvána)圈之外。生命被描绘为以一种超自然的方式诞生的，如用水轮的机械，从一种状态落下，再以另一种状态产生。整个圆以顺逆的顺序来代表十二重因果循环[6]。一切被瞬间毁灭，这两首圣歌(gáthás)如此描述：

> 开始、出现，热心于佛陀之法，
> 摆脱死亡之师，如同大象摇落芦苇棚屋。
> 在教义和戒律[7]中坚定行进之人，
> 抛下出身和尘世的一切，将结束痛苦。

行乞者们执行佛陀之言，制作由五个部分组成的轮子。婆罗门和户主们前来问询："先生，这里刻的是什么？"他们回答说，"先生，连我们自己也不知道。"佛陀说："指定一名行乞者站在大门的内室中，他将向不时前来的婆罗门和户主们展示它。"

注释

1. 见本章末"评注 A，车轮图"。

2. *Apastamba*，I.I.15；xxii.；*Vishnu*，xxxiv. Xxxv.

3. 朱利叶斯·乔利博士（Dr.Julius Jolly）已经将《那罗陀总论》（*Institutes of Narada*）一书译为英文。（London：Trübner & Co.，1871）

4. 遭受永恒饥饿的恶鬼。

5. 印度哲学中著名的三"错"。

6. See *Colebrooke's Essays*（ed.2），vol.i，pp.453—455.

7. 达摩和律藏。

第三章　祖先祭拜

52 我已经说过，最为古老的印度教的神圣法律书籍中所包含的生活规则受到了两大宗教信仰体系的强烈影响，这两大宗教信仰体系很可能彼此独立，互不相关。尽管印度教的祭司法律人将其融合为一体，但是通过在一系列地狱中施加的死后惩罚来涤罪与通过肉身轮回的方式来涤罪是对同一问题的不同解决方法。违反法律书籍中规定的规则将使违反法律者身负特定的污点，除非他在世时以适当的宗教惩罚予以清除，否则将在其死后附着于他的灵魂之上，只能通过更为严厉的赎罪方式予以涤罪。这两种对于死后生命的不同观点似乎对连续的专门炼狱理论、轮回理论以及将两者合为一体的成熟的印度教体系都有所贡献。但是，除了这双重宗教思考的痕迹之外，有明显的证据表
53 明，在这些论著中，还有第三种可能更古老的宗教，孑然独立。这就是祭拜祖先，它形成了整个印度教的继承法。但是，祭拜祖先和继承之间的关联并非印度教信徒所专有。相当数量的对文明有着卓越贡献的共同体最为古老的法律都向我们表明，这种崇拜的某些部分的履行成为其继承人应当恪守的义务并且成为他们继承的条件。因此，这种粗糙原始的信仰强烈影响了继承法，该部门法连接代际传承，对所有进步社会都至关重要。

祭拜祖先在此并不能被理解为学者们通常所表达的意义，它不是对某个久远的并且通常是传说中的祖先、某个英雄、赋予一个民族、国家、部落、家族或家庭以姓名的祖先的崇拜；如同伊翁、罗慕路斯或者欧摩尔波斯(Eumolpus)* 那样。显然，它也不能与野蛮人对其图腾的迷信崇敬联系在一起，即使对他们而言，该图腾是被他们构想为其生命源头的生物。在我们当前的语境下，人们通过供奉祭品和祈祷的方式来寻求平息祖先的怒气，这些祖先是
54 事实上被记住的祖先，或者无论如何，能够为祭拜者所铭记的祖先。时间相近对于我正在谈论的祭拜是至关重要的。有迹象表明，根据许多共同体的早期

---

* 希腊神话中厄琉西斯的祭司、波塞冬和喀俄涅的儿子，以其名字命名的民族成为古希腊专司宗教礼仪的民族。——译者注

观念——例如像印度教信徒和爱尔兰人这样相距甚远的共同体——作为数代同堂的家族或家庭(joint household or family) * 的一分子,一个人在其一生的某个阶段,他至多有望看到其上三代以及其下三代。根据这一期待,被祭拜的祖先有三:首先,是父亲,其次是祖父,再次,是曾祖父。对更早的而非被个体记得的祖先的祭拜,可以被视为对这些观念后续的发展。他们最初的特征以及与他们相联系的感情的性质,可以从加农·卡拉维(Canon Callaway)(在泰勒的《原始文化》,第 2 卷,第 106 页中)对一群南美洲部落的祭拜祖先的叙述中概括。“尽管他们祭拜其部落的许多阿马通戈(Amatongo,祖先精魂),在它们周围制作一个巨大的篱笆来提供保护,然而当他们祭拜祖先的时候,他们的父亲被置于最前列。对他们而言,他们的父亲是一笔巨大的财富,即使已经去世;那些已经成年之人完全了解他,知道他的温柔和他的勇敢……黑人并非对所有的阿马通戈——也就是说,他们部落的所有逝者——一视同仁。统而言之,各家的一家之主被其子女所祭拜,因为他们并不知晓那些已经去世的祖 55
先。但是,他们知晓自己的父亲,他们的祈祷以其父为始,也以其父为终,因为他们对他最为了解……他们说,我们并不知道他为什么要关心除了我们之外的其他人:他只会关心我们。”

“亡魂祭拜”,泰勒先生说(《原始文化》,第 2 卷,第 118 页),“是人类宗教的一大分支。它的原则并不难以理解,因为它们只是简单地遵循生者世界的社会关系。死去的祖先,现在被赋予神性,继续保护他的家庭,并且依旧从他们那里获得衣服及侍奉。死去的首领依然守护着他自己的部落,仍然通过帮助朋友、伤害敌人来保有其权威,仍然奖善惩恶。”

祭拜祖先,即祭拜父亲、祖父以及曾祖父在印度教中是最为精细的宗教仪式,法律书籍中概述其要点,《毗湿奴之书》(*Book of Vishnu*)中予以详述。在古代印度教的祭司法律人眼中,整部继承法依赖于对它的准确奉行。更值得注意的是,在现代盎格鲁—印度教法官的眼中,宗教仪式与继承之间存在着同样紧密的相互依赖关系。这些法官在漫长的岁月之后,仍然力图解释古老的书籍,并将其原则适用于他们面前的案件。例如当一位加尔各答高等法院的 56

* 也称同堂家庭或联合家庭(包括祖父母和旁系亲属同居一户的家庭)。——译者注

英国法官仔细地权衡一名已逝的印度教信徒从其后代或者旁系亲属的供奉中获得的精神利益的确切数量，以及对已经供奉了圣水和圣饼的亲属所反映的祝颂的确切程度时，很少有比这更能体现过去与现在的奇妙交会的了。罗马继承法的所有主要概念都可以在印度教法律中找到，但是印度教法中的对译术语[真正的继承人（suus haeres）* 、族亲（agnate）、血亲（cognate）、《埃坎顿家族法》（*actio de familiâ erciscundâ*）]，其含义大多取自印度教的祭拜祖先的礼拜和献祭规则。

要充分地理解这一主题，必须补充的一点是，印度教的祭拜祖先并不仅仅影响印度教的继承法。它影响了绝大多数印度人民的日常生活，虽然这些印度人在某种意义上自称为印度教信徒，事实上在他们大部分人眼中，他们家庭之神比印度教众神更为重要。“我们中有一种常见的说法”，一篇论述“继承法”的指导性论著的作者说：“一个人如果忽略了他所有的社会义务，依然可以被原谅，但如果他未为其父母举办葬礼，并且未给他们呈上应得的祭品，他将
57 永获诅咒。”祖先，作为被祭拜的神圣存在，在《吠陀》中被提及，并且在印度诸神中被相当隐晦地冠以天父（Pitris）之名；但是每一天[1]，在一个印度教信徒的居所中，都向父亲、祖父和曾祖父进行什拉达祭礼（shradda）** ；什拉达祭礼是在特定的日期和特定的场合会所举行的特定仪式。最庄严的祭品供奉是在葬礼上进行的，我们最古老的权威（《乔达摩》，xv.I.30）已经详细阐述了它的规则。大地的第一批果实、每一餐的第一部分、所有的头茬果实收获（primitae），都是这些祖先神的专享之物；他们给予的特别祝福是家人的延年益寿以及家庭的长久存续。菲斯泰尔·德·库朗热（M.Fustel de Coulanges）是第一位全面阐述希腊和罗马的私人或家庭祭拜的重要性的现代作者，他的出色著作首次全面揭示了这一迄今为止仍未受到人们关注的主题。在这些社会中，几乎所有的注意力都集中在更伟大的神的身上。为了向神表示敬意，人们筹建寺院、献祭公牛、沿街游行、组成宗教社团。这些是国家之神或部落之神，诞生于人们对自然的原始观察及原始敬畏之神，诸如狄奥尼索斯 *** 、赛比利（Cybele） ****

---

* 拉丁语，罗马法上是指那些在被继承人去世时受其控制并且与其关系最密切的后代。——译者注

** “什拉达”（shradda）是一种祭礼，标志着家庭哀悼阶段以及死者灵魂之旅的结束。——译者注

*** 希腊神话中的酒神。——译者注

**** 小亚细亚神话中的众神之母。——译者注

等众神则从广泛传播的情感运动中涌现。但是他们远居于奥林匹斯神山，罗 58
马人真正印象深刻的崇拜对象是拉尔(Lares)* 和珀那忒斯(Penates)** 。他们的黏土雕塑或者金属雕像矗立于家庭教堂或密室之中，矗立于家宅最深处，象征着在最早之时祖先们实际上被葬于壁炉之前。其中最年长的氏神(Lar Familiaris)在最前方。这一私人祭拜，和对更伟大神灵的公共祭拜一样，拥有自己的典礼、礼拜仪式，并且由家族中人担任祭司。它与所有家庭关系的密切关联是《古代城邦》一书中引人入胜的论点的主题。

祖先祭拜仍然是人类大部分民族的实用宗教。属于西方文明的我们，对此只有模糊的认识，主要源于西方社会信仰中的希伯来元素。希伯来人当然不会对供奉祖先一无所知，对他们而言，这既是外族习惯，也是被禁止的偶像崇拜。旧约《诗篇》写道："他们加入巴力毘珥人，并且食用死者的祭品。"在《申命记》(*Deuteronomy*)第 26 章第 14 节中，再度写道："你又要在耶和华你神面前说……我已将圣物从我家里拿出来……你的戒律我都没有违背，也没有忘
记。……我守丧的时候，没有吃这圣物，不洁净的时候，也没有拿出来，又没有 59
为死人送去。"但是，人们普遍承认，希伯来人的《圣经》很少提到这一广泛流传的习惯，[2]基督教或者伊斯兰教中能够找到的任何与其相关的内容都是由于偶然的原因。一个野蛮的土库曼人，尽管他可以算是一个狂热的伊斯兰教主义者，有时候也会在祖先的坟墓前礼拜，如同他的祖先们在极东之地所做的那样，在当地受崇敬的圣徒可能已经继承了一位地方异教神的假想神力，就其起源而言，这位异教神可能是一位被神化的祖先。但印度教信徒和所有受印度
教影响之人都祭拜他们的祖先。近来在日本，国家当局以牺牲佛教为代价，复 60
兴其古代宗教——神道教(shintoism)，这似乎就是一种祖先祭拜；中国人普遍

---

* 罗马宗教的保护神。最初是耕地的神，后来与家神珀那忒斯一起受人崇拜。家神拉尔又称户神，是家族崇拜仪式的中心，其形象多为青年，一手执容酒之角，另一手执酒杯。在维斯太或其他某个神祇的身旁常分立着两个拉尔。人们每天早晨要向拉尔祈祷，在户神节时要向拉尔奉献供物。公众的拉尔立于十字路口、田地交界处和房舍交接处；国家的拉尔(称为护城神)是罗马的保护神，供奉在萨克拉大街的神庙里。——译者注

** 罗马家神。他们既被当作家神崇拜，也在公开场合被当作罗马国家的保护神而受崇拜。他们有时与维斯太等其他家神有关，而且名字常与拉尔混用。家家户户供奉众珀那忒斯之像，家人共餐或在特殊场合时要向他们敬拜。供物可以是一份便饭，也可能是特制的饼、葡萄酒、蜂蜜和香。但是珀那忒斯的数目和确切身份对古人来说也是一个谜。——译者注

祭拜他们的祖先；这些民族，连同进行祖先祭拜的野蛮人，构成了人类的大多数。

中国人是热衷于这一宗教信仰和仪式之共同体的最佳范例。关于中国人祭拜祖先的古老性和普遍性，有着极其充分的证据。让我们援引这一主题的可能最古老以及最新的证词。中国最古老的记录是那些著名的诗歌集，如《楚辞》(*Shu-King*)和《诗经》(*Shih-King*)的早期部分。一部相当可信的编年史将《楚辞》中最早的诗歌追溯至公元前 24 世纪，《诗经》中最古老的礼拜颂歌(liturgical odes)被认为是公元前 18 世纪的产物。《楚辞》中的第二首提到了尧“在其祖庙之中”退位，《诗经》中最早、最古老的颂歌，描绘了庆祝向祖先献
61 祭的场景，代表了那时候的习惯。“敲起鼓来响咚咚，令我祖宗多欢愉。商汤之孙正祭祀，赐我成功祈先祖。……在那遥远的古代，先民行止有法度。早晚温文又恭敬，祭神祈福见诚笃。”*

至于最为晚近的证据，我参考了一篇 1882 年发表的论文，主要以传教士提供的信息为基础。[3]

“中国的丧葬费用很高。没有地方比中国对失去亲人有更深刻的体会。死者必须穿上上好的新衣，还要另外焚烧一套新装。上好的棺材不可或缺，还要为僧道人士在家中为死者提供的丧葬仪式以及为丧礼选择黄道吉日而支付可观的费用……在死后的第 10 天到第 17 天，宗教人员，无论僧道，在家中提供服务，以保护生者免受大批鬼魂寄主的侵袭，这些鬼魂因有新伙伴的加入蜂拥而至……许多家庭因此负担大笔费用而永久陷入贫困之中，这一情况可能会不断发生。如果在葬礼上吝于花费，将会引发怀恨在心的死者的愤怒，
62 他们现在有能力通过制造各种疾病和痛苦来报复生者……神职人员试图从亡灵世界获得启示，表明不幸的死者在炼狱中受到拷掠，只有在家中提供新的昂贵仪式方能使其解脱。为此支付的价格被定为他们认为可能获得的最高金额。为了筹到必要的金额，该家庭为此耗尽财力，甚至出售他们的珠宝才得以完成。”

---

* 此篇为《诗经》之《商颂·那》，全文为“猗与那与！置我鞉鼓。奏鼓简简，衎我烈祖。汤孙奏假，绥我思成。鞉鼓渊渊，嘒嘒管声。既和且平，依我磬声。於赫汤孙！穆穆厥声。庸鼓有斁，万舞有奕。我有嘉客，亦不夷怿。自古在昔，先民有作。温恭朝夕，执事有恪，顾予烝尝，汤孙之将。”——译者注

最后，我要重申泰勒先生对这一整套了不起的信仰和习惯体系的思考（《原始文化》，第2卷，第108页）：“一个伟大的民族数千年来一直在死者中寻找生者，这一奇观向西方人提出了有趣的问题。这是父母权威与保守性之间关系的最为生动的体现。祖先祭拜，始于他们生前，当死亡将其神化时，祖先祭拜不但未被中断反而有所加强。中国人，无论肉体还是精神，都匍匐于寄托了祖先灵魂的牌位之前，几乎未曾意识到他始终向人类证明子女对父母的无限孝顺是一种多么强大的力量，禁止改变祖制可能会有力地阻碍文明的进步。死者的灵魂分享其子孙的荣耀与快乐的想法在世界上普遍存在；但是大多数这样的观念在中国人看来模糊软弱，中国人在竞争性考试中为了荣誉而竭尽 63
全力，其独特动力就是为了荣耀已逝的祖先，他的地位将提高其已逝的父亲和祖父的地位，比他自己更高一级，正如扎卡里·麦考莱（Zachary Macaulay）或者科普利（Copley）所言，画家应该让子爵的冠冕正式地戴在他们的墓碑之上。正如经常发生的那样，能使一个民族捧腹大笑的东西，却让另一个民族冷静。3亿中国人不会取笑查尔斯·兰姆（Charles Lamb）*，他们痛斥不愿阅读其作品的愚蠢时代，并且宣称他会为古老的时代而写作。”

祭拜祖先与其他为了纪念而从事的宗教之间的关系在不同的共同体之间以及同一个共同体的不同时期差异极大。在中国，它与其他更著名的信仰似乎不只是对抗之间的关系。儒教与其联系紧密，佛教和老子的信仰与其同化，他们的神职人员无差别地举行其仪式。阿尔弗雷德·莱尔（Alfred Lyall）爵士风趣地描述了中国政府赋予战神与河神的特权，通过国家行为来提高其地位或者罢黜其地位；但它是否会冒险对任何丧葬仪式进行任何重大干涉，这一点值得怀疑。在印度教信徒中间，祖先神只是在吠陀诸神中隐约可见，但是后来的祭司法律作者似乎意识到了他们之间以及与更伟大诸神之间的竞争。在 64
《毗湿奴》的著作中描述的祭拜祖先的宗教仪式始于向诸神的献祭（LXXIV.1），《摩奴法典》明确地说（III.205）：“在什拉达祭祀之初和祭祀之末，当向神献上

* 查尔斯·兰姆（1775～1834），英国散文作家和评论家。1792年至1825年在东印度公司当职员。以笔名伊利亚在《伦敦杂志》刊登自传体短文而闻名，后收录于《伊利亚随笔集》（1823年）和《伊利亚后期随笔集》（1833年）中。作为最伟大的英国文学作家之一，他在书信中包含了一些他对英国文学最具洞察力的文学评论，常常以旁注的形式出现。他与其姐姐玛丽合编的《莎士比亚戏剧故事集》（1807年）是极受欢迎的将剧作重述的儿童读物。——译者注

祭品；不应当以向祖先供奉开始和终结祭祀，因为以向氏神皮特里斯（Pitris）献上祭品而开始和终结祭祀仪式者，将与其后代一起迅速消亡。”但是，尽管诸位印度教大神，如同希腊和罗马中的大神那样，拥有他们的庙宇、礼拜式和献祭，尽管他们拥有自己的专门信徒，尽管民众参与朝圣和宗教节日，以表达对这些大神的敬意，印度教信徒每天都在他们的私人居所中崇拜自己直系祖先，这种崇拜或许更为真诚，并且当然更为延绵不绝。我引用一位博学的当代本土法律人的话，即对其教友所为的任何其他犯罪皆可饶恕，但不向祖先献祭不可饶恕。另一方面，罗马关于私人圣礼（*sacra privata*）的证据相对稀少，这似乎表明它们的重要性和民众关注度有所削弱。在西塞罗时代，私人圣礼的履行对继承而言依然是一项沉重负担，但它们接下来似乎发生了一系列改变，这
65 些改变在其他地方也并不罕见，为此支付的费用具有向祭司院（the college of pontiffs）缴纳的会费的性质。也有迹象表明，家庭神正在失去其神性。死者的善灵（lares）变得与死者的恶灵（larvæ）难以区分，这两个词具有同样的起源，后者据说最初的意思是没有以正确的礼拜式安置的亡灵（spirits）[4]——确实源自死者之灵（lemures），不过是出没于坟墓间的恶鬼。“死者之灵与幽魂”（lars and the lemures），在耶稣诞生时发出“午夜哀鸣”，因而在弥尔顿的诗歌*中将两者并提并无不妥。

66 但是尽管这一最为古老的宗教已经消亡，它对世俗法律的影响依然存在。它的一个有趣的遗俗可以在基督教皇帝的法典中发现。法典中有对“物”的分类，物被分为数种，进而将“不属于任何人之财产的物”分为神用物（res sacrae）、不可亵渎的圣物（res sanctae）以及安魂物（res religiosae）。神用物是被献祭给大神之物；安魂物被明确地界定为先寄给死者之亡灵、亡魂的物；与最后一种物相关的部分罗马规则依然影响我们教堂墓地的法律。但是，不仅于此，无疑我们继承法仍然部分为古老的亡魂崇拜所形塑，尽管其影响的确切程度尚不可确定。几乎所有关于动产的继承的英国法，大量关于同一主题的欧陆法，以及我们动产法的一部分，都立基于《优士丁尼新律》的第 118 条。该新律是更为古老的罗马法死后继承的最终版本，它通过将古老的《十二表法》

---

* 此诗当为弥尔顿所作《失乐园》。——译者注

中包含的继承规则以及裁判官告示中的衡平法融合而成；菲斯泰尔·德·库朗热的读者都不会质疑，法律的这两个支流在其源头受到了祖先祭拜的深刻影响。

现代研究者把在野蛮人现有观念中寻找最早形式的精神概念作为他们的特殊任务，当他们出现在尚未摆脱或者刚刚摆脱原始状态的人面前之时，他们 67
将祖先祭拜之起源的理论建立在睡眠以及无意识现象的基础之上。“被崇拜的偶像”，约翰·鲁波克(John Lubbock)爵士写道，“经常采用人的外形，偶像崇拜与存在于祖先祭拜中的宗教形式密切相关。我们已经看到文明人对死亡概念的认识有多么不完善，我们并不奇怪在人类思想中，死亡和睡眠应当被长久联系在一起。但是，野蛮人清楚地知道，即使身体好像死了，在睡眠中灵魂依然活着。因此，他自然会力图唤醒死者。我们也不会对向死者提供食物和其他生活必需品以供其使用这种非常普遍对习俗感到惊奇。在那些过着稳定安逸生活的民族中，这一习惯会持续得越来越久。从这种习俗中自然会产生向死者祈祷的做法，因为即使不赋予死者比生者更强的能力，他们依然可能因其不同的身份和性格而拥有相当大的能力，无论是用于行善还是作恶。但是，要将对一个无形存在所做的请求与祈祷相区分，或者将一个强大的亡灵与半神相区分，是不可能的。”(《文明的起源与人类的原始状态》，第 4 版，1882 年) 68
与这一理论相一致，赫伯特·斯宾塞(Herbert Spencer)先生将不同人类团体与亡灵世界信仰的关系作如下分类：“从人类、部落、社会和国家的总和来看，我们发现几乎所有这些都信仰死者会复活，这种信仰或模糊摇摆，或确定清晰。在这类民族中，我们发现了有一个几乎与整体同样久远的群体，这一群体规模不是很大，其成员坚信在逝者死后，他的另一个我(the other self)还会存在相当长的时间。其中包含了在葬礼上以及后续时间向我们展示鬼魂赎罪(ghost propitiation)之人，其人数众多。然后在最后这些人中出现了一类范围更窄、更为稳定和先进的人，他们发展出了对鬼魂永久存在的信仰，向我们展示了一种持久的祖先祭拜。同样，再稍加限制，虽然绝对不小，我们发现有一类民族，他们对杰出祖先的祭拜开始从属于对普通祖先的祭拜。最终，当祖先成为征服民族的领袖之时，这种从属性日益发展，变得极其明显。”

这一理论得到了充分的发展，它认为野蛮人相信死者过着他们自己在梦 69

中过的生活，这一生活与他们清醒时的生活非常相似，但仍有不同。人们认为，在死亡状态中，就像在夜晚的幻象中，亡灵会与他每日的伴侣和亲人相遇，但是除此之外，他还会遇到在现实世界消失的其他人，尤其是他热爱之人、恐惧之人，或者憎恨之人。他们吃喝言谈，一切如旧；他们的世界和现实世界的唯一差别可能是亡灵能够轻易迅速地化成其他形式，这种迅速转化的能力是新得的，不再令人惊讶。在这个世界里，到访者最常见到的是与他自己生活联系最为密切的死者，尤其是拥有其家长权的父亲。这是当他醒来时最能记住的形象。在这样的一种信仰和感情状态下，对那些一家之长最终已经进入亡灵世界的亲属而言，他们的第一个冲动就是为其提供食物酒水，可能还有武器、饰品和随从。因为他的新家应与其人间旧居相仿。这些冲动是《荷马史诗》中有所描述的血腥的葬礼仪式的源头，另外也是至今留存的印度教信徒以“水和蛋糕”向祖先献祭的源头。我自己当然相信，一些采纳该理论的著名作
70 家对该理论的应用已经超出了它真正能够解释的范围；但是有一些有趣的证据表明，就早期印度教信徒而言，它甚至被用来表明他们的祭拜祖先的起源。在祭司法律作者的脑海中，对潜藏于法律背后的不同宗教学说之间的矛盾之处显然有着明显的困惑。以礼拜仪式和献祭使祖先受益的学说如何与轮回理论以及通过死后惩罚来涤罪的理论相协调呢？在他们看来，最清楚的原则是，因为一个人以其行为造就自身，因此无论纯洁与否、有罪与否，都会转世。当那个结果是由他过去某个状态中的行为所导致的时候，他离世；根据此时他行为的结果，他进入下一个状态。这些原则以庄重并且时而雄辩的语言规定。“人独生、独死、独膺善行的果报，独受恶业的惩罚。”（《摩奴法典》，第四章，第
71 240 条，IV.240）“明日须做之事，今日完成。下午应为之事，午前完成，因为死亡可能于任何时刻降临。”“当一个人的思想关注于他的田地、或他的交易、或他的房子，或者当他的心思被某个心爱的东西所吸引的时候，在他祈祷时，死亡突然带走了他，如同一头母狼抓住了羔羊。时间不是任何人的朋友，也不是任何人的敌人。当造成其现世存在之前世行为的效力停止，时光将强行带走他。在大限到来之前，他不会死亡，即使他已经被一千支箭洞穿；在大限到来之后，他将活不下去，尽管他只是被古杀草的叶片所碰触。”（《毗湿奴》，XX.44）如果是这样，那么严谨的逻辑推论的结果便是生者所做的一切都无助于死者。

但是，被我援引的作者找到了一个解决办法，在我们看来该方法似乎是最不符
合自然的原则——死者的亲属不应当为他哀悼，但应当献上祭品。“因为一个
人的善行和恶行在其死后都将如同伙伴那样与其如影随形，他的亲属是否
为他哀悼对他而言有什么用呢？但是，如果他的亲属仍然道德败坏，离开的
亡灵找不到安息之所，回来拜访他的亲属，后者应当向其供奉葬礼的饭团和祭
酒。在加入祖先的仪式（Sapindikarana）* 被履行之前，死者仍然是脱离肉体
的亡灵，忍饥挨饿。将米饭和装水的罐子给予已经进入摆脱了肉体的亡灵居 72
所之人……因此请始终履行什拉达祭礼，舍弃无谓的悲伤（《毗湿奴》，xx.31—
36.）。不可能更直白地论述古代迷信；如果哀悼的亲属未向鬼魂供给食物，它
们会“四处漫游”；但是在我们之前的法律作者明确发现该学说无法理解，该学
说得以维持只是因为这是一种权威说法。与此同时，人们观察到，晚近的印度
教以一种不同的方法解决这一问题。他宣布，向死亡的祖先献祭的结果是将
其从一个特别炼狱——被称为普特（Put）的地狱中解救出来。在这个意义上，
直接的死后惩罚的学说吸收了不安的亡灵重返旧居的观点。

祖先祭拜有一个特性，近来对原始人类制度的思考引起了人们极大的兴
趣。被祭拜的祖先似乎最初总是男性祖先。约翰·鲁波克（John Lubbock）爵
士说：“尽管在最低等的野蛮人中以母系的方式来追溯世系，但我不知道存在
任何女性祖先被祭拜的例子。”文明的中国人现在祭拜直系的女性祖先，但是
有证据表明，对女性的死后祭拜比对男性的祭拜产生得更晚。在中国最古老 73
的献祭颂歌中，其产生日期大约在公元前 2000 年前，被赞美“建功立业”并且
“值得称颂”的祖先显然是个男性。直到圣歌中很迟的一个部分才出现对女性
祖先的祭拜。《诗经·丰年》唱道：“丰收年谷物车载斗量，谷场边有高松的粮
仓，亿万斛粮食好好储藏。酿成美酒千杯万觞，在男女两性祖先的灵前献
上。”** 而在另一首颂歌中，献祭者说：“哦，伟大庄严的父亲，安慰我，你的后代
子孙……我将这一祭品献给我劳苦功高的父母。”人们认为，将妻子的灵牌与

* 撒品第卡拉娜，葬礼中的一个小仪式，通过这个仪式，死者的魂体就可以和祖先在一起；祖先祭。——译者注

** 《诗经·周礼·丰年》原文为“丰年多黍多稌，亦有高廪，万亿及秭。为酒为醴，烝畀祖妣。以洽百礼，降福孔皆。”——译者注

丈夫的灵牌一起放在神龛中的既有习俗到这个时候开始出现。在最为古老的印度教法律书籍中也是如此，葬礼的祭品只供给男性祖先。在这一仪式中，《阿跋斯檀巴》(II.vii.16.3)说，一个人的父亲、祖父和曾祖父的亡魂是献祭的神。该仪式在最幸运的一天为当月第五天的那个月的下半个月进行。“如
74 果他在第五天履行该仪式，他将生下儿子；他将有无数出色的后代，他将不会无子而亡。”但是如果他在月半的第一天进行该仪式，就会被警告说，献祭者的后裔都将是女儿。但是，当我们看向比《阿跋斯檀巴》晚得多的作者，比如《毗湿奴》，我们发现祭品的分配非常重要。《毗湿奴》向我们概述了整个祭拜祖先的仪式，该仪式在该论著的命名之日(《毗湿奴》，chap. lxxiii)履行。首先，献祭者要祭拜(大)神。继而在特定的日子——某些特定月份的黑暗半月(the dark halves)的第九天——他要献上祭品，连同合适的颂歌以及经文，并把它交给三位婆罗门，这三位婆罗门代表他的父亲、祖父和曾祖父。他要遵循的礼拜式和仪式已经被一个接一个地指出，对献祭的效力必不可少的是，他应当邀请一个婆罗门团体。在其他特定的圣日，安瓦什塔卡(Anvashtakas)，他要向他的母亲、祖母以及曾祖母献祭；最后，作者说：“一个聪明的人”——这个表述，在我看来，总是被用在可疑的地方——“必须以向他父亲和祖父献祭的同样方式，向他的外祖父献上什拉达祭礼。”仪式的顺序在我看
75 来是遵循了历史顺序，并且表明印度教信徒最初祭拜的祖先是父亲、祖父和曾祖父。

我想这一点是清楚的，即无论祖先祭拜于何处产生，父亲身份被完全承认；因为与这一祭拜相关的文本和祭司法律书籍中的任何其他文本一样古老，事实上很可能是最古老的，我不太重视这些论述中各处可见的随意表达，人们认为这些论著表明它们的作者保存了仅仅通过女性追溯世系的野蛮习俗的传统。因为我们无法质疑这一野蛮的习惯——有时被称为“母法”(Mother-law)——在一部分人中的存在和流行，所以我们不可能不问自己这样一个问题，是对死者的祭拜产生了对父亲身份的认可，还是说祖先祭拜是对既存制度的一种宗教解释或建立在既存制度基础上的一种宗教体系？菲斯泰尔·德·库朗热并未提到“母法”的习俗，当然在我看来，他偶尔会表达自己的想法，好像认为所谓家长制家庭的所有特征都是曾经在家宅深处举行过的祖先

祭拜创造的，从这一祭拜产生了作为祭拜大祭司的父亲的权力（father's
power），并且认为不再能参与祭拜之人即不具有亲属关系，例如已嫁的女儿和
被解放的儿子。人们很可能相信祖先祭拜通过献祭的方式加强了所有家庭关 76
系，但是从现有调查来看，证据明显倾向于证明父权比祭拜父亲的习惯更古老
这一观点。为何除了家庭中地位最为尊崇之人——也可以说，他一生中最威
风凛凛的人物——以外，与其他家庭成员相比，去世的父亲受到更多的祭拜
呢？根据我所描述的理论，正是父亲的形象最频繁地出现在孩子的梦中，或慈
爱或可怕。近来对旁遮普省的习俗的调查强化了这一观点，我必须重复，旁遮
普省是雅利安印度教信徒从他们起源的高原迁徙至印度后最早的家园。但
是，这是相对模糊的迷信。它并未获得任何详尽的阐述，如同东南省份的祭司
团体所做的那样。但是，家庭结构，用罗马短语来说，完全是“父系亲属的”
（agnatic）；亲属关系仅仅通过男性世系来计算。在这些习惯和最古老的罗马
法之间存在极为强烈的相似之处，它们的不同之处为这两大系统中比较著名 77
的那一个系统提供了更有价值的启示。

真相似乎是，尽管祖先祭拜最初倾向于巩固古代家庭的结构，但它后来却倾向于将其解散。将印度教体系作为一个整体，我们可以看到，随着其历史性成长，祭司法律人受到强烈的诱惑来增加有权提供献祭之人的数量，这部分是为了已逝祖先的利益，但主要是为了活着的婆罗门的利益。通过这种方式，那些被从古代家庭范围中排除之人，例如女性亲属的后代，逐渐地被允许参与献祭和继承。法律书籍中可以发现朝着这一方向发展的一些痕迹；一位非常博学的印度教法律人（梅恩先生:《印度教法律和习惯》，第 16 章）已经表明，在现代印度的任何地方都强烈地认同“精神利益学说”（doctrine of spiritual benefit）——也就是，在宗教祝福和世俗的继承权之间存在紧密关联的学说，女性及女性后代经常被允许继承。引人注目的是，罗马裁判官的衡平法在成为一个哲学体系之前很可能是一个宗教体系，在打破以父亲为其统治首领的古罗马家庭的结构方面拥有完全相同的效果。

注释

1. Sarvadhikari, *Hindu Law of Inheritance*, p.83 et saq.

2.《十诫》的第五条戒律许诺，如果孝敬父母，即可获得神赐的长久时日，该条可以与非常古老的中国礼拜长诗相比较，后者将家庭的长存描述为以贡品孝敬离世父母而获得的特别回报。参见优美的中国颂歌，取自列格博士(Dr.Legge)翻译的祭祖仪式(Shih-King, *Sacred Books of the East*, vol.iii. pp.348, 349.)"带着快乐的吉兆和祝福，你在春夏秋冬带来了祭品，并将它们献给了公侯及此前的国王。他们说：我们赐予汝，我们赐予汝天长日久，永续长存。灵魂前来，赐予汝无尽祝福……如月之盈，如日之升，如南山之久长，永不亏缺，永不坠落。如同杉柏之繁茂。子子孙孙相传承！"(出自《诗经》中的《小雅·天保》。——译者注)

3. "Ningpo and the Buddhist Temples," by Constances Gordon Cumming(Century, September 1882)。

4. 祭拜祖先的民族似乎认同这样的想法，即最严重的后果取决于对死者尸体的妥善处理。但是，对于何为妥善处理，并未达成一致意见。阿贾克斯(Ajax)最后一次向宙斯祈祷，至少将其安葬，以免鸟兽食其尸身，而虔诚拜火教徒则祈祷勿将其掩埋，让鸟兽啄食其遗体，两者之间形成鲜明对照。比较索福克勒斯的《阿贾克斯》(Sophocles, *Ajax*, 826, et seq.)与《阿维斯陀经注解 》(*Zend Avesta*, iii.4, 30)(《东方圣书》，第四卷；*Sacred Books of the East*, vol.iv.)："哦，物质世界的缔造者，神圣的主宰，如果一个人在土地中埋葬了一具尸体，如果他未在第二年内将其挖出，对此施以何种处罚？如何对此赎罪？"阿胡拉·玛兹达(Ahura Mazda，古代伊朗宗教所信奉的至高之神)回答道："对于死者，没以报偿，无以赎罪；这是一种永远无法弥补的侵害。"在第 4 卷的第 44 节，又有"哦，物质世界的缔造者，神圣的主宰，我们应将死者的尸体送至何处？带往何方？"阿胡拉·玛兹达回答说："在最高的山巅，他们知道那儿总有食尸的鸟兽，哦，神圣的扎拉特鲁斯塔。"我们可以同情希腊人的感情，尽管并非感同身受，但如果这不是因为它在拜火教徒们中被顽强的保留下来，一个朝气蓬勃并且相对文明的国度曾经遵循拜火教的习惯是令人难以置信的。这些拜火教徒的"沉默之塔"成为令那些登陆西印度的旅行者们触目的首批对象之一。

第四章　祭拜祖先与继承 78

长期以来,古希腊罗马时代的研究者都了解在死后的财产继承与履行某种纪念死者的献祭仪式之间的紧密联系。雅典演说家遗留下来的希腊法律争论的数量并不多,其中相当大的部分是关于继承问题的,辩护人或诉讼者经常将献祭和继承作为不可分割的部分来谈论。“对我俩做出判决,”他说,“何人应当继承并且在墓地进行献祭。”(伊萨乌斯:《在菲洛斯特蒙的美德中》;Isaeus, *In the goods of Philoctemon*, Or.vi.)“我向诸神和不朽的灵魂祈求,不要让这些人激怒逝者;不要让他的死敌在他的墓前献祭。”(Or.Ii.)在我此前的一部著作中,我指出在罗马人中这些仪式和祭品的数量、价值及重要性,并且,我坚持认为,作为早期家庭法中大量出现的特别拟制的源头,它们很可能 79
是非常重要的。(《古代法》,第 191 页)我主张,一个陌生人可以成为儿子,对于这种可能性的解释是它被宗教教规所认可,在其宗教意义上,这个陌生人与儿子是没有区别的。这个世界后来的经验可能向我们表明,对于继承和祭品在观念上的融合,我们没有什么好惊讶的。这是很自然的。任何地方,举凡信仰死者活着的家庭成员能够做什么事情来改善其在死后世界的命运,在他们继承该死者财产之前完成这些事情就成为他们的义务。中世纪基督教对于动产持有这样一种观点;它在根本上是一笔大众用以庆祝所有者的灵魂摆脱炼狱的基金。我们教会法院的管辖权正是建立在该学说的基础之上,所有此类财产在能够被分配之前最初都被授予教会法院;这一管辖权,伴随着在遗嘱继承中对遗嘱执行人的必要权力,以及在无遗嘱继承中对遗产管理人的必要权力,都被传承给了现代的遗嘱检验法院。《古代城邦》一书的作者给予我们的新启发是他确定了神的性质,那些供奉给他们的祭品对雅典人和罗马人的继 80
承物产生了如此巨大的影响力。它们当然并不被供奉给任何一个至尊之神(Supreme God)。但是它们也不会被供奉给当地万神殿的大神们。“奥林匹斯神的祭拜与英雄祭拜以及亡魂祭拜从来没有共同之处,”菲斯泰尔·德·库朗热说。向逝者祭拜,主要向那些被记住的逝者祭拜,他们刚刚去世进入一种新的生活，这种存在状态的变化，恰如从现实进入到睡眠之中。

顺带提一句，我记得罗马的私人圣礼（sacra privata）是极其昂贵的，西塞罗在他的私人信件中抱怨过这一负担，这似乎是仍然存留的祭拜祖先的一大特征。我之前援引过论文（“宁波和佛教寺庙”）的一位作者，美国传教士，他对中国人为祭拜其祖先而付出的开销进行了精细的计算。“据权威人士所言，中国在纪念逝者的三大节日中，每年要花掉 3 亿美元，以每个家庭的平均开支计算，为了抚慰亡灵，要花费 1.5 亿美元。”无疑，葬礼和祭品在印度也非常昂贵，
81 我听说他们负担的高昂费用已经成为反对向遗产和继承征税的一个理由。印度教信徒中宗教仪式之所以昂贵，是必要的，它包括盛筵款待婆罗门，时常所费不赀，还包括给他们的赠礼。最古老的法律书籍极力灌输雇佣婆罗门担任神职的义务。在所有的葬礼庆典上，有三名婆罗门尤其处于尊荣的地位，他们要代表三位受祭拜的祖先——父亲、祖父和曾祖父。但是还有更多的人要款待。“纯洁、沉着、充满热情，”阿跋斯檀巴说，“他将为懂得吠陀的婆罗门提供食物。”“他将为奇数数量的婆罗门提供食物，至少九人，”这是《乔达摩》的规则，“或者让他尽其所能地招待饮食。”一些奇特但非常清晰的文本禁止祭拜者将这些圣餐作为招待他自己亲属的借口。“在献祭中被那些同赠与人有关系之人吃掉的食物是被供奉给恶鬼的礼物。亡魂和诸神都未曾接收到。失去了到达天堂的能力之后，亡魂在这个世界上游荡，如同一头失去了幼崽的奶牛跑进了一个奇怪的马厩中。”（《阿跋斯檀巴》，II.vii.17.8）

我们现在必须考虑祭拜祖先的社会的特定信仰和宗教习惯是以哪些方式来影响它们的法律和习俗的。我将要给出的法律发生彻底变化的首个例子是
82 一个与日益昂贵的仪式密切关联的例子。一个宗教贵族、知识贵族以该仪式谋生。关于婆罗门的一个最为普遍的错误认识，该错误甚至在现在的英格兰依然存在，就是认为因为婆罗门在精神上最为高贵，因此他们是印度种姓中最富有和最强大的。他们认为其中有一些富裕并有权势的家族，并且印度的王室是婆罗门，但是，总体而言，他们并不特别富有。更为精确的说法是将他们描述为一个服务阶层，他们的职业从高级行政管理职务（婆罗门一度垄断了马哈拉特邦的行政管理职务）到诸如厨师这类卑微的职业，他们的服务是奢侈品，因为他们的手上不能沾染不洁之物。古老法律书籍中的婆罗门仍然是祭

司和精神导师，尽管已经出现了向法律人、法官或者行政顾问转变的明显倾
向。但是他靠别人的慷慨，靠他们的仁慈虔诚的馈赠生活，尤其是那些在重
要的献祭场合馈赠给他的礼物。一位现代作者（梅恩：《印度教法和习惯》，第
205 页）有力地论证说，“摩奴所颁布的现代法律可以被描述为给婆罗门的礼物
之法。‘一个人自出生到死亡的人生每一步都要求向婆罗门进行馈赠。’他犯
下的所有罪孽都可以通过向婆罗门馈赠而补赎。印度各地都有出于宗教目的 83
的大笔捐赠，表明这些行为准则并非空文。”现在对于虔诚慷慨的一大妨碍是
规模比家庭更大的群体的共同所有权制度（system of joint ownership），该制
度在印度依然普遍，尤其是在雅利安人最早的家乡旁遮普省。在这样一个群
体中，每个人的权利多少都受到他人权利的限制；并且，一般而言，要就财产的
任一部分进行转让，都必须获得全体同意。因此，祭司体系，其法律原理可以
在法律书籍中发现，最反对财产的共有形式。作者们坦率地表达了他们不喜
欢财产共有权而偏爱财产分割的动机。《乔达摩》说：“在财产分割中，人类精
神价值得以增长。”（x.viii.4）《摩奴法典》更坦率地表述该原则（IX.iii）：“或让他
们共住，或者，如果他们渴望独立地履行宗教仪式，让他们分居；分居则祭祀增
多，因而分居是正确的，甚至是值得称赞的。”更多分居的家庭，意味着更多家 84
内献祭的机会，也意味着更多地向神圣阶层虔诚馈赠的机会。

我引用过的现代作者梅恩（J.D.Mayne，p.204）也引用了我自己的观点，我在之前的著作（《早期制度史》，第 104 页）中表示，当基督教会在野蛮社会中布道时，对部落所有权也发挥了类似的分解的力量。教会当然会将其野蛮人皈依者引向遗嘱；它力求增强他们对契约的崇敬；爱尔兰的证据似乎表明它主要扩大了分立（seperate）所有权，以区别于部落（tribal）所有权。在阅读法官手册时，你可能会感到疑惑，作者的意思是规定在特定条件下的部落土地可以被一般性地出让并且转让给任何人，还是仅仅能够被转让给教会。很有可能，他最初试图将礼物献祭给教会；普遍地扩大独立转让的权力则是此类规则的结果。但是需要牢记的是，在婆罗门鼓励慈善慷慨与中世纪基督教会为虔诚捐赠提供法律设施之间存在着根本的区别；婆罗门执着于此，因为他靠它谋生。虽然教堂当然渴望通过捐赠来保护在野蛮状态中建立的每一个避难所和要塞，但除了自己的仆人和神职人员之外，它还为其他阶层提供保护。它在教堂

85 门口为贫穷者提供食物。它对孤儿遗孀细心照顾。但是婆罗门的法律书籍，高高在上并带些许温情，除了神圣种姓和其他强大得足以自称与其平起平坐或者与其地位接近的种姓之外，它们经常表达一种令人不快的蔑视态度，有时候甚至达到极其厌恶的地步。[1]

我们现在来看看祭拜祖先的一些后果，它们极其有趣，因为解释了众多令人困惑的问题，这些问题阻碍我们对非常古老的社会进行初步的调查。很明显，根据最古老的观念，不仅被祭拜的祖先必须是男性祖先，而且祭拜者也必须是男性孩童或其他男性后裔。在我们一直假设的思想条件下，人们已经看到生死界限是很容易被逾越的。逝者是活生生的做梦之人，只是他现在永久进入了梦中生活。因此似乎恰当的是，献祭应当由那个总有一天将在神化祖先的链条中占有一席之地之人提供，并且他只能是一位男性后裔。因此，在祭
86 拜祖先的民族中，产生了对男性后代最强烈的渴望，作为这种渴望的结果产生了一整套关于父权、儿子的身份以及继承的引人注目的观念，这些观念必然是在所有更为强大的人类民族中广泛传播的，尤其是那些雅利安种族。在雅典人、斯巴达人、罗马人、盖尔特的爱尔兰人、希伯来人以及中国人的古老法律中，这些理念或与之混杂的习俗都有着明显的痕迹。很自然的，从他们法律文献深度宗教化的特征来看，在印度教的古代书籍中可以找到为祖先祭拜所塑造并且渗透的家庭体系的最为充分并且最为详细的描述。当然，不能理所当然地认为，这一体系完整地具有所有特征。它的一个特征发现于此处，另一个特征则出现于彼处。但是，在推论中似乎确实存在普遍的相似性，该推论由许多古代社会的祭司和法律人从以下原则得出，即对已逝的祖先进行献祭和祭拜是男孩的应尽义务，否则就会遭受严厉的超自然惩罚。

在我看来，我们无法在我们的脑海中构想任何对祭拜祖先及其法律后果的合理解释，除非我们假定，当它最初在人类中出现的时候，在法律诞生之时，
87 每个家庭的父亲通常表现为这样的形象，他很可能在人类诞生之时就展现出这样的形象[2]。他是家父（pater familias）。生理上的父亲身份被完全承认，但它与保护权相混合。大多数服从于他的男性确实是他的子嗣，但是，即使他们并非他所生，他们服从他，他们构成了他的家庭的一部分，他们（如果使用一个带有后世概念的词语）属于他。另一方面，就这些关系的宗教方面而言，儿子

只不过是能够有效献祭之人。布勒博士(Dr.Bühler)(《东方圣书》第二卷之序言,p.xix)提到了跋陀罗衍那(Baudhâyana),印度和欧洲的梵文学者一般把他看作最古老的法律作者。“如同许多其他的古代教师,跋陀罗衍那通过将十一种婚生子的替代者立嗣的方式,允许无子的雅利安人借此满足他们对冠以自己姓名的继承人的渴望,并且减轻他们因缺乏葬礼祭品而于死后坠入痛苦之地的恐惧。非婚生子、妻子的非婚生子、女儿们的婚生和非婚生的后代,以及亲戚的子女,甚至陌生人的子女,他们都可以被庄严地收养或者未经任何仪式
即接受为家庭成员,因此都被允许取得婚生子的地位及权利。”我将进一步充 88
分地考察这种人为隶属关系,以及它对萌芽期的继承制度的影响。在我看来,在它所依据的观念被仔细地审查之前,是否对原始形式的社会所做的所有调查都不可能是不完善和不成熟的,这是令人怀疑的。

首先,人世间在死后提供最有效的献祭之人是婚生子,他在血缘上是其父亲的后代,最重要的是,他是受到婆罗门的祝福并且根据他们圣法规定的所有条件而缔结的婚姻所生之子。在所有儿子中,长子最有可能授予其父以精神利益。但是,在这一点上,我们发现祭司法律人为了防止在特定案件中的误判,将其学说予以显著扩展。为了增加由婚生子进行献祭的机会,一些最为古老的婆罗门教师放宽了婚姻的条件,并且对奇怪的婚姻形式极为宽宥,这些婚姻形式数量如此众多,几乎包含了所有可能的两性结合。其中的一些婚姻遭到后世的印
度教法作者强力谴责;例如,与买卖新娘的婚姻;其他以暴力或欺诈的方式实 89
现的婚姻。需要注意的是,所有这些婚姻所生的孩子都是丈夫的亲生子女,无论父亲和母亲之间的关系多么野蛮,他们很可能被理解为在此之前是未婚的。

在父亲所生的所有儿子当中,长子最受偏爱。印度教法律人给出的宗教方面的原因是,他的出生使得拥有一个能够延续香火的儿子这一束缚生者和逝者的宗教义务得到了实现。但是在法律书籍中,与这一精神优先权相对应的继承特权有着五花八门的定义,即使当这些继承特权有点接近现代的长子继承制的时候,它们与其仍有很大的不同。有时候,长子被说成是对其父亲的全盘继承,并且要供养其他家庭成员,这很可能是世俗的习俗,祭司法律人为此虚构了一个宗教理由。通常,最好的部分或者一些类似的好处被分配给长子,有时候会陈述为长子提供生计的替代模式。两本古代的权威著作,《乔达

摩》以模糊并且事实上矛盾的话语界定其特权(参见第 28 章),而《阿跋斯檀
90 巴》一方面承认长子继承在一些国家占优势,另一方面又极力支持诸子均分(II.vi.14.14)。在我看来,在这些法律论著的时代,古代的长子继承制在印度教徒中正在衰落,正如我们知道它在野蛮世界普遍衰落。根据最初的习惯,长子可以拥有一切并且供养他的兄弟;但是如我已经解释的,婆罗门推崇家庭数量的迅速增长,这一情感必然有力地妨碍了长子特权。总体而言,倾向于占上风的学说是诸子均分,但在家产的分配中长子略占优势,这可能是为了实现公平。

更多的古代印度教法作者将出生于婚姻期间,但并不必然为其丈夫所生的妻子之子置于婚生子之后。他们被视为精神祝福的适当承载者。表面上这看起来像一个传承已久的法律格言“婚后所生子女当以婚夫为父”的应用,但是我将所有的古代文本放在一起分析后得出了一个不同的解释,当我论述遗孀之子的时候,我将再度讨论“妻子之子”。

91 我已经提到,如果没有任何继承人,可以退而求其次地为逝者献祭并且主张继承权的,是他“指定的”女儿之子。这是一个有趣的情况,原因多种多样。女儿之子,在他自己看来,是不能满足继承者或者祭拜者的要求的。从世俗观点来看,他是(以罗马术语表达)一个“母系亲属”(cognate),仅通过女性计算的亲属,根据所有强大的人类民族中所盛行的习惯,无论是在这些民族发展之初还是在其发展的一定阶段,他都不能延续家族。祖先祭拜的宗教理论不会关注他,因为他要献祭的对象是一位女性,而在最早的时代,女性不能成为祭拜的对象,并且在任何时代都不能进行献祭。但是古代法律允许不再可能拥有婚生子的父亲,“指定”(appoint or nominate)一个女儿,这个女儿所生之子归其父,而非归其夫。显然,这种指定可能违背了她的丈夫的意愿,因为我们最古老的一部权威著作警告印度教信徒不要娶一个没有兄弟的女子,因为她的父亲可能“指定”她,她的丈夫可能要将自己的亲生子变为外祖父之子。《乔达
摩》(XXXVIII.19.18)规定了指定的祭司仪式(sacerdotal formula):“没有男性
92 后裔的父亲可以指定自己的女儿为他抚养一个儿子,向阿耆尼(Agni)* 和造

* 印度教信奉的火神,仅次于吠陀教神话中的因陀罗。阿耆尼既是太阳之火、闪电之火,又是祭神灶火。因而是人与神意之间的信使,据印度教经典载,阿耆尼通身血红,有两张脸:一张慈爱可亲,一张狰狞可憎。《黎俱吠陀》有时把他与湿婆的前身楼陀罗当作同一位神。——译者注

物主布拉格马帕蒂(Pragâpati)[3]献上烧制过的祭品，并向新郎作如下致辞：‘你的男性后裔为我而生。”作者补充说，“有些人宣称，女儿只是基于父亲的意图而成为被指定的女儿。”

与印度教这种“指定”女儿的习惯相似的一些习俗在古代世界分布非常广泛，我们可以在历史深处发现它们的踪迹。在此，女儿既不是她父亲的真正继承人，也不是为其献祭的祭司，只是实现其血脉向一个男童传承的渠道，根据最为古老的观念，这个男童有资格向他祭拜；根据较新的观念，该男童有资格获得其财产、保存其家庭延续。我应当设想，最初总是存在某种父亲意愿的表达，伴以某个宗教仪式。在雅典人中，当我们开始了解他们的法律之时，遗嘱已经出现了，尽管其运作受到了很大的限制。一个害怕无子的雅典父亲可以拥有一个由女儿为其抚养的儿子；实现这一目的最为常见的模式是将他的财产——或者更严格地说，连同财产和女儿一起——遗赠给他自己所选择的男性，条件是娶他的女儿为妻。该婚姻所生的儿子，在长到一定的年龄之后，被 93
转让给他的外祖父——这看起来，以某种收养形式——并且冠上了他的姓，同时变成了他自己母亲的法律代表(kύpos)。这本质上与印度教信徒在古代所使用的获得男性后嗣的方式是相同的。但是这样的习惯必然已经被沿袭，某些这样的理念必然盛行于特定部分的野蛮共同体，这些共同体的习惯促成了大量的规则，最终统一为封建法。根据一些中世纪习惯法体系，在没有儿子的情况下，女儿或是按照长子继承的顺序继承，或者以群体方式继承。在其他一些习惯法体系中，她们被完全排除。但是还存在一种介于这两种学说之间的观点，尽管女儿不能够自己继承，但她可以将继承权传给自己的儿子。此后，我应当有机会指出，这是爱德华三世赖以主张其对法国王位权利的规则；他承认他的母亲法国公主没有继承权，但是他声称，作为她的儿子，他自己有权继承他外祖父的王位。无论是在军事法院(the forum of arms)还是根据封建法律人的意见都未曾普遍接受这一论据；但是它似乎与我们面前的各种法律观念有着明显的联系。

印度教的“指定”制度以及其他民族法律中的类似制度，它们的首要影响 94
在于它们很可能标志着女性的继承权进入更为先进的野蛮社会盛行的严格的父系亲属和继承制度的那个时刻。《摩奴法典》的婆罗门编纂者在提及被指定的女儿的时候，所使用的语言似乎表达了以下情感的自然成长："一个人的儿子和他自己一样，承担指定任务的女儿和他儿子一样（评论者补充道'如此指定'）：那么如果他没有儿子，除了与他自己的灵魂紧密相联的女儿外，其他人如何能够继承他的财产呢？"随着法律的发展，最终获得的最为普遍的结果是当无子之时由女儿来继承。在古代的印度作者中，《跋陀罗衍那》似乎完全否认了女性的继承权；《阿跋斯檀巴》将女儿放在了继承者名单的最末尾，但是更为晚近的《摩奴》将母亲和女儿直接排在了儿子后面。在论述雅典法的著作中，通常会说当没有儿子时，由女儿继承。但是这并非一个充分的规则陈述。如果有人留有财产但是无子，他的女儿在严格意义上并非其继承人。如她的
95 希腊语名称（ἐπίκληρος）所表明的，她是"跟着财产走的人。"如我在上文所述，她的父亲可能以遗嘱强迫她嫁给她所继承的财产份额的受遗赠人；但是，如果父亲去世的时候没有遗嘱，她就要承担另一种责任——与父亲最近的亲属结婚——这与我们现在将要讨论的主题的某些奇特分支相关联。在所有这些雅典人的规则中，需要注意的是，虽然经常提到向祖先的献祭，但是特别关注的对象是家庭财产的转移。宗教基础倾向与法律分离。事实上，希望防止女儿将一个家庭的祖传财产带到别的家庭，这一想法并非完全是宗教化习惯规则体独有的特点。旁遮普省未曾宗教化的印度教徒的世俗法适用同样的原则，并且表现为雅典规则的某些有益的变体。（《旁遮普习惯法评注》，第 2 卷，第 75、81、184、239 页）根据旁遮普省的一些习惯，当没有儿子的时候，女儿继承其父亲财产的有限权益；但当女儿结婚的时候，她必须放弃这些财产。然而，常见的做法是这些女儿的丈夫往往会被他的岳父收养。

96 婚生子以及一个"指定"女儿的儿子，与他们献祭和继承的父亲血脉相连。但是当既没有儿子也没有女儿被指定的时候，法律书籍向我们介绍了大量可能的继承人，他们的儿子身份完全是拟制的。我认为这是古印度教法中最为奇特的部分，也是最需要所有研究有组织的人类社会起源之人仔细考虑的部分。人们很久以来就知道，古代的家庭法中存在大量拟制（参见我的《古代法》，第 130 页）。其中的一个长期以来都很常见，我们对它相对熟悉。这就是收养（adoption），将一个陌生家庭的儿子视为自己家庭所出。对于研究者来说，作为一个私人制度，它在希腊和罗马的重要性当然已经众所周知了。并

且，在帝国时期的罗马人中，它在政治上极其重要，是用来实现帝位和平继承的首要便利举措之一。确实，对于当今英国人而言，它只是一个称呼；收养一个孩子意味着养育并教育他，并且可能通过遗嘱来抚养他。但是在《法国民法典》中(liv.I.8；tit.8，c.1)，以及建立在《法国民法典》基础上的其他欧陆民法典中，收养依然作为一种制度而存在：没有孩子的男性，尽管受到一些严格的条件限制，可以收养一个孩子，这个孩子将有权继承他的财产。在如此漫长的历 97
史中，对于收养的这种熟悉，使得我们忽视了这样一个事实，即它是最为极端的拟制之一。当为了参加最为庄严的宗教仪式并获得随之而来的继承权，一个陌生的孩子进入了这个家庭，或者一个血统不同之人被自愿允许进入这个家庭时，接纳他们的能力必然已经被扩张到了极点。无疑，在习惯于收养子女的社会的更为晚近的惯常做法中，该拟制的极端程度有所减少。从理论上说，被收养的孩子是一个陌生人，大多数情况下与收养他的人处于同一阶层或种姓，但是在印度，他通常与收养人具有某种血亲关系；遍览已知的罗马收养名单，我们可以看到绝大多数是收养“母系”亲属——即女性世系的亲属的例子。但是就这些早期印度教法律书籍所述为延续无子父亲的家庭而采取的便利方法的名单而言，从单纯收养在其中所占据的地位，就可以推断出古代人对这一主题的感情。梅恩(J.D.Mayne)说，“在论述印度教法的英语著作中论述收养的篇幅和收养在早期法律书籍中占据的篇幅之间，存在着一种奇异的失衡。人们可以读遍自婆罗门和佛教经典的作者至《达亚—跋伽》(*Daya-Bhaga*)* 的所 98
有文本，而未发现收养在印度教体系中具有任何重要地位(《印度教法》，第81页)。”真相是，除了收养之外，还存在大量拟制的服从关系，这些关系至少与收养同样古老，并且我怀疑，它们在极其古老的时代甚至更为彻底地服务于收养的目的。对于现代人而言，这些关系是惊人的或者令人厌恶的，但是对古代人的观念中，与接纳一个完全陌生之人进入家庭相比，它们看起来可能更简单并且更自然。

---

* 跋伽是财富婚姻之神。《达亚—跋伽》一书是印度教法著作，由12世纪的法律和宗教学者吉穆塔瓦哈纳(Jīmūtavāhana)撰写，主要关注继承程序。该书是印度孟加拉邦地区现代英属印度法院中最高权威，尽管由于1956年《印度教继承法》(Hindu Succession Act)的通过以及随后对该法案的修订，这一地位有所改变。

《乔达摩》(XXVIII.32)将这些拟制的儿子称为“秘密出生的儿子”“未婚少女之子”“处女新娘之子”“二婚女性”之子。可以这样说,虽然他们被允许在父亲去世之后进行献祭,但他们并不必然是父亲的儿子,他们中的一些人不可能是父亲的孩子。用现代的话来说,他们都是非婚生的或者私生的后代,但是他们都是在家庭庇护之下或者被置于家庭庇护之下的女性的后代。这些女性处于家庭首领的保护之下;她们从属于他,罗马法上用来规定奴隶地位的著名规则规定了她们孩子的地位。这些奇怪的习惯将他们与原始社会的常见现象联系起来了。父权和保护权无法区分地混合在了一起;甚至
99 奴隶在某种意义上也是家庭的一员。我们知道,事实上在罗马,奴隶在他的主人去世时可以履行家庭的献祭;对于那些预料自身在去世时无力偿债之人而言,常用的手段就是最终指定一名奴隶作为继承人,目的在于以该奴隶的名义宣告遗产的破产。因此,在世俗方面,这些拟制的儿子被允许在某种意义上视为儿子,因为他们是由受到家庭首领保护的女性所生。在宗教方面,他们被允许提供宗教献祭,作为一种极端的便利方法,以维护祖先免受完全没有男性后裔以及陷入没有适当的祭品和仪式就进入死后世界的可怕后果。

但是,必须要理解的是,那些流传下来的最古老的印度教法律著作的作者开始表达对于这些非婚生子和私生子的拟制隶属关系的道德厌恶。一位非常古老的权威作者阿跋斯檀巴没有给出这些拟制儿子的名单,他反对这一原则,只是宽泛地规定“儿子属于父亲(begetter)”。即使那些提到拟制儿子的作者,对于他们的继承顺位,也存在极大的分歧。《摩奴法典》谈到他们时评论(IX.161)说:“渡经地狱黑暗之人,因为只遗下令人轻视的儿子,其命运和乘破舟渡水者无异。”我无法怀疑,作为一种获得拟制儿子的手段,收养日渐普及是由于人们对其他模式的隶属关系的道德厌恶,这种厌恶之情在法律学派的婆罗门教师中稳定增长。

现在让我们设想,家庭首领去世时没有留下儿子,没有指定女儿,也没有收养儿子,家庭中也没有出生能够满足儿子的拟制身份的男孩——是否有可能避免没有家庭继承和祖先献祭的可怕结果?在一些印度教学者看来,这些
100 结果可以通过一个后来获得极大关注的制度予以避免,该制度通常被称为转

房婚(levirate),但印度教徒更为普遍的称呼是“尼育伽”(niyoga)*。根据该
制度,儿子是由一个无子男性的妻子或者他的寡妻所生,但孩子的亲生父亲不
是该男性,而是他的兄弟或最近的亲属。以这种方式获得儿子的习惯似乎已
经延伸到了人类众多民族,经历了多种修改,有些有宗教制裁,有些则没有。
在斯巴达人和雅典人的法律中,我们可以追寻到该制度的一些模糊但依稀可
见的痕迹,并且可以确定的是,其中的一种形式为希伯来人所沿袭。转房婚, 101
根据该制度,儿子是由他的兄弟为去世的男性所生,“使他的名不能从以色列
人中抹掉,”最为英国人所熟知的,取自《马太福音》第 22 章第 24 节(v.24 et
scq.)中撒都该人** 的决疑之问:“夫子,摩西说,人若死了,没有孩子,他兄弟
当娶他的妻,为哥哥生子立后。从前在我们这有弟兄七人。第一个娶了妻,死
时没有孩子,撇下妻子给兄弟。第二个、第三个,直到第七个,都是如此。末
后,妇人也死了。这样,当复活的时候,她是七个人中哪一个的妻子呢?因为
他们都娶过她。”在此处引用的段落(《申命记》XXV.5)中,丈夫兄弟的义务被
宣告为强制性的。“若兄弟住在一起,他们中间如果有一个死了,没有留下儿
子,死者的妻子就不可出嫁外人;她丈夫的兄弟要向她尽兄弟的本分,娶她为
妻,和她同房。她所生的长子要归亡兄的名下,免得他的名字从以色列中被涂
抹了。”接下来的段落描述了当丈夫的兄弟拒绝该义务所要遵循的程序;这一
程序,主要包括象征性的妥协,主要出现在了《路得记》中,这个故事生动逼真 102
的优点有时候使得读者忽视了这一事实,即它想要例证对犹大王国王家谱系
史上的一个时期具有重要影响的一个法律规则。但是,该制度最为古老的形
式似乎是由最古老的印度教法律作者所描述的。“一位妇人,如其丈夫去世而

* 尼育伽是印度一种古老的规定,一个女人(丈夫不能行父道或没有子女就亡故了)可以要求并指定一个人帮助她怀上一个孩子。按这印度规定指定的人必须是或极可能会是一个可敬的人。该过程有不同的条件,如下:1.这女人只为了有一个孩子的原因而不是为了欢愉才同意这样做。2.指定的男人为了达摩(佛法)才这样做,把帮助女人怀上孩子看作他的义务,也不是为了欢愉。3.这样生出的孩子算作这对夫妇的而不是指定的男子的。4.指定的男子将来不得要求对这孩子的父亲关系或连带的权利。5.为避免滥用,允许一个男子一生中最多三次被指定这样做。6.该行为被看作神所作的,而且进行时,这男子和该妻子的意识里只应有神而不能有情色之欲。7.鉴于这女子只是为了给她自己和她丈夫怀上孩子才同意这样做,男子这样做犹如以神的名义帮助女子。8.除了交合不当有前戏,口部或其他方式的性行为。女子的上身会用半透明的帘幕罩住,只允许看到和进入她的下身让男子行尼育伽。9.尼育伽时双方身体抹上酥油(使情欲不能占据意识但为了怀孕的行为可以实行)。——译者注

** 古代犹太教中一个派别的成员;该派否认死人的复活、灵魂存在、来世和天使。——译者注

她又渴望后裔，可以为她丈夫的兄弟生一个儿子。让她获得其宗教导师（即她的精神导师）的允许。如果丈夫没有兄弟，她可以通过与一位萨宾达、一位萨戈特拉［罗马人称之为‘族亲’（agnatus）或‘宗亲’（gentlilis）］，或者一位萨马纳普拉瓦拉（Samânapravara）［即与她的丈夫属于同一宗教派别或者文学氏族（literary clan）之人］，或者与其丈夫属于同一种姓之人同居的方式。有人宣称她只应与其丈夫的兄弟共同生活。”人们评论说，《乔达摩》似乎并没有考虑到，遗孀必将成为丈夫的兄弟的妻子，而且如在《路得记》那样，他将该义务扩展至比丈夫的兄弟更远的亲属，尽管他注意到了只有丈夫的兄弟能够为其兄弟繁衍子孙这一观点。（《乔达摩》，XVIII.6.以下）

103 但是这一做法在各地都被扩大运用，其结果甚至比它在转房婚中呈现的形式更令现代人厌恶。“经在世的丈夫对其妻子的请求而生育孩子，”《乔达摩》（XVIII.11）说，“这个孩子属于丈夫。”在梵文文献中提到了数个此类请求的例子，但是当这一做法被法律人界定为一项制度的时候，它严格要求孩子的生父通常应当是丈夫的亲属。《乔达摩》立即对刚刚援引的段落进行补充：“如果孩子的生父是陌生人，并非丈夫的亲属，这个孩子就属于陌生人。”并且这一古代作者将“亲属与妻子生育的儿子”放在了他的儿子的名单上。如我现在所指出的，印度教祭司的感情从很早的时候开始就在尼育伽的道德性上存在分歧；但我们必须记住，它的更为粗糙的形式并不必然比那些在我们看来不那么令人不快的形式更令老教师们感到厌恶。无疑，遗孀所生之子的诞生并不像妻子所生之子那么令人感到厌恶。但是，在那个时候，古代的法律在丈夫年迈与丈夫去世之间没有进行多少区分。人们假定，一位老师将会离开他的房子和家人，以禁欲主义的方式度过其余生；最合适的告别时刻通常被描述为他无法成为父亲的时候。在希腊的两个伟大城邦的记录中，仍然存在关于以尼育
104 伽赋予最近亲属功能的一些残留痕迹。普鲁塔克叙述的一个著名故事（“皮洛士”，Pyrrhus，26）涉及卓越的斯巴达官员阿克罗塔图斯（Acrotatus）与克利奥尼穆斯（Cleonymus）的妻子切利多妮斯（Chelidonis）之间的关系，斯巴达的长者们称赞这些关系并且对切利多妮斯的后代给予祝福，这个故事确实表明在那个老式并且从不脆弱敏感的社会中，某些与古代印度教相类似的制度直到公元前 3 世纪依然存在。克利奥尼穆斯已经上了年纪，而他的侄孙阿克罗塔

图斯正当壮年，是与其血缘最近的男性亲属。在雅典，最类似的对应制度与印
度教的形式存在相当大的差异。我已经说过，一位雅典父亲，如同一位印度教
信徒那样，可以通过女儿之子来延续他的家庭。但是，如果他去世的时候无子
并且没有遗嘱，他允许将其财产留给女儿而没有特别的安排，这位女儿就成为
孤女继承人(orphan heiress)，她在雅典法律上大放异彩。虽然她没有权力为
自己选择丈夫，但是她的最近的亲属拥有娶她的权利，以及娶她或者分给她遗
产的义务。事实上这一权利似乎已经被激烈地讨论过；有一个专门的程序(或
者 διαδικασία)，用于在不同的权利主张者和为了娶女继承人而与他们的妻子
离婚的男性之间进行抉择。同样的原则被适用于一群女儿，她们的不同亲属 105
按照亲属关系必须要娶她们或者提供一份嫁妆。当然，目的是将财产留在家
庭当中，并且如果可能的话，会规定女儿的孩子应当将其血统上溯至男性世
系。当留下的孩子是兄妹或姐弟的时候，该原则得到了更显著的应用。在这
种情况下，兄弟有义务为姐妹提供嫁妆，但如果她只是同父异母的姐妹，雅典
人反对兄弟姐妹通婚的强烈感情就必须让路了，他可以娶她并且把那部分嫁
妆放到继承的遗产中。但是，如果是同母异父的姐妹，就不能行使这一权力；
这一限制被认为是希腊人仅仅通过母系计算亲属关系那一遥远时代的残存
物。但是与一个同母异父的姐妹结婚并不倾向于促成目标。她将失去对父亲
遗产的权利，而与她结婚对于防止用于祖先献祭的基金的减少并保存其完整
并没有什么帮助。[4]让我们重复一遍，关于最近亲属的权利和义务的大部分雅
典规则，说明了这一趋势，即这一古老手段的目的是为了延续成为纯粹的财产 106
继承模式的家庭，这也体现在了《路得记》的最后一章中。

关于这一组制度的可能起源和含义，有几句话必须要说。转房婚是尼育伽的一种特殊情况，据此一个兄弟为另一个兄弟繁衍后代，已故的麦克伦南(J.F.McLennan)给予其在社会的演进中一个确定的地位。最初，我理解他的主张是在两性关系中有乱交。这一乱交逐渐被一妻多夫制——一个妻子拥有数个丈夫所限制。[5]这些丈夫总是兄弟，转房婚是这种乱交形式的遗俗。要将所有形式的尼育伽都纳入这一巧妙的理论并不是很容易(如我所言，尼育伽只是一种特殊情况)；但是我只想说，依我看，无论如何，印度教法的古代记录并不能让人联想到这个解释。让我们假设，在特定社会中，无论是基于它的祭

拜祖先还是其他原因，已经产生了对于男性后代的强烈渴望。让我们假定，在
107 特定情况下，父亲不可能生出自己的亲生子。他也没有女儿。生育儿子是为了献祭这一公认的假设就没法适用了。年迈之人或者已逝之人无法入土，他死后的命运处于危险的境地，该如何是好？现在所有古老的宗教观念或者法律观念都受到类推的强烈影响，而以尼育伽的方式所生的孩子非常像一个真正的儿子。如同一个真正的儿子，他是妻子或者遗孀所生；并且，尽管他身上并未流着丈夫的血脉，他仍拥有丈夫家族的血脉。个体的血脉不能被延续，但是家族的血脉奔流不息。在我看来，对任何古代的习俗权威而言，认为在这种情况下家庭得以适当地延续，对于神父或者祭司法律人而言，葬礼将由遗孀之子或者妻子之子来履行，并且合理期待他们目的能够得以实现，都是很自然的。在我看来，在最古老的婆罗门法律学校关于这一主题的观念分歧正是那些由看似合理但并不自然的设计所导致的。对于尼育伽的看法，从一开始就存在一个分歧，尤其是对其更为令人不快的形式。《阿跋斯檀巴》以最激烈的
108 言辞对它予以谴责，而《跋陀罗衍那》和《乔达摩》并未说什么反对之辞。后来出现的《摩奴法典》宣告它仅适用于家畜（IX.65.66），而几乎为现代精神所渗透的更晚近的权威《那罗陀》则将其视为理所当然。

我已经说过，在我看来，女儿将其父亲宗教上的儿子身份转给自己的儿子这一能力开始被认可，与最终承认女性后裔参与继承是相互关联的。一个在我看来似乎有理的推测是，遗孀通过转房婚的方式为她已逝的丈夫生育儿子的能力有助于将对其丈夫财产的终身权益授予她，在印度的部分地区，她对其丈夫的财产直接享有财产权，并且这种能力也导致了印度教的法律和习惯通常赋予其通过简单收养的方式为她的亡夫获得一个儿子的权力。但是，我的主题是继承对祖先祭拜的依赖性，而这些话题与我要讨论的主题差距过大，不适合现在讨论。在进行任何女儿对父亲遗产的继承的起源的调查时，有必要仔细考察当女儿结婚时给予她们嫁妆的习惯，这一做法在古代世界普遍流行。当女性结婚时赠予她的礼物或者财产是无法与她的继承权相分离的。一般而
109 言，这些是供养她的替代方式；在古代的法律制度中将女儿从继承中排除出去通常意味着她们拥有获得嫁妆的权利，这些嫁妆通常取自家庭的动产。古代的印度教作者很少提到女儿的继承。人们认为，《跋陀罗衍那》所持的观点是

女性不能继承。《阿跋斯檀巴》不仅将女儿置于男性亲属之后，而且还置于诸如逝者的宗教导师和同学这样疏远的继承者之后。但是，这些作者仍然含蓄地承认已婚女性享有某种独立的财产。(《乔达摩》，XXVIII.24）在西方世界的古代法律体系中，在继承和为结婚提供的财产之间存在显而易见的关联。根据雅典法，当父亲去世的时候没有遗嘱并且没有儿子的时候，女儿要么嫁给亲属，要么根据我已经描述的制度获得嫁妆。人们认为，古代罗马法，在我们所知的最早阶段，已经允许由女儿部分地继承父亲的财产。但是罗马法为现代法学贡献了这一学说[6]，即在特定条件下，嫁妆被视为留给女儿的一份“预先发放的”遗产，反过来，设立一份嫁妆的契约通过遗产来“实现”。我总是怀疑，该学说颠倒了最古老的法律的原则；并且在古代，女儿仅在她未获得嫁妆的情况 110
下继承。在现代印度数代同堂的大家庭中，以及在斯拉夫人的家族共同体(House-Communities)中，尽管遗产可能被视为属于家庭的男性成员，但女性有权利在结婚的时候获得嫁妆，其数量通常为她们的兄弟将获得的遗产份额的特定部分；而在印度，当分配数代同堂家庭的财产的时候，法律规定这些份额必须承担“维持”未婚女性和遗孀生活的责任。据我所知，稍有进步的古代社会，无不对死者遗留的妻女的供养进行了规定。真正的偏见或反对的是不允许她们将任何对诸如土地这样种类的财产的权利授予她们的丈夫，她们通常在未成年的时候就已经出嫁了，因为共同体通常是依赖土地生活并凝聚在一起的。但是向她们提供真正的动产以及可转让的财产不仅被认为是公正的，而且这也是被强制要求的，如果拒绝或者未能提供嫁妆将被认为是对家庭荣誉的玷污和对家庭体面的侵犯。

我们现在已经讲到了关键问题，如果在现代法律作者和这些古代婆罗门圣法的解释者之间有任何明显的相似之处，他们会讨论：(1)逝者的尊亲属， 111
即他的男性父系祖先的继承，如果这些人中还有人比逝者活得更长久的话；(2)旁系亲属——即他的父系祖先的后代的继承。上述第二个主题旁系继承[7]在印度教的现代法律中极其庞大且复杂；并且总体而言，它的重要性在增加，而非像西欧那样在减少。与其他民族相比，英国人对旁系继承更不感兴趣，并且事实上，可以这么说，在所有依法继承中，几乎都通过英国的一般习惯以婚姻授产协议或者遗嘱来决定他们财产的转移。但是在欧陆，主要是通过实施

《法国民法典》以及其他模仿前者的法典，遗嘱处分的习惯据说逐渐式微。子女获得父亲财产的权利是不可废除的，遗嘱的首要现代目的，即根据子女的性格和需求在他们中分配财产，因而是无法实现的，遗嘱被废弃，法律得以留存，
112 用于规定更为疏远的亲属之间的继承。在我们之前的古代法律人几乎没有注意到旁系继承，这表明了我正在研究的法律思想与那些现在正流行的法律思想之间的疏远性。他们在没有更近的权利请求人的情况下，规定了精神亲属、婆罗门教师与学生的最终继承，还规定了国王的继承，但是除了直系亲属之间以外，他们几乎没有谈到任何现在所理解的继承的内容。他们对血缘更为疏远的亲属的继承的论述是简单而模糊的，而且他们并不在相同的含义上或者现代印度教法的意义上使用术语。[8]他们随即转到了我已经列举的精神继承者以及国王；他们中的一人补充说："在没有规定的情况下，必须遵循至少十个婆罗门赞同的道路，这十位婆罗门受过良好的指导，精通推理，并且不受贪欲的诱惑。"（《乔达摩》，XXVIII.48）

早期法律教师撰写论著的目的解释了他们论述特定主题所表现出的间接
113 和模糊。他们的目的是以警句式的语言对法律进行一个简要的概述。但是，要注意的是，他们在论述所有重要主题时都足够完整和清晰。我认为，显而易见的是，他们对旁系继承没有丝毫兴趣。在我看来，真相是他们为了遗产的适当转移，当没有婚生子的时候，他们相信通过自己的各种手段可以提供一个儿子，这些手段包括指定一个女儿、拟制儿子身份、收养以及尼育伽。最初对逝者的一个有效献祭很可能只能由直系后代提供；尽管一些获得祭拜继承人的拟制方法受到了谴责，旁系亲属很可能最初完全不能献祭，因为人们不认为他们能够授予或者获得精神利益。但是在印度，所有提供儿子的拟制的便利方法在很久以前就蓬勃发展，只有一个例外。正统的印度教学者说，在我们现在生活的铁器时代，这些方法都被禁止，因为人心冷酷无情。事实上，一股与其部分或者完全背道而驰的感情贯穿了大部分最古老的法律书籍，这是最终流行的观念的源头。现在，如果一名男性没有婚生子，他除了亲自或者由其遗孀
114 收养之外别无他法，关于是否要求遗孀在丈夫去世之前征得他的同意或者由丈夫做出指令，以及如果有相关要求，应当以何种方式表示同意或做出指令，都存在地方性的争议。这种法律状态进一步增强了旁系继承的现代重要性，

也有事实与法律相符。在高种姓的印度教徒中，存在引人注目的不育状况，尽管在理论上更偏好收养儿子，而非允许由旁系亲属继承，然而（我被告知）许多人因为迷信而同样厌恶收养，收养在英格兰有时候被认为阻碍了立遗嘱。规制旁系亲属继承的现代规则极其广泛，其最初权威更多的并非古代法律书籍，而是所谓中世纪的汇编，其日期大约自 11 世纪到 14 世纪，其中最为古老的是《密陀娑罗》(*Mitakshara*)＊。梅恩(J.D.Mayne)先生因此将这套规则的最为一般的特征描述为(《印度教的法律和习惯》，第 51 页。)："除了孟加拉之外，父系亲属（通过男性后裔相关联的亲属）排除母系亲属（通过女性关联的亲属），直至第十四亲等。"在旁遮普省流行的继承规则也可以观察到对男性的同样偏爱，在那里法律和习惯"在本质上是非祭司掌控的、非神圣的、世俗的"。旁遮 115
普省的首席法院的司法经验与官方调查人的结论相一致，确立了"亲属关系完全是父系的"规则。[9]因此，毫无疑问，在旁系亲属中的父系继承是印度教习惯的一般原则。它是罗马法《十二表法》的独有原则，在雅典中它支配了更为疏远的旁系继承，规定父系亲属总是优先于母系亲属(προτιμᾶσθαι τοὺς ἀπὸ τῶν ἀρρένων τῶν ἀπὸ θηλείων)。事实上，如果一个相对晚近的作者[10]可信的话，父系继承，即排他性地通过男性继承，是希腊的普通法。

但是梅恩先生详细说明了印度普遍偏爱男性的一个明显例外。在人口众多的孟加拉本土(Bengal Proper)邦，该邦也因村落共同体几乎完全消失而引人注目，母系亲属大部分都被允许继承，有时候还优先于男性亲属。"母系的亲属经常占据比血缘非常近的父系萨宾达更优先的位置，"(《印度教的法律和习惯》，第 428 页)梅恩先生详细地阐明了孟加拉法的这一特性，并且在他的第 116
16 章追溯其原因。该邦的婆罗门法律人遵奉的相对现代的权威——《达亚—跋伽》(*Daya-Bhaga*)以及《达亚—克拉玛—桑格拉哈》＊＊(*Daya-Krama-Sangraha*)——被指控违反祭司学说。它们不仅展示了祖先祭拜和继承之间的密切关系，而且也展现了后者对前者的彻底依从性。第一个问题是，祖先从献祭

＊ 该书由 11 世纪末至 12 世纪初的印度学者维耶内瓦拉(Vijñānesvara)撰写。自英国人开始在印度实施法律以来，它与《达亚—跋伽》一起被认为是印度教法的主要权威之一。——译者注

＊＊ 由克里希纳·特卡兰卡拉·巴塔查里亚(Krishna Terkalankara Battáchárya)所著的一本早期《继承法令简编》。——译者注

中获得的精神利益的确切数量是多少，以及反映在祭拜者身上的确切数量是多少？——这是继承表中祭拜者的地位的精确判定。

在我看来，这一解释是最初的祖先祭拜进行了自我改造，并且在变化的过程中促进了法律的修改，但是并未在同等程度上影响所有的法律学说。最初，毫无疑问，被祭拜的祖先是男性，祭拜者是其父系的直系男性后裔。我们发现，最极端的古代作者完全否认女性的献祭之权。“女性不应当提供任何烧锅
117 的祭品。”（《阿跋斯檀巴》，II.VI，15.18）但是，如我之前指出的，将祖先的妻子与祖先联系在一起作为祭拜对象的做法很快就出现了。“在另一个世界，一个人必须靠自己，”印度教学者们说，“即使一名亲属和他同死，男性亲属也不能跟从他死去的亲属。”[11]“除了他的妻子，所有人都被禁止跟他同走阎罗之路。”——这一段在后世变成焚烧寡妇的首要权威依据之一。因此在早期，但是并非在最早的时代，男性被发现既祭拜他们的父亲也祭拜他们的母亲，并且也祭拜他们的母系祖先，尽管并没有将母系祖先放在与他们的父系祖先完全相同的基础上。因此，在古代制度中就出现了一个大突破。宗教观念的另一个转变可以被追溯到《达亚—跋伽》，这些宗教观念可能并未延伸到特定的婆罗门教派之外。对于为了获得儿子而采取拟制方法的道德不满日益增长，这必然增加了无子的机会，以及无法献祭的可能。由此导致的可预期的结果，不仅有对死者的超自然惩罚，还有婆罗门的俗世损失，这些将会促成或者强化这样的信念，即只有旁系亲属可能向死者有效提供献祭的尊崇，并且进而有助于尽可能宽泛地扩大旁系亲属关系的范围。事实上，这是孟加拉的权威论著中预示的宗教制度。该制度的目的之一是将尽可能多的亲属，包括父系或者母
118 系亲属纳入有效的祭拜者的范围中。而且，该制度充满了微小的细节，其巧妙推论源自具有发达宗教之特征的假定原则，该宗教早就脱离了原始的简单性。我必须将一整个葬礼蛋糕的祭品、残留在手上并且擦掉的蛋糕祭品碎片，以及仅用于祭奠的水之间的区别，连同获准继承的不同亲属之间的区别，交由论述印度教法的专业作者的著作，尤其是梅恩先生和拉杰库马尔·萨尔瓦迪卡里（Rajkumar Sarvadhikari）教授的著作来研究。

我已经陈述了我的观点，即印度教信徒实施的祭拜祖先的背后，存在着一个父系亲属制度，或者仅仅通过男性建立亲属关系的制度，该制度现在仍然残

存于旁遮普省。我迄今为止赞同菲斯泰尔·德·库朗热的理论，即我相信最初祖先祭拜大大强化了该制度。但是在我看来很明显，祭拜祖先在它后来的成长中，对古代的亲属关系和古代的家庭施加了削弱和破坏的影响力。然而，印度教徒所遵循的世俗法律并未受到宗教发展同等的或者普遍的影响。总体
而言，《密陀娑罗》在印度比《达亚—跋伽》具有更大的权威，前者明显是主要建 119
立在更古老的亲属概念之上。与此同时，我并不认为《达亚—跋伽》的体系只是反映在更古老论著中的体系的一个后续发展。更确切地说，它是古代祭司法的一个独立发展。导致该制度的思想多少可以在最古老的论著中找到，但是它们对一些法律学派似乎比对其他法律学派更迅速、更彻底地产生了影响。如果没有认识到《摩奴法典》已经在很大程度上被宗教转型所影响，人们就无法理解这本相对晚近产生的以摩奴之名命名的规则集。

在造就和引导人类社会发展进程的力量中，其中的一个最强大的力量是罗马裁判官的告示，它使得法律逐渐与一套原则相协调，这套原则最为普遍的称呼就是衡平(equity)。它彻底改变了罗马法学；由衡平向更古老规则的渗透所形成的制度是几乎所有现代欧陆法和部分英格兰法，以及绝大部分的既有国家法的源泉。最终，罗马法律人认为，这些原则与一个希腊的哲学概念——自然法相契合，直至我们的时代，自然法对人类思想都具有重大影响。在法律
观念的更早阶段，人们认为裁判官告示包含了万民法——被推定为大部分民 120
族之习惯的一般法则。但是，我们不能说对罗马衡平法最为古老的历史有任何了解。虽然我们有证据表明告示在很早的时代就被用于改变罗马继承法，它建立在一种亲属关系的观点之上，这种观点在以前只是为人们模糊地承认，甚至完全不承认。无论如何，现在我无法阅读古代的印度教法律小册子并且将它们与《达亚—跋迦》以及《达亚—克拉玛—桑格拉哈》这类论著相比较，不能得出这一结论，即在更古老的书籍和后来书籍所反映的两种法律状态的间隙中，在印度教徒中已经发生了一个变化，该变化非常类似于罗马人之间已经发生过的从《十二表法》的父系亲属继承向告示的母系亲属继承的转变。但是古代罗马继承法与祭拜祖先关系密切。无论如何，菲斯泰尔·德·库朗热都认为这一点是毋庸置疑的。古代的印度教法无疑拥有同样的基础，但是它在印度的部分地区经历了非常类似于罗马法的修改，变成了一种允许男性通过

女性继承，女性通过男性继承的继承制度。但是新印度教法的解释有其自身
121 的起源；其中的宗教因素已经发生变化，法律也随之变化。因此，我认为，罗马衡平法在法律的历史开启之前就已经存在于被修改的祭拜祖先之中、宗教体制以及家庭的宗教义务的变化之中。人们推测，古代哲学以及许多现代哲学都起源于宗教。雅典法的一些旁系继承规则与更晚近的罗马法，而非更早期的罗马法相一致。并且再次，我也认为宗教观念的变动导致了变化。

评注与例证

122

评注 A

印度教家长权

可能古代的祭司作者，除了因其阶层的依附地位导致拒绝通过解散部落和数代同堂的大家庭群体的方式来使得宗教仪式倍增外，他们也渴望不必等到数代同堂的大家庭的首领去世之时才将家族（household）分裂为数个家庭（family）。他们期待，忠诚的印度教信徒通过学习经典（scriptures）而获得新生之人能够在年迈之时退出积极生活，成为一名苦行者或隐士。有少数文本被认为暗示如果父亲年迈，儿子能够强迫其父退隐。（《乔达摩》XV.19）在谴责这一做法的同时，可能也认可它的存在。但是无论这些文本表达何种意思，我不认为它们赞成这一观点，即儿子可以在任何时候违背其父亲的意愿分割家庭财产。我认为它们只适用于一种情况，即父亲已经年迈，对他而言，抛弃世俗生活已经成为一个宗教义务。我们可以从在祭拜祖先制度下即使是在世的父亲也必然唤起了崇敬之情这一事实来确定地推断古代印度教的家长权的
123 充分性。多年以后，摩奴的法律书籍宣称“法律宣告妻子、儿子和奴隶不能自行占有任何财产；其所能取得的一切都是其所从属之人的所有物”。（《摩奴法典》第 8 卷第 416 节）一部更为晚近但依然古老的权威著作——《那罗陀》（v.39）——说儿子是“成年并独立的，如果他的父母已经去世；当父母在世之时，儿子仍处于从属地位，即使他已然年老。”如今纳尔逊先生提到，在印度南部祭司控制的印度教并不强大，他把通过观察而了解到的家长权形容为印度教的一个伟大的长期存在的制度。“这是一个毫无疑问的事实，即在马德拉斯省的所谓印度教徒中，父亲在如今被所有人视为依赖于他的这个家庭的酋长

或绝对统治者。"他生前有权受人尊敬，如同死后受人献祭一样。他的话就是法律，必须毫无疑问或毫无异议地予以遵守。他是真正的"一家之主，是他的妻子、儿子、奴隶以及他的财富的主人"(《印度教法概观》，第 56 页)。第 38 页则指出："抵制父亲的意愿是荒诞的。"

评注 B

一妻多夫制

我很遗憾地认为，我怀疑一妻多夫制，尤其是丈夫互为兄弟的一妻多夫制的形式，是古代社会的非常规的习惯。在《摩诃婆罗多》(*Mahabharata*)* 中有
一个被多次讨论的故事，朵帕蒂(Draupadi)变成了五位潘达维王子的妻子，这 124
个故事可以作各种解释(参见梅恩的《印度教法和习惯》，第 52 页)，但是也有相当有力的证据[《波利比乌斯》(*Polybius*)，xii. 7，732，仿效《提迈尤斯》(*Timeæu*)]表明，斯巴达人实施一妻多夫制。我[和摩根(L. H. Morgan)先生都]对麦克伦南先生赋予一妻多夫制在社会演进中的重要地位有所怀疑。它提醒人们不要被古印度和古希腊古老例子打动，从而想起德 · 布罗斯庭长(president de brosses) ** 对威尼斯贵族在 18 世纪的早期实施的兄弟一妻多夫制的指控。[《意大利的书面来信》(*Lettres Écrites d'Italie*，tom. i. p. 157)]。斯巴达人和威尼斯贵族都以在两性关系上不够周到而闻名，在这两个例子中，这一习惯似乎源于对独立的家庭进行公共征税，如果没有独立的婚姻，这一征税就不复存在。在我看来，这种习惯在任何时候都可能导致压制道德和尊严的情况出现。众所周知，它出现在印度本土军队中。

注释

1. 参见本章评注 A。

* 它和《罗摩衍那》并称为印度两大史诗。《摩诃婆罗多》的内容篇幅相当于《罗摩衍那》的四倍。全书共分十八篇，核心故事是以列国纷争时代的印度社会为背景，叙述了婆罗多族两支后裔俱卢族和般度族争夺王位继承权的斗争。这部被称为百科全书式的史诗。——译者注

** 查尔斯 · 德 · 布罗斯(Charles de Brosses)研究 18 世纪法国历史的学者所熟悉的人物，他短暂地担任过第戎高等法院大法庭庭长(président à mortier)。虽然他不是一个重要的政治人物，但他却代表了贵族阶层中有教养的精英阶层。作为一名古典学者，他享有一定的声望，尤其对罗马共和国的历史有所研究。——译者注

2. 参见第七章("原始社会的理论")以下。

3. 古代印度吠陀时代伟大的创造者神。在后吠陀时代,他被认为是梵天。

4. 这是菲斯泰尔·德·库朗热的解释(《古代城邦》,第83页;Cité Antique, p.83),这在我看来似乎是决定性的。他观察到,一个被解放的儿子并不享有该特权。

5. 参见章末评注B,"一夫多妻制"。

6. See Dig. xxx. 84, 6. Cod. vi. 37, 11.

7. 梅恩先生在其所著的《印度教的法律和习惯》(*Hindu Law and Usages*)的非常富有启发性的一章中,讨论了关于这一主题的现存的印度教法,其原则成为两套相互对立的学说的基础。

8. 成熟的印度教法的类似术语表明了继承者的种类,如萨宾达(Sapinda),萨加塔(Sagotra, &c.),这些作者使用了这些术语,但是显然并非在更为现代的意义上。一个被认为是跋陀罗衍那所写的文本将"萨宾达"定义为"曾祖父、祖父、父亲、该男性自己,他的同母异父兄弟且兄弟之母与父为同一种姓,他的儿子、他的孙子以及曾孙"。但是《乔达摩》(XIV.13,以及XVIII.6)中的萨宾达的含义与此并不相同。《毗湿奴》似乎将萨宾达和友人(Bandhu)用作同义词。

9. See Boulnois and Rattgan, *Notes on Punjab Law*, p.85.

10. *Diodorus Siculus*, xii. 14[评论一部很可能是伪托卡伦达斯(Charondas)之名的立法]。(卡伦达斯为古希腊立法者。——译者注)

11. *Vishnu*, xx. 39.

第五章　王室继承和撒利克法

在那些经历了封建主义的西方社会的法律史中，财产继承和王位继承是 125
紧密联系在一起的。当布鲁斯和巴利奥尔(Baliol)* 以及其他十位竞争者在
英格兰的爱德华一世面前进行一场关于苏格兰王位的诉讼时，该争论原则上
无法与普通封地继承的争论相区分，确切地说，这一著名的争论确实确立了一
些普遍存在于西方土地继承法的要点。而东方的继承法包含了关于私人财产
继承的详尽法律，却不涉及王位继承的内容。一个伊斯兰教统治家族，奥斯曼
苏丹(Ottoman Sultans)家族，将一个最为古老的王室继承制度持续至今。根
据该制度，最年长的男性亲属在继承顺位上优先于儿子；但是在这一规则与伊
斯兰教学者宣告的丰富的私人继承法的任何部分之间都不存在明显的关联。 126
我们至多可以在伊斯兰教方案中分别分配给儿子和分配给叔伯的地方找到一
个相似之处。事实上，在所有财产继承制度中，伊斯兰教的制度是最难与王室
继承相适应的。它在众多亲属之间进行极其碎片化的划分，在我看来，至今仍
然没有人能够对这些亲属的分类进行成功的解释。[1] 我赞同乔治·坎贝尔
(George Campbell)爵士的意见，它必然成长于一个财产按单位轻易分割，并
且可能由牛羊构成的民族；并且我相信，阿尔玛里克·鲁姆西(Almaric
Rumsey)先生(《穆斯林继承法》)不容辩驳地表明，它最明显的困难来自这一
事实，即无论后世穆斯林的代数知识如何，这一法律的最早阐释者完全不知道
处理分数的一些简单原则。总体而言，我们当前必须满足于对于这一规则的
正统的伊斯兰教的解释，即它们取决于被假定以真主的权威发言的先知、他的
同伴以及那些与他们交谈之人的言论；它们并不必然可以简化为系统有序的
状态。

---

* 1292—1296 年间的苏格兰国王。在挪威公主玛格丽特女王死后，他是苏格兰王位继承人。他得到英国国王爱德华一世的支持，与其他 12 个宣称对王位有继承权的人进行斗争。因为向爱德华一世表示敬意，巴利奥尔被宣布为国王，但当英格兰军队进攻苏格兰时，他很快就起而反对英王爱德华一世，并放弃了王位。本文中说“其他十位”，可能有误。——译者注

127 与伊斯兰继承法相比，印度教继承法对宗教起源的主张更为真实。它的一些原则可以毫不费力地适用于王室继承；但是它实质上是私人财产继承法。略微引人注目的是，我们从古代的印度教法律人那里了解不到关于国王应当如何继承的规则。因为他们一旦意识到国王是婆罗门的重要辅助者，他们就愿意冒着风险向他提出建议或者提供关于其义务的意见。首先，他要实现正义并且维持真相。但是更多的是对他的谆谆教诲。即使是像《阿跋斯檀巴》这样古老的权威(II.X.25.1)，都告知他如何建造一座城市和一个宫殿。“宫殿应当矗立在城市的心脏位置。在它的前面应当有一个大厅。从小镇往南一点距离，他应当建造一座集会的场所，房子的南北两面都有门。在这三个地方，火常燃不灭，祭品应当在这些房子里每日供奉，或者由房屋占有者每日献祭。在这座大厅中，他应当招待客人，至少是那些精通《吠陀》之人。应当向他们提供与其品质相当的房间、卧榻、肉和饮料。但是不要让国王比他的精神导师或者
128 他的大臣过得更好。”在其他书中，他被教导如何用骰子自娱自乐，“骰子是偶数的，以苦楝(vibhitaka)木制成。”如何任命行政副手；如何奖赏打了胜仗的将军。《乔达摩》简要地规定，国王是“除了婆罗门之外的所有人的主人；”而在后来的论著中，《毗湿奴》和《摩奴法典》对于国王的职责有很长的讨论，教师甚至给出了战略技术和征税手段的描述。但是，书中没有关于国王成功继位的方法的内容，除了在给胜利的国王的指令中可以找到该规则的些许痕迹：当他征服了一个国家，“不要铲除王族”，而是要赋予这一民族的一个王子以王家尊严。现代印度教信徒仅仅通过类比的方式将其宗教法适用于王室继承，他一般适用该法最古老的部分。印度王室中形成发展的家庭习俗反映了关于长子继承制以及与其不可分割的世袭财产的古代规则，我们最古老的权威著作很少提及这些规则，可以观察到的是，这些习惯明显偏爱采用收养而不是旁系继承。

真相是我们必须从习惯中寻找东方的王位继承制度，它们可能要比不时横扫东方的各大宗教运动更为古老，并且其历史独立于这些运动所产生的制
129 度。在这些制度通行的国家中，这些习惯所引发的真假的疑问、痛苦的争论，以及血腥的战争，都曾经是人类的主要灾祸根源，但是大英印度帝国(British Indian Empire)已经大大缩减了此类麻烦的范围。然而，帝国本身就是在几天

前卷入了一场类似的争论,该争论可能被视为这一种类的典型代表。人们从来无法确认一个印度事件能够在英国人的记忆中存续多长时间,并且我们中的一些人应该仍能回想起三四年来出现在报纸通讯中的妄图对阿富汗的主权提出主张的各个首领或王子的姓名和主张时所引发的困惑。我们听说了塞尔吉·阿里可汗(Shere Ali Khan)的不幸,在英国的第一次胜利后他在其首都迦步勒(Cabul)退位,直到死亡;听说了雅各布可汗(Yakub Khan),他现在是印度的一个国家囚犯,在路易斯·卡瓦格纳里(Louis Cavagnari)爵士遇刺的时候,他作为塞尔吉·阿里的继承者在迦步勒统治;听说了阿布尔哈曼可汗(Aburrhaman Khan),他长期流亡俄罗斯,现在通过持有三个伟大的城市迦步勒、坎大哈(Candahar)以及赫拉特(Herate)而拥有了现代阿富汗主权最显著的标志;听说了阿尤布可汗(Ayub Khan),他使英属印度部落在旷野遭受 78
年来的首次失败,其后又被获胜的罗伯特将军彻底击溃,并且在再度战胜对手 130
阿布都热哈曼(Abudurrhaman)后,最终被击败并且避难波斯。也有一些不那么引人注目的名字,如已经去世的阿卜杜拉·扬(Abdulla Jan),他是塞尔吉·阿里的次子,长期以来除了他长兄以外,所有人都视其为他父亲的当然继承人,此外还有雅各布之子穆萨可汗(Musa Khan),我已经看到报纸上将他称为阿富汗王位的唯一合法继承人。我提到的所有这些王子,在一定意义上,都是王位的觊觎者,他们都是近亲,英国人在 44 年前的旧阿富汗战争中与他们作战。这些近亲在他们的房间里一会儿就确立了自己的委托人沙阿·苏贾(Shah Suja)*。如此多的近亲属都主张自己是末代君主的继承人是怎么回事呢?根据我们熟悉的王位继承规则,他们中几乎没有一个人有继承权。塞尔吉·阿里在艰苦抗争之后,继承了他的父亲多斯特·马霍米德(Dost Mahomed)的王位,但是他并非父亲的长子。雅各布可汗不是塞尔吉·阿里的长子,并且他几乎要被一位小得多的兄弟阿卜杜拉·扬取代,由于其主张遭质疑而被长期监禁。现在正在统治的埃米尔(Ameer)阿卜杜拉赫曼可汗(Abdurrhaman Khanhan)并不是塞尔吉·阿里的儿子,而是其长兄之子,并且人们认为他并非其长兄的长子。另一方面,阿尤布可汗是塞尔吉·阿里的儿子, 131

* 1803 到 1809 年间杜拉尼帝国的统治者。——译者注

但是他比他的兄弟雅各布可汗小，后者有一个儿子穆萨可汗在世，如我之前所述，此人被称为王位的合法继承人。那么这些王子是如何成为彼此的竞争对手的呢？怎么就没有如同我们那样的规则来规范（如我们所言）王位传承呢？

东西方之间的巨大差异在于西方的过去是东方的现在。我们称之为野蛮主义的东西是我们自己文明的蒙昧状态。这些阿富汗王子的竞争让我们回溯到了一个引发人们之间战争流血的更为古老的原因——对政治统治权的有争议的继承。这些争议的源头要在一个经常被忽略或者忘怀的古代事实中寻找。当政治统治权首次出现的时候（它首次出现绝非是人类历史阶段最早可确定的阶段），这一统治权通常被视为不属于一个人或者任何一脉确定的血统，而属于一个亲属群体，一个家族（house）或氏族（sept or clan）。

在希腊历史上，存在这一统治权的一种晚近形式，它拥有了自己的名字，被称作盟主权（hegemony），即某个城市或共同体对许多附属政治实体的政治支配权。但是在更为古老的时代，王室或者统治团体更多是一个男性亲属群
132 体，即氏族，在印度被称为数代同堂的大家庭。在古代世界，这一王室亲属群体经常拥有一个纯属虚构的族谱，伪称为神之后裔；在我们当今时代，仍存在这一主张的例子，即日本天皇，他在英格兰宫廷有一个使节，主张天皇神圣世系。但是，有时候统治的王室是已知的历史英雄的后裔，所有王族中最著名的一个王族就是如此，犹太王子是耶西之子——大卫* 的后代。正是在希伯来人中，有两个对抗的王室宗族——犹大的王子和以色列的王子，印度的这个例子也存在两个竞争的宗族，他们都主张对阿富汗王位的权利，旧阿富汗战争并非如同多斯特·马霍米德（Dost Mahomed）和沙阿·苏贾（Shah Suja）之间的对抗那样，是这两位首领所属的苏道奇（Suddozies）和巴鲁基（Barukzies）两族之间的对抗。血腥战争经常发生于竞争的宗族和王室的拥护者之间，但是在稍微晚近的时代，内乱主要发生在属于同一王室家族的个体的王位觊觎者之间。其原因在于最初人们意见不一致的事情很少，没有哪项规则比决定家庭应当拥有其领袖的规则更能获得一致赞同。因此，我们习惯于不同形式的长子继
133 承制，作为规制王位传承的制度，这使得我们在理解我前面所述的古代争议的

---

* 在《圣经》中记载了大卫是犹大支派耶西的第八个儿子（也是最小的儿子），生于伯利恒，为牧羊人。——译者注

时候存在一些困难。然而，长子继承制——作为一项政治制度，我可以观察到人类深受其惠——最初出现的时候并未表现出任何我们熟悉的形式；甚至当它接近那一形式的时候，它的规则也仍然有许多不确定性。从各个方面我们都能发现有证据表明，在历史之初，在统治家族内部，关于赋予王族中某人以凌驾于其他人之上的地位这一特定的规则或习惯是普遍存在争议的；这些争议在内战中有了最终的结果。一种最为常见的古代内战是王族内部发生争吵，贵族或者人民支持其中的一方。首领们陷入竞争的狂热中，人民备受煎熬。

一个非常古老的，可能是处理这些争吵的最古老的方法，在我们的这个时代被称为自然选择。竞争的首领相互争斗，最有能力之人或者最为强大之人或者最为幸运之人，最终登顶。有时候，这些亲属中的一人拥有了以骤然一击制服其他人的机会，这就是在东方历史上不时涌现的那些屠杀王子的情况。希伯来编年史中的一个故事描述了这一场景，拉辛* 在这个故事的启发下写 134
出了他的名剧《亚撒利亚》(*Athalie*)。亚撒利亚是犹大王国的太后，那个“邪恶的女人”在目睹其子阿哈亚(Ahaziah)国王的死亡之后，将犹大王国王族的所有成员斩草除根。其中的一个孩子获救，被藏匿在教堂中 6 年：亚撒利亚统治了该王国(2 Chron. xxii. 10)。更令人厌恶的是，奥斯曼苏丹屠杀他们的旁系近亲，因为血缘更近；但是这个土耳其人没有可继承他王位的兄弟，他以王室继承的独特规则为借口，对此我将于下文讨论。至于土耳其宫廷的暴行，只有现在的婆罗门国王锡袍** (Thebaw)在曼德勒的宫殿中犯下的那些暴行才足以与之相提并论。我对这样的一个人没有什么好说的，他在一周之内几乎杀光了在其控制下的所有亲属，无论男女。但是毫无疑问，如果不存在清晰的王室继承规则，人们只能在这些屠杀和使人饱受蹂躏的漫长内战之间进行不幸的选择。幸运的是，人类文明的极大进步在于发现了反暴力的救济方式；王朝

* 让·拉辛(Jean Racine，1639—1699)，法国剧作家，与高乃依和莫里哀合称 17 世纪最伟大的三位法国剧作家。——译者注

** 锡袍(1859—1916)是缅甸贡榜王朝的末代国王。1878 年 10 月 1 日至 1885 年 12 月 29 日在位。锡袍在位期间，英国人的势力已经控制了半个缅甸。锡袍希望收复被英国占领的下缅甸，因此试图与法国结为同盟关系。1885 年，英国以缅甸向英国公司罚款为由，遣 1.1 万人入侵缅甸，并于同年攻占了首都曼德勒。贡榜王朝灭亡，锡袍被囚于王宫之中。——译者注

竞争之恶如此显而易见、如此无法容忍，人们似乎很早就开始努力寻找预防它
135 们的方法。事实上，这样的方法并不是全新的；其中大多数仍然是将更为古老的部落或家庭习惯予以重新使用。

其中最古老的一个习惯是对特定首领之继承，要在上一任统治者临死之前或者死后立即获得共同体的和平同意。一位选举产生的君主，这一形式后来进行了大幅度的修改，一直存续至上个世纪的波兰。欧洲最为庄严的王位，皇帝之位，罗马帝国或日耳曼帝国的皇位，直至本世纪之初，如弗里曼先生所指出的，在理论上是向每一个受洗过的基督徒开放的。事实上，没有统治者的档案中可以找到最初的大众选举或者同意的痕迹，但在一个英国加冕礼的仪式上有其遗留。这一制度的适当修改，是在统治者或国王在世的时候进行选举，它去除了统治者之间危险的间隔期；因此，在德国，罗马人的国王通常是在现任皇帝死亡时成为皇帝的。同一种类的预防措施，尤其是当因为一夫多妻制而生育了大量王子的时候，是由现任统治者在生前指定他的继承者。总体
136 而言，这似乎是盛行于阿富汗的继承制度。塞尔吉·阿里由此而获得王位，塞尔吉·阿里的当然继承人阿卜杜拉·扬如果活着的话，也是如此。但是非常明显的是，从塞尔吉·阿里继位后的血腥内战以及后来在雅各布可汗与其父亲之间关于这一问题的争吵来看，它必须与其他的继承观念竞争。现任埃米尔(Ameer)* 阿卜杜拉赫曼可汗就不是根据这一规则继位的。这一制度的弱点在于它倾向于指定某个受宠妻子的孩子，因此导致无止境的宫廷阴谋，这些阴谋有时候会导致内战的结果。然而另一种可能更为古老并且本身极其合理的方法，曾经在世界上广为分布，但如今欧洲仅在一个王朝中适用。这就是由王族中最为年长的男性继承统治权。在土耳其人中，该制度保留下来。现在的苏丹继承他的兄长的王位，而后者有孩子；只统治了几个月统治的苏丹穆拉德(Murad)继承了他叔叔的王位，尽管他的叔叔阿卜杜拉·阿齐兹(Abdul Aziz)留有男嗣。我们发现，这个制度更野蛮的形式通常与我首先提到的大众或部落选举相关联。爱尔兰部落成员，甚至苏格兰高地的宗亲曾经选举他们的首领，但是前者总是选择前任首领的兄弟，只要该兄弟已经成年，后者似乎

* 独立统治者或首领。——译者注

在非常古老的时代就已经进行类似的选举。在好战并且永不安宁的社会，几 137
乎没有更好的原则可以遵照，因为它有一个巨大的优势，即规定新首领应当是一个成年且有经验的人；未开化的社会无法承受君主未成年的危险。直至君主开始奢华安逸地居住在宫殿中，这种规则的缺点才开始显露。王储在那时接受训练，这种训练可以弥补其不够成熟的缺陷。他与世隔绝，现任君主心怀嫉妒地压制其所有活力，并且他长期厮混于后宫，这些都使这位继承人最终很有可能成为一名无能的统治者，如果他最终被获准继承王位的话。但是现任首领以及他的众多子女的利益都不利于王储继续存活于世。直至非常晚近的时代，土耳其苏丹的第二年长的男性亲属才能够合理地确定继承权。人们认为，穆罕默德二世宣称兄弟相残是土耳其国家的一条规则，但是直至穆罕默德三世时才确立了这一习惯的范例，他杀了 19 个兄弟，并且将他父亲的 12 名有孕在身的妻妾溺毙。

我所描述的这个制度是由最为年长的男性亲属而非长子继承王位，这个制度现在一般被称为同宗长者继承制（tanistry），从这个凯尔特词汇可以看出
它是古代爱尔兰的惯常做法。据我们所知，同宗长者继承制似乎无疑是长子 138
继承制的源头。但是这一后来的王位继承制度，尽管在某些方面较同宗长者继承制进步得多，当它最初被贯彻的时候，并未完全免除危险的不确定性，事实上，其中的一些不确定性仍然存在。正是由于这样的一个不确定因素，这个国家的命运才开始与有争议的继承纠缠在一起，我们的祖先参与了持续百年的对外战争，并且作为其结果，最终引发了血腥的内战。正是卡佩王族这个王室家族或王室氏族，于格·卡佩（Hugh Capet）的后代组成的集合体，他们有争议的王权将英国卷入了这些灾难中。于格·卡佩在 987 年被选为法兰克国王，或者说法国国王。卡佩王族形成了这个国家的封建君主政体，该政体通过不断修正，自此以法国的名义闻名于世。于格·卡佩的后代，完全通过男性延续，历经九个世纪之后，现在并非后继无人；但是他的直系世系的男性后裔终结于 1328 年。公正王菲利普，可能是除了法国和那瓦尔的亨利四世之外所有法国国王中最强大之人，于 1314 年去世，他留下的 3 个儿子相继登上王位，分
别是路易十世、菲利普五世以及查理四世。但这 3 个儿子都未留下儿子，其中 139
二人各留 1 个女儿，另一个留下 3 个女儿。现在英格兰的爱德华三世，他以独

立的头衔拥有英格兰王位，其母亲伊莎贝尔出身卡佩王族，格雷著名的颂歌将其称为“法国的母狼”。伊莎贝尔是公正王菲利普的女儿。当法国王室三兄弟中最年轻的一个——查理四世无嗣而亡，我们的爱德华三世对法国王位提出了主张。通常法国和英国的历史学家都将这一主张称为完全站不住脚的，但是尽管我在此并不准备讨论技术上的真正要点是什么，爱德华的权利毫无根据这一观点在我看来并非毫无异议的，它部分是基于对古代法律制度的某些特点的无知，部分基于某些特定的法律规则的假设，这些规则在当时尚未确定，但和现在一样获得了清晰的认识。有一些非常古老的法律体系，尽管表现出了对男性继承的明显偏爱，但是允许在没有儿子的时候，通过女儿来延续家庭。古代的印度教法要求，在这样的案件中，女儿应当被[2]**指定**，如被翻译的梵文用词所言，为她的父亲生一个儿子。很明显，这正是爱德华三世的真正地
140 位。他否认法国能够为一名女性所统治的观点，但是他主张如果她的兄长已逝，她能够将她父亲的权利转移给她自己的儿子。对于爱德华三世的主张，还有其他明显的反对意见，缘于这一事实，即公正王菲利普所有儿子都留下了女儿，但是从当时的法律书籍来看，即使是对私人财产的继承，在这种情况下占优势的继承规则依然是不确定的。

很可能，在爱德华三世的时代，他的理由并不像所有法国作者以及部分英国作者所描绘的那样是站不住脚的，而是回应了一些关于王室和其他的继承的观念，这些观念多少是流行的。但是这个问题无疑被认为是有疑问的；事实上在 1316 年，当公正王菲利普的长子路易十世去世的时候，他留下了一个女儿。一个贵族大会，有时候被描述为法国三级会议，决定法国王王位只能传给男性，并且只能通过男性传承。由此就完全并且光明正大地提出了法律的疑问；这个疑问很快就落入唯一可以对此作出裁决的管辖权之下。它被交由武
141 力解决。从爱德华三世主动的敌对行动开始，到亨利五世时期英国入侵法国结束，英法战争的时间持续近 120 年，其间仅出现一次常规的和平，总是关于王位继承的问题；这一百年战争，如历史学家现在所称呼的，其留下的一大遗产就是被称为玫瑰战争的血腥斗争，玫瑰战争正是百年战争所产生的残酷的军事习惯的结果。说实话，在玫瑰战争中，对动荡和好战的英国贵族来说，两个竞争王族的象征，白玫瑰和红玫瑰，和赛马场上的蓝绿两种颜色是一样的，

这两种颜色曾经把君士坦丁堡——新罗马的民众割裂为激烈和煽动性的派系。直到本世纪初，英国国王仍然拥有法国国王的头衔，他们的纹章上绘有法国百合花。英国政府和法兰西第一共和国之间不断的协商最终在空洞而短暂的亚眠和平中结出了果实，从马姆斯伯里（Malmesbury）勋爵的文件来看，放弃这一头衔以及纹章的问题发挥了相当大的作用。

对于英法国王之间的这一著名争议——英国人民从一开始就热忱地参
与，法国人民则在争议中渗透了民族精神，这种爱国精神自此成为他们的特 142
征——对于这场争议，在我看来，相关的思考足够有趣，值得在这一论文的剩余部分予以讨论。有些兴趣是文学方面的；有些是考古学方面的；但是有些是实践上的。我们英国人满足于将我们王室建立在《王位继承法》（*Act of Settlement*）上，该法将继承权限于汉诺威王朝的选帝侯夫人索菲娅的后裔。但是在其他国家，引发百年战争的古老疑问仍然足以影响实际的政治。如我之前所说，基于1316年的三级会议所规定的原则，卡佩王族由男性所生的男性后裔构成，这一点依然得以延续。它包含了法国波旁王族更为年长的分支，由尚博尔伯爵（Count de Chambord）所代表，还包含了由奥尔良亲王、西班牙波旁王族以及源自他们意大利波旁王族等更为年轻的分支组成。西班牙的阿方索国王是由波旁王族的父亲和波旁王族的母亲所生之子，但他是依仗其母亲的头衔成为国王，并在内战中与他的堂妹唐·卡洛斯（Don Carlos）订婚数年，他对王权的主张完全源自男性世袭。在尚博尔伯爵和奥尔良王子之间的头衔冲
突是另一种冲突，这是一种更为现代的类型。他们都是波旁王族；但是被称为 143
正统主义的统治理论仍是法国和西班牙一大政治因素，这种理论的基础是假设规范王位继承的法律神圣且不可废除，并且没有规则可与之竞争，也无需民众批准。毫无疑问，对此类法律存在的确信最初在爱德华三世和瓦卢瓦的菲利普（Philip of Valois）之间的冲突中得以呈现。

这种神圣并且不可废除的法律都具有类似的名称。正如最初设想的那样，它被称为撒利克法。我们并不能非常确定人们自何时开始认为这种指定之法应当被适用于王室继承，但是显然在百年战争开始之后，这一观点同时盛行于英格兰和法国。在这一冲突结束之后的一百年至一百五十年间，撒利克法已经成为这个国家的普通法，我们可以从莎士比亚的《亨利五世》第1幕第2

场来了解人们对撒利克法的观点，在这幕剧中，借助坎特伯雷大主教之口说出了英国的理由。这相当于律师所说的承认但无效答辩(a plea in confession and avoidance)＊。它承认王室撒利克法的存在，但是否认该法适用于爱德华三世和他的对手的情况。和卡佩王族一样，撒利克法现在依然存在，我们可以
144 将手指放在授予瓦卢瓦的菲利普法国的王位这个段落。但是无论是对于法国的理由，还是对于莎士比亚从英国编年史者那里借用的相反凭证，都存在一个致命的反对意见。撒利克法完全不适用于王位以及王位继承。它只规制私人财产的继承。到了16世纪，那个时代的知识不断增长，当这一最不容置疑的事实最初被发现之时，人们对此极为反感，也有一点失望。18世纪的孟德斯鸠推广了这一发现；伏尔泰乐此不疲地讥讽撒利克法，他说，他总是猜想该法是由天使口授给第一位法兰克国王法拉蒙德(Pharamond)的，并且是以天使之翼上拔下的翎管所写就。事实上，撒利克法可能最好被描述为由自由法官在最古老并且几乎最普遍的有组织的条顿法院——百户区法院中所使用的法律和法律程序手册：它提到国王，仅就国王对法院拥有权威这一点而言。人们曾经猜测，它提到了被称为"撒利克王国"的土地的特别描述；但是新的英文版[3]清楚地表明，"撒利克"一词是后来添加的，除了一般土地的私人继承之外，未
145 提及任何内容。寻找这一著名规则(人们错误地认为该规则被包含于撒利克法中)的真正起源是一件有趣的事情，该规则不仅排除女性继承王位，而且拒绝由血缘最近的男性近亲担任王室职位，如果他与王室的关系是源自母系的话。最初人们观察到，在我们所讨论的14世纪中叶，存在着两种王室继承制度，它们比英格兰王室和法国王室都更为古老。其中的一种被欧洲尽头的半野蛮部落所遵循，但是其年代无法追忆，有人认为，该制度几乎和人类一样古老。我已经称之为同宗长者继承制。根据该制度，部落的成年男性选举他们自己的首领，通常在现任首领去世之前就选择一位继承人，并且几乎总是选择现任首领的兄弟或者血缘最近的成年男性亲属。在14世纪，这一制度只局部应用于除了英国统治下的爱尔兰地区(english pale)以外的其他爱尔兰地区的所谓国王或者首领，但是该制度在为"哈姆雷特"的悲剧提供了剧情的故事中

＊ 普通法上的一种答辩。被告承认原告所提出的事实和理由，但同时提出另一项事实以否定原告的诉讼请求。——译者注

存在一个遥远的回声，在《哈姆雷特》中被谋杀的国王的王位不是由他的儿子继承，而是被他的兄弟所继承，他的兄弟通过赢取其前任的遗孀来强化其权利（根据一个最为古老的习惯）。如果不是一个世纪之后，这一继承手段因为奥 146
斯曼的土耳其人占领君士坦丁堡而一度成为欧洲最为崇高的王位的继承制度的话，同宗长者继承制的记忆很可能在欧洲消亡。在他们手中，苏丹人遵循了兄终弟及这一世袭规则，但是由人民选举的所有痕迹已经无处追觅，如果它曾经存在过的话。土耳其人适用该制度时当然地排除了女性，该制度很可能总是将女性排除在外的，因为它的主要目的在于获得成年的军事领袖。

我提到的另一个王位继承的制度是罗马帝国的王位继承制，理论上该制度仍然存留于德国和意大利。这也是一种选举制度，但是在选择帝国皇帝时表达意见的权利只限于特定数量的神职人员和贵族，这些人都曾经担任过帝国宫廷的高官。其中的一位，我们称为汉诺威选帝侯正是英国现今王族的祖先。民选罗马皇帝的源头可以追溯至罗马士兵向一位凯旋的将军欢呼致敬，称颂其为“凯旋将军”（imperator）。但是自罗马共和国垮台，皇帝之位就趋向于落在特定家族之内，人们开始通过在前任皇帝在世之时选择新恺撒的方式获得确定的继承。在更为现代的罗马-日耳曼帝国中，可能在现任皇帝 147
去世之前就以罗马人之王的名义选举继承者；将皇帝之位限定于特定家族的实践产生了同样的结果，奥地利王室是这些家族中的最后一个。日耳曼帝国被视为罗马帝国的直系继承人，它于 1806 年终结；但是在我们自己的时代，它在普鲁士作为可继承的王位而再度复兴，然而选举制度并未随之复兴。

继而，当英法两国进入血腥的百年战争之时，这一战争将决定女性在王室继承中的地位，在欧洲有两种继承制度毫无疑问地排除女性的王位继承权。其中的一种将她们排斥在西方最威严的皇位之外，因为它最初是授予一位获胜战士的荣誉。另一种拒绝给予她们小小的爱尔兰族长之位，因为族长终其一生都是一名战士。但是我们将居于这两种极端之间的君主制称为封建阶层的君主制，它并不存在排除女性的确定规则，排除未成年男性的规则更为少见。看一下在爱德华三世统治时代之前的近两个世纪中英格兰所发生的事情。这个国家已经因玛蒂尔达女王和布卢瓦（Blois）的斯蒂芬——英格兰后来 148
的斯蒂芬国王之间的战争而陷入悲惨境地。但是，斯蒂芬对王位的主张并非源自他的父亲，而是来自他的母亲；而玛蒂尔达本身就是一位女性，由于这一原因她未获得英国的贵族的有力支持，但她的儿子亨利二世毫无异议地获得了这一头衔。既然英国国王自诺曼征服以来对法国的部分国土进行统治，有时候甚至统治着法国最富庶的省份，从而成为比其宗主——法国国王更为强大的封臣，那么如何会在英法这样如此相似、并未被狭窄的海峡分割的君主制之间产生了这么大的差异呢？

我将尽可能简明地表述首要结论，该结论建立在一个长期的、错综复杂的并且困难的调查的基础上。所有介于罗马帝国和爱尔兰、苏格兰高地人的部落族长之间的西欧君主制度都是封建的（尽管这个词并不能完美地表达它们的特征）。现在我们将很多东西都说成是与封建制度相关的，其中疑问最小的一项是它与财产权及统治权相混合。在某种意义上，每位采邑领主或者庄园
149 主都是国王。每位国王都是高贵的采邑领主。这一概念的混合并不为帝国时期的罗马人所知晓，而是通过对罗马帝国领土的蛮族征服而被莫名其妙地引入了西方世界。我们现在已经这两个概念分离开来了。如果我们将我们的眼光从首领权利和王权的观念上移开，这些观念通常与某种形式的我所谓的同宗长者继承制相联系，如果我们看向他们关于财产继承的观念，我们会在女性继承权上发现我们在封建君主制上看到的相同的不确定性和观念分歧。在这里，我们遇到了一系列现象，其确切意义在我们的时代存在争议；但在随后的陈述中，可能会达成大体的一致。最伟大的人类种族，当他们首度出现的时候，正处于或者接近完全排他地通过男性计算亲属关系的发展阶段。他们正处于这一阶段；或者他们试图达到它或者正在规避它。其中的大多数民族，在特定的偶然情况下，这些情况通常极为罕见，在继承序列中给予女性和女性的后代以一席之地，现代研究者的疑问是给予他们的地位是否是更为古老的野蛮主义的残留，这种野蛮主义在野蛮民族中依然可以找到例证，它完全排他性
150 地通过女性来追溯亲属关系，或者它是“父系亲属关系”——也就是仅通过男性计算的亲属关系在各种因素影响下解体的结果。[4]在这些野蛮的继承制度中，女性地位的变化相当大。有时候她们仅仅在缺乏同一世代的男性的时候才以个人或者群体的方式继承。有时候她们不能继承，而是将继承权转移给她们的男性后裔。有时候，她们继承一种财产，大多数情况下是动产，她们很

可能通过自己的家庭劳动承担了这些动产的制作工作；例如，在真正的撒利克法(不是在虚构的法典)中，有一套继承规则，在我看来，显然承认女性和她们的后代享有动产的继承权，但是不动产仅限于男性及男性后裔继承。事实上，这并不是说，在纯粹的“父系”亲属制度支配的继承中，女性一无所得。人们的观念是为女性提供财产的适当模式是给予她嫁妆；但是一旦她加入了一个由外人组成的独立共同体之后，她及其子女就被认为对她的父母不再能提出任何进一步的权利主张。

因此，非常有可能的是，在雅利安人繁衍的横扫西欧和南欧的众多野蛮人 151
群体中，流行着关于财产继承的各种观念。一些群体将女性的后裔完全排除在外。另一些群体则在某些偶然情况下承认他们拥有继承权。因此，我认为关于封建君主制的继承权的这些争议起源于关于财产继承的不同观点，但是封建精神将其转嫁到了君主后裔身上。[5]它们是未开化的共同体之间非常古老的习惯差异在后世的留存，作为西方世界的征服者，这些未开化的共同体如今已经不再区分你我，而是完全融为一体。那些非常古老的婆罗门法律人会将爱德华三世对法国王位的权利主张作为一项财产主张予以考虑，正是这些婆罗门法律人拟定了被西方学者错误地称为印度教法律书籍的作品。

因此，我们认识到，在我脑海中浮现的问题并不是为什么卡佩公主之 152
子——英格兰的爱德华三世在他的3个舅舅无男嗣而亡后成为法国王位的觊觎者，而是为什么当时构成法国各省的统治阶级如此顽固地相信只有通过男性传承的王朝建立者的男性后裔才能成为他们的正当的统治者。我相信，对于那个时代的法国人为之勇敢战斗的这一坚定信仰，必然存在一个解释。这个解释就是，于格·卡佩建立的王朝具有某些独特性，这些独特性即便不是独一无二的，也是极其稀少的。氏族(sept)，或者如印度所称呼的，数代同堂的大家庭，是由建立者的男性成员——完全通过男性来追溯其祖先的男性后代所构成的，它迄今依然存在，尽管于格·卡佩已经去世了900多年的时间，而且它依然没有表现出衰亡的迹象。在这一漫长历史的进程中，它似乎有数次濒临废弃。有两次，统治结束于三位没有儿子的国王。众所周知，于格·卡佩的直系后裔于1328年断绝。然后瓦卢瓦家族继承了王位，他们也终结于没有婚生子女的三兄弟，弗朗西斯二世、查理九世和亨利三世。但是年幼一脉子嗣繁

多，弥补了年长一脉的缺憾，当亨利三世去世的时候，那瓦拉（Navarre）* 的亨利
153 取代了他的位置，正如瓦卢瓦家族取代了于格·卡佩的直系继承人的位置那样。年长一脉如无子，即由年幼一脉的子嗣予以补充，这一规则似乎仍然适用。波旁家族是那瓦拉的亨利的后裔，孔代（Condé）一脉在我们这个时代后继乏人。同一家族的长房有可能与被称为尚伯德伯爵的无子王子有着密切关联，西班牙王室的长房仅能通过女性延续。但是所有波旁王室的年幼一脉依然枝繁叶茂，以法国的奥尔良王子、意大利的波旁王子以及传承自第一代唐·卡洛斯的西班牙王子为代表。所有这些王子都是于格·卡佩的男性后代，完全通过男性传承，而如我所言，于格·卡佩已经去世了近 900 年。

这些事实可能并非史无前例的，但是它们非常不同寻常，并且极其引人注目。我们英国人以不那么精确的方式讲述那些与征服者一起前来的家族，并且英国习惯不论男女无差别地追溯世系，这些都使我们难以发现它们的罕见性。毫无疑问，存在着更长的家系，这是信仰的问题。其中最显赫的大卫王室，它的历史也更为长久，但是犹大王国的国王们采用一夫多妻制，尽管多偶
154 制有时候会导致不育，偶尔也会导致如同波斯国王那样的家庭，并非很久之前，他留下了 80 个儿子。在印度，有着更长的家系，因为统治者们声称自己是太阳和月亮的后代。但是，我几乎不用提及，这些家系图中较早的名字是那些传说人物的名字，事实上，在一个如同大多数印度教制度那样允许收养孩子的继承制度中，不太能够确保男性后裔拥有绝对纯正的血统。然而，不能将此理解为我认为这种长度的家系不可能存在，但我认为这种情况是罕见的。据说，可能可以在英国绅士阶层中找到几乎差不多长的真正的家系，但是很少有人相信在英国贵族中存在长期持续的男性世系，尽管可能存在例外，一个显著的例子就是斯坦利家族。

但是，卡佩家族史的这一特性如此罕见并引人注目，该王室在 14 世纪表现出了一个更为罕见、更令人印象深刻的现象。源自于格·卡佩的国王们前

---

* 西班牙北部的古王国，与法国、阿拉贡、卡斯蒂利亚和巴斯克地区接壤。地域包括现代的纳瓦拉自治区和现代法国的下比利牛斯省，它先后被罗马人、西哥特人和查理曼征服。10 世纪时成为独立的王国。1234 年后法国的几代王朝统治了纳瓦拉。1515 年并入卡斯蒂利亚。1589 年纳瓦拉的亨利成为法王亨利四世，纳瓦拉又重归法国。——译者注

后相承，或父死子继，或兄终弟及，持续了300余年。在此期间，没有机会引入一位旁系远亲，叔叔或叔祖父，或者堂兄弟。这种继承有多么不同寻常？我们
可以通过一个非常简单的设想予以测试。让我们在一百年间取六位著名人 155
物，可以在任何方面引人注目，政治家、作家或者只是贵族出身，我们会发现他们通过男性传承的后裔存活于世的不多，尽管他们通过女性传承的后裔可能不少。回溯到200年前，你会发现这些显赫人物通过男性传承的男性后裔更为稀少，如果你再回溯到300年前，更是寥若晨星。整个主题属于遗传理论的分支，它尚未得到很好的调查研究。但是，我相信这一主张并不过于大胆，即非多偶性家族的建立者越杰出，总体而言，该家族通过女性直系后裔延续自身的倾向就越强；通过男性传承的纯血统的最佳保障措施即便不是极其模糊和极其贫乏的，也是相对模糊和（我几乎可以说）相对贫乏的。这一规则当然仅
仅是大略的，卡佩王朝的例子充分地表明该规则存在例外。与此同时，我们不 156
能从后来法国国王的尊崇地位来判断早期卡佩王族的地位。他们相对没有那么富有，也没有那么显赫，很长一段时间，甚至无法击败他们名义封臣中的地位较低之人。

我相信这正是所谓的撒利克继承法的真正秘密所在。即使是现在，在人们的心态中，也没有什么不寻常的东西会让人认为，他们所知道或记忆的一切事物是始终存在的，并且应该永恒不变的。但是，在一个几乎不存在历史知识的时代，在普罗大众依赖习惯生存的时期，这样的一种思维习惯一定是无比强大的；我们不会怀疑人们的思想受到了这一法国王族中男性后裔未曾中断的持续性的强烈影响，这一点甚至在我们看来也是令人印象深刻的。他们会说，惟有国王之子方为统治法国的国王。并不存在要求旁系亲属继承王位的机会，更不用说通过母系亲属继承王位了。在人们对王位继承观念的一般变化
中，无论如何，法国法看起来已经固化了。这也成为法国人先入为主的观念， 157
毫无疑问，它们也为真正的撒利克法所巩固，撒利克法说，国家（land）——或者如法典所言，撒利克国家（Salic land）——应当完全通过男性传承给男性。这一法律规定事实上与该问题并不相关，但是它很容易遭到误解；这是一个重要的条件，即真正的撒利克法典——《日耳曼人的撒利克法典》（*Lex Salica of the Germans*）似乎自巴黎的皇家图书馆建成以来就被发现存于该图书馆中。

所谓的撒利克规则，排除女性及其后裔继承王位，在后世已经为许多原本曾经允许女性继承的国家所采用。在宪制国家，女性继承总是盛行的；相当晚近之时，在西班牙和葡萄牙，宪制政府的建立与排除女性继承王位规则的废除同时发生。大部分时候，西班牙的君主制都允许由女性担任君主，但是当波旁王族的年幼一脉获得西班牙王位之后，他们引入了所谓的撒利克规则。这一继承制度显然被认为在任何地方都是合理可行的，无论是否存在一部宪法，很大的一部分权力属于君主。因此，日耳曼帝国，以及沿袭其制度的普鲁士王国，两
158 者的继承制度现在都是撒利克式的；而在俄罗斯，那里流行的是极为独特的继承规则，最为常见的继承规则是已故皇帝的遗孀继承王位，沙皇保罗一世首次引入了通过男性将王位排他地传承给男性的继承规则。

法国历史学家对于这一重大制度首次出现于他们国家所给出的解释与合理可行无关。他们说，排除女性和她们的后代是法国人浓厚的民族精神的产物。如果不遵从这一原则，那么按照国王母亲的丈夫的国籍，法国国王可能是一个英国人，或者德国人，或者西班牙人。但这是错误的，在历史哲学中，倒果为因并不罕见。法国人的民族精神并未创造撒利克规则，相反，撒利克规则对创造法国人的民族精神发挥了极大的作用。没有一个国家像法国那样最初通过机遇和运气而得以形成发展。最初只局限于巴黎周边的一块小小疆域，通过封建没收、王室婚姻或者虽然向国王效忠但比国王更为强
159 大的封臣因无子而亡的，一个又一个省被纳入其中。首位兼并爱尔兰的英格兰国王是位法国人。将英格兰和苏格兰相联合的英格兰国王是个苏格兰人。但是法国国王从头至尾都是法国人，在法国出身并且受教育。在所有法国国王中都可以看到同样的性格气质，唯一的例外是在上一个世纪终结了该王朝的不幸王子。因此法国国王的全部权力都被用于使王位的每次继承都在政治和社会上与王国的最初核心保持一致。正是以这一方式，法国对团结之爱、法国对集权的偏好、法国的民族精神都得以确立。毫无疑问，法国拥有吸收所有与她团结之人并且灌输给他们民族精神的力量，人们曾认为这一力量源自法国大革命；事实上，它古老得多，并且在很大程度上可以追溯到王位继承的撒利克规则。

注释

1. 困难是由伊斯兰教继承人(他们被称为共享者)的类别构成所导致的。两个仍然存在的类别似乎展示了常见的对父系亲属的偏爱。

2. 参见上文,第四章。

3. 参见下文,第六章,第 169 页。

4. 我努力尝试陈述替代理论,因为我认为过早地迷失在这一研究分支中的麦克伦南(J.F.McLennan)先生本应当认识到这些理论,他已经迫使所有对它们感兴趣的人修改或者复核他们的观点。

5. 关于封地继承的最一般的封建规则包含在《诺曼底习俗》中,但是编纂者,如同类似作者一样,仅给出了它的封建理由。因此,在陈述了禁止同母异父的兄弟彼此继承的规则(cum a parentibus suis non descendit)在封地来自母亲的情况下存在例外之后,他接着说"如有父系后裔,母系亲属之后代不得继承。"

160 # 第六章 国王及其与早期世俗司法的关系

无论何时，在极其古老的社会的记录中，凡与我们存在某种密切关系的种族，我们都会发现这样一个角色，我们称之为国王，他几乎总是与司法的实施相关联。通常，国王不仅仅是一名法官。他几乎总是一名将军或者军事首领。他通常还是一位祭司，并且是首席祭司。但是，不管他还可能扮演什么角色，他很少不是一名法官，尽管他与司法的关系并非完全是我们所熟悉的那种。

我将要论述的这一联系的例子在许多社会并不存在。印度教的法律自诩为太古遗存的法律遗迹，欧洲人长期以来对其中之一有着模糊的了解，其名为《摩奴法典》。近来已经发现了许多类似的古代印度教法律规则的汇编，其中
161 一些已获翻译，但是值得注意的是，它们都难当法典之名。事实上，它们是混合了法律和神学的书籍，是古代法律学派中的印度婆罗门所使用的手册，毫无疑问，书中的主题最初是以口头传授、以记忆方式传承的，并且仅仅相对晚近才以书面形式体现。进而，如我们所见，它们是一种文学演进的结果。最初的论著，或者说知识的主体，论述所有神与人的事情（无疑是从纯粹神学的观点来考虑），但是这一知识的各个部分逐渐变得专门化，直至最终主要论述法律或者与宗教仪式相缠绕的法律的论著与其余论著分离。在这些古代法律著作中，就它们是法律著作这一点而言，国王的权威得以呈现。他端坐于司法的宝座之上。他将法律之书置于身前。他以博学的婆罗门作为法院顾问。其中的一些观念，如同许多不可追忆的远古之物，在印度得以存留至今。在印度的一名高官，他有一个本地的友人，后者一生致力于准备一本新的摩奴之书。但是他并不期待或者关心该书应由任何一个机构赋予效力，像英属印度立法机关这样地位低微的机构由一部英国议会法案授予权力还不到一个世纪。他等待
162 直至在印度产生一位国王，他将侍奉神明，并且当其端坐于法院的时候，他将从新的摩奴那里获得法律。

如果我们从极东之地到极西之地，从印欧人或者雅利安种族的极东之翼到极西之翼，从印度到爱尔兰，我们会发现这一类似的组织。最有趣的体系是

古代爱尔兰法，它被称为布雷亨法，因为据说是由布雷亨法官所宣告的，事实上布雷亨法官非常类似于印度的婆罗门，只是在基督教的影响下，他们的许多特征被改变了，事实上他们的整个祭司权威被去除了。在此，我们也发现，伟大的布雷亨是国王或者国王之子；我们提出了一个重要的观点，即尽管国王必然是一名法官，但对国王而言，让一名职业法律人担任其法律顾问是合法的。在古代印度教法和古代爱尔兰法之间，经常是在非常出乎意料的点上，存在着众多惊人的相似之处。而关于法院的适当结构的心得正是其中之一。

古代印度教法律人主张血统源自仅次于神的超自然人物。古代爱尔兰法律人伪称，他们中的第一人是摩西在沙漠中的一个学生。但是，事实上，这两种体系所展示出来的观念都比我们可以在《荷马史诗》中探索到的制度相对更
晚一些。在此我们可以认识到印度和爱尔兰的法院概念的不成熟形式。荷马 163
的国王首先忙于战斗。但是他也是一名法官，并且可以注意到，他没有法律顾问。他的判决来自直接进入其脑海的神之口谕。这些判决——它与我们日耳曼语中的“法令”(doom)一词同义——无疑来自既有的习俗或习惯，但是人们在观念上认为，它们是由国王自发地或者通过神的启发而被构想出来的。当启发来自一位博学的法律人或者来自一本权威的法律著作的时候，这显然是同一观点后来的发展。

我再举一个我们所有人都熟悉的例子。希伯来人的法官代表一种旧式的王权。在《圣经》中讲述这些法官的功绩时，将他们赞誉为在国家危难时刻的英雄；但是，不管他们名称的语源学意义如何，他们显然是法律的解释者和司法的实施者。女先知底波拉*也位列其中，担任以色列的法官。她居住于以色列伊弗列姆山的底波拉橡树下，所有的以色列人前来向她求得审判。伊莱(Eli)是倒数第二名法官，担任以色列法官四十年，先知撒母尔(Samuel)是法
官中的最后一位，在晚年时其判决的清廉被特别强调。另一方面，伊莱的儿子 164
被明确地指控滥用权力，撒母尔的儿子被指控腐败，这些事实都表明这一体系

* 古以色列的女先知和政治领袖。在《旧约·士师记》中记载了她的事迹。据载，底波拉和她的将军巴拉打败了西西拉所率的迦南人军队。当时以色列人在她的鼓舞下团结一致，突然下的一场大雷雨让以色列人认为是上帝从西奈山降临，因而帮助他们打败了迦南人。《底波拉之歌》就是庆祝此事，据考证是她所作，可能是《圣经》中最古老的章节。——译者注

的衰落。在此后不久接着产生的更为成熟的王权中，国王的军事功能在扫罗(Saul)和大卫身上最为凸显，但是在所罗门身上，司法权威再度得以展现。

这些关于司法的古代观念中，有一部分有必要进行一番详述，因为它们已经被证明对于人类而言是极其重要的。看起来，在这些早期时代，无论组织了多少司法活动，即使可能存在独立于国王司法并且与其相竞争的法院体系，即使所有法律或者法律的一部分可能已经表现为书面形式，然而人们总是假定国王依然掌握着一种补充管辖权或者剩余管辖权。法律，无论如何实施，从不被相信是完美无瑕的，人们总是请求国王行使权威来维护并且纠正法律。根据最现代的法律观念，如果不存在一个可以修正法律的立法组织，那么每个法
165 律体系都被认为必将变为严重独裁的工具，因此即使极其服从具有远古时代特征的古老习惯，也并不排除以国王的权威来纠正习惯。这种相信国王手中掌握了一种补充司法权的信念，来自我们自己的非常值得称赞的法律分支，即所谓的大法官法院衡平法；其他远不如它有名的法院也可以追溯到它，如古老的星宫法院，[1]通过过时地并且不受欢迎地行使同一种残余王权，该法院得以建立起来。但人类中的很大一部分受惠于这些古老观念之处远不止于此。实际上，此时此刻，这两种法律体系将整个文明世界一分为二。一个是我们自己的英国法，几乎所有的英语种族，除了英国以外，还有所有英国人建立的殖民地，美国的南北各州，以及很大程度上数百万的印度人都沿袭此法。另一个是罗马法，它采取了多种模式，如在德国，我们称之为共同法，在法国，则是稍微修饰过的《法国民法典》以及受其影响的法典模式。但是古罗马真正的本土法
166 律并没有这么幸运。这是一种技术性的、死板的僵硬制度，属于一种常见的、容易辨识的类型。但是通过我正在谈论的这一残余的或者说补充性的王室权力，它经历了一个变化。那些模糊不清并且半传说的人物罗马国王的司法权力，在罗马共和国建立之时传到了被称为执政官的首席官员手中；人们相信一种神圣的或者半神圣的神灵启示向古代国王下达司法判决的命令，这种古老的信仰逐渐转变为一种假定，最初是宗教理论的假定，后来则成为哲学的理论的假定，引导着更为现代的执政官。奥古斯都·孔德可能将这一变化作为阐明了神学概念向哲学概念转变的例证。流传于现代世界如此广大地域的并非粗糙的罗马法，而是经由裁判官的管辖权提炼而出的罗马法，正是通过裁判

官，罗马法逐渐与自然法相一致。因此，一个被最文明的人类社会视为理性之完善，并且被欧陆律师以英国人无论如何都视为夸夸其谈的方式来谈论的法律体系，其起源将在这个最为古老的信念中被找到，即法律、习俗以及法院都必然并且自然地受到国王的最高权威之纠正。

但是，我希望少谈一些早期国王的一般情况，多谈一些早期的条顿或日耳 167
曼国王以及他与世俗司法的关系。我们自己的维多利亚女王具有威塞克斯的赛迪奇(Cerdic)* 的血统，英格兰的君王尊荣正是出自这位勇猛的条顿首领；在某种意义上，她是条顿王室最完美的代表，因为英格兰公共制度从未如同其他的日耳曼社会那样被罗马法和罗马法律观念在其他地方所造成势不可挡的动荡所打破。

但是，尽管这是真的，并没有哪个共同体的早期法律史比我们的更模糊，正如英国和德国的法律学说最近所展现的那样。幸运的是，为了解释日耳曼国王与司法的早期关系，我们可以转向古代条顿法律所建立的纪念碑，它们是来自日德兰和弗里斯兰的海盗首领推翻罗马人在我们岛屿上的行省统治之时所设立的。这就是《撒利克法典》——最古老的条顿法典，由一位日耳曼人所起草的日耳曼制度最古老的类型。学者们现在大多赞同，它产生于公元 5 世
纪，狄奥多西二世皇帝所实施的罗马法为其编纂奠定了基础。长期以来，欧洲 168
都顽固地接受这一谬见，即撒利克法或是一种王位继承规则体系，或者无论如何都包含了一套王位继承规则，没有什么比这更奇特的了。事实上，撒利克法处理的是一种更不重要的事项。它关注的是被称为撒利克法兰克人(完全不知道为何如此称呼)的部落联盟中人们的日常生活。它论述了盗贼和恐吓、牛、猪、蜜蜂等内容，尤其是每个人都必须遵守的用于惩罚不法行为或者实施权利的神圣复杂的程序。我们最好将其形容为一个法律和法律程序的手册，供古代条顿法院——百户区法院的自由人法官使用，或引导他们。它以特殊用语(phraseology)书写，这可能准确地反映了 5 世纪的日耳曼人说拉丁语的方式。它的一些手稿包含了以非常古老的条顿方言书写的行间字句，它们被称为马尔伯格注释(Malberg Gloss)，对语言学家们仍然有着最强烈的吸引力。

* 卒于534年，威塞克斯王国的创立者。——译者注

对于国王，它没有任何论述，只是提到国王与司法实施相关。其中的一个著名段落曾经被认为是为血腥的欧洲战争辩护，导致了英法之间的百年战争，并且
169 仍然是被称为王位继承正统主义的政治理论的基础，该段落只是提到了土地财产的继承规则。[2]

这个将撒利克法适用于撒利克法兰克人的百户区法院，是日耳曼种族最为古老的有组织的法院。可能存在更为古老的“自然的”史前法院，例如各种村落共同体的集会(assemblies or moots)，但是百户区法院是提供暴力和流血的替代品的审慎尝试的结果，并且在日耳曼部落中，它已经在实践中普遍存在。它给这个国家留下了一个地方性的描述，百户区(the hundred)或者(北方的称呼是)百家村(the wapentake)；戈姆(Gomme)先生在他的有趣的著作《原始民会》(*Primitive Folk Moots*)中已经追溯了许多召开露天集会的遗址。它们似乎在诺福克和英格兰东部的数量尤其众多。但是在我们国家，百户区法院并非一个极具活力的制度，因为它的部分权力在较早的时期已经转移给了
170 更大的司法组织，我们称之为郡法院，另一部分权力再度回到了村落共同体，后者被赋予采邑之名。

因为百户区法院出现在撒利克法中，它乍看之下就像一个彻底的大众法院，与国王的权威无关。法官都是生活在百户区范围内的自由人。主持人是选举产生的，被称为桑吉努斯(Thunginus)或者百户长(thingman)。我不会讨论它的一般特征，只是说它是非常技术性的，它本身提供了充分的证据表明法律的技术性并非社会老年时期的弊端，而是社会幼年时期的弊病。但是它有一个相当显著的特点，即在那些建立在契约或所有权基础上提交给百户区法院的一大类案件中，百户区法院并不强制执行它自己的判决。人们可能猜测，在较早的时代，这种显著的无力履行，这一我们看来司法法院最独特的特征，扩展到了百户区法院的所有判决，无论这些判决的目标为何。对此的解释似乎是，人类有意建立的最为古老的法院，根据建立意图，我们应称之为仲裁法院。它们的首要功能是给予人们让热血变凉的时间，防止人们自行纠正他们的不法行为并自行处理事情，并且规制救济的方法。不遵守法院判决的最早
171 处罚可能是放逐法外。不遵守法院判决之人将被放逐于法律的保护之外。如果他被杀死，凭借原始观念的力量，他的亲属被禁止或者被阻止进行血亲复

仇，尽管血亲复仇本是亲属的义务和权利。

但是正是在这一点上，《撒利克法典》让我们看到到了王室权威向世俗司法所做的最大的贡献之一。初看之下，国王似乎与百户区法院无关。只是有一群官员在百户区法院作为他的代表，这些官员为国王收取罚金——这是王室财政非常重要的一个部分。但是，我们发现，如果在该法院败诉的当事人同意遵守判决，国王的官员将执行该判决；即使败诉方未曾同意，如果胜诉的当事人亲自诉诸国王并向其请愿，国王将基于其至高的剩余权威来实现正义。这正是王室权威走上了获得优势地位的道路，尽管迈出的最初这几步无力、不确定，但它最终在所有条顿国家中都获得了对于早期大众司法的这种优越地位。它使得这种司法相形见绌，并且最终将其吸收，但另一方面，它授予其权力，没有这些权力，我们几乎无法察觉其存在。国王已经鼓起勇气准备进攻，毫无疑问，国家的所有武力都被用于强制执行法官的命令，这一过程是王室权 172
威和民众法院之间越来越紧密的关系的结果。在法兰克国王们的《加洛林王朝法律汇编》(*Capitularies*)* 中，我们找到了一些证据，表明国王和法院之间的这种关系的进一步发展。一段时间之后，百户区法院的大众主持——百户长消失了，他的地位被国王的代理人——伯爵(the Graf or Count)所取代。因此王室权威不断成长，作为其结果，我们发现伯爵会使用国王的权力来执行所有的法院判决，无论其性质为何，无需事先的同意，也无需诉诸国王的至高公正。王室官员对于该法院的主宰是一系列独立的变化的开端，借此古老的大众司法的特征被深刻地改变了。在条顿国家的每一处，我们都发现了国王的代理人在古老的法院实施其权力，坚持以国王的名义实施司法，并且最终在古老的司法体系的遗迹之上运作他们自己的更为简单的司法，这些古老的司法体系依然声名狼藉并腐朽不堪。这正是条顿国王和条顿的大众法院之间的关系得以确立的结果。值得研究的是，那些法院有何弱点，它们包含了哪些消亡的种子，除了这一权力之外，国王手中还有什么，使其成为这些民众法院理所 173
当人的继承人。

人们发现，在人类文明的入口，众多人类社会中并存着两种形式的权威，

* 《加洛林王朝法规汇编》(8—10 世纪加洛林王朝各君主所颁布的通常已划好条目的法令的汇编本，其中有处理行政、王室领地、公共秩序和司法等各种问题的法令，也有处理宗教问题的法令)。——译者注

国王和民众集会。民众集会和民众法院在原则上是同一个机构；它们是共同体自由人的集会，只是追求的公共目的有所不同。与民众集会相对，国王是政治领袖；作为军事领袖，他与军队（the host），即战士的总体相对；与民众法院相比，他是法官，是专门的司法权威的所在，而这正是我的主题。我并不论述现在依然备受争议的问题，即国王与民众法院两者哪一个更为古老，或者它们是否自始至终都是并存的。我只是注意到，新近研究的趋势认为部落集会更为古老。但是，如果将这两个权威通常一起出现视为事实，我们可以讨论它们似乎遵循的进一步的演进法则。在这样的共同体中，雅典和罗马是其中的典
174 范——因为为城墙所包围的城市是大部分现代观念的摇篮——自由机构的重要性不断增加。民众大会垄断了权力。国王要么消失，要么成为一道无关紧要的影子。但是在那些广袤的、没有为城墙所包围的城市的共同体中，所有的民众机构趋于衰落。就我们所关注的特定机构——司法机构，我们对于这一兴衰交替，作何解释呢？我认为，衰落的一个源头可以追溯到古代的民众机构——无论司法还是政治机构。要进行有效运作，就需要数量庞大的人，并且每个人都要付出大量的时间。即使是在那些通过环绕的城墙来将空间限定到适当范围的共同体中，我们也可以看到要使人民履行他们的公共义务存在困难。学者们想起了被朱砂染色的绳子，它被沿着雅典人的街道拖曳，以迫使市民们前往集会地点，它将落后者予以标记，处以罚款；他们也会想起著名的 3 欧宝（希腊银币），这是支付给参与民众大会以及大众法院之人的报酬。弗里曼先生，在提到后来希腊自由在亚该亚联盟国家集会中的复兴时（《联邦政府
175 的历史》（*History of Federal Government*, i.266），已经注意到了出席大会的政治义务的负担使得政治特权落入少数人手中，从而导致民主制沦为贵族制的结果。事实上，因为要求个人付出过大的代价，许多古代自由都因此而丧失。在其他类型的共同体中，在那些遍布全国各地的村庄中，公共义务的负担一直是非常沉重的，当它们的规模随着吸收了同一国家的许多部落而增长时，这些负担必然变得非常大。这方面的证据可以从古老的日耳曼法对**不到庭理由说明**（sunis 或 essoin）的重视中看出来。该词曾经使得英国律师极为迷惑，但它具有古老的日耳曼起源，其真实含义是当某人未能履行条顿民众法院的义务时提出法律理由的依据。但是从另一个角度看，这一难题很容易理解。

尽管它的发展在很大程度上被打断，然而我们英格兰陪审团正是古老的民众司法的幸存之物；然而我想，即便是现在，也没有人会心满意足地接受出席陪审团的传票。但是当会议的地点位于百户区的另一端，或者郡的另一端的时候，当英格兰除了罗马大道没有其他道路的时候，当东部各郡尚为沼泽之地的时候，当南部的威尔德地区尚为茂密丛林的时候，出席会议的必要性何在？但 176
也有一些理由让我们认为，在英格兰出席会议的负担比其他地方更轻。在欧洲大陆，只要百户区法院真正存在，在它被转化为人数有限的专家委员会之前，每个成年的自由男性都必须出席会议的规则被严格执行，没有丝毫放松的痕迹。但即便在这一点上，这种代表制的开启可以被视为这个国家独有的特征，这种代表制对延续生活中英式的日耳曼自由多有助益。从很早开始，英格兰的百户区法院和郡法院就不是由所有自由民参加，而是由采邑领主（the lords of manors）、执达官（reeve）以及各村庄或教区的四名代表出席。但是，毫无疑问，即便是在英格兰，出席会议的义务也被认为繁重不堪。在亨利三世于 1217 年颁布的《大宪章确认书》（*Confirmation of Magna Charta*）中，有一个条款规定，郡法院集会每月至多一次；斯塔布斯先生（《宪法史》，第一卷，第 605 页）对此的解释是，郡长滥用了他们召集法院特别会议的权力，并且对缺席者处以罚金。他补充说，郡长可以通过增加召集的机会获得直接的利益。

除了国王法院之外，所有法院的这种庞大规模，如果我可以这么描述的
话，一直延续到了封建时期。封建制度在法国发展得最为成熟，法国历史学家 177
惊讶于被要求参与封建法院的人数。我们所熟知的一个格言表达了这一原则，即所有人皆由其同侪审判，这句话最初的意思是，他的法官是与其有着某位共同的上级并处于同等地位之人的整体。如果国王的一位大封臣因为叛逆罪或者重罪而必须受到审判，以法国国王为上级领主的所有法王大封臣就必须集会；正是这样的一个法院剥夺了约翰国王相当大片的法国领土。另一方面，如果要审判一位维兰，他的同侪就是隶属同一领主的其他维兰。不可避免的结果是法国的封建法院逐渐萎缩，将其所有积极义务都委托给一个小型专家委员会，当这些专家大多都是罗马法信徒之时，他们产生了重大影响，传播国王的绝对权力的观念，尤其是他对于司法的正当权威的观念。“君主意志，即具法律效力”（quod principi placuit，legis habet vigorem）——这是发达的

罗马法学的核心原则。

因此，我们可以相信，当共同体经由部落的合并而日益壮大的时候，古代
178 的日耳曼民众法院，以及很可能许多其他社会的民众法院，由于其法官数量的庞大以及履行司法职能的巨大困难，而不再受到欢迎或走向衰败。那些必须出席法院的自由人更喜欢待在家里，给出他缺席的理由，如果理由不够充分，则交纳罚金。这些法院因此变成法律专家委员会，极其偏爱王室权威。与此同时，我们从其他证据了解到，国王及国王的司法不断发展，而这是以牺牲民众法院为代价的；我们可能问我们自己，在与地方民众法院的这场竞争中，王室的职位及职能是否给予他们任何优势。这个抗争的故事过于漫长复杂，无法在这里述说；但是国王的习惯给了他一个优势，之所以要指出来，是因为这一点经常被忽略。我并不认为，当一位诉讼者从一开始就请求国王的审判，或者越过民众法院的首领而诉诸国王的时候，他会来到了某个王室驻地、宫殿或城堡。这将加剧地方民众司法的困难。并非诉讼者来到国王面前，而是国王
179 来到诉讼者面前。基于大量的证据，[3]我认为这些古代的国王是巡回的，他们四处巡游。国王通常只有崩殂时才会变得静止不动。早期共同体的国王们大多身处高墙之中，比如古代雅典和古代罗马的国王，这类国王很快就消失不见了。可能，如格罗特(Grote)先生指出的，他们过多地出现在其臣民的视野之中，当对国王神圣性的信念不复存在时，他们的不堪状态会使其难以获得应有的尊重。但是，分布于辽阔的疆域之上的更为野蛮的共同体的国王常常在这片土地上四处走动；如果他没有这样做，他也就灭亡了，正如人们所称的法兰克人的懒王(rois fainéant)。如果我被要求提供关于古代国王的这些习惯的最为古老的证据，我会提到那些爱尔兰的档案，这些档案的价值才刚刚被发现，因为无论那些以种族或者血统来解释所有种族特征的理论学家们怎么说，最古老的爱尔兰法和制度只不过是处于更早的野蛮阶段的最古老的日耳曼法和
180 制度。现在，当英格兰人，如埃德蒙·斯宾塞(Edmund Spenser)于 16 世纪末开始将他们对于爱尔兰的观察诉诸笔端的时候，他们怀着最为强烈的愤慨来谈论一种爱尔兰习惯。他们称之为爱尔兰首领的侍宴(cuttings and cosherings)，也就是他们定期地巡回至其封臣的领地，目的是为了让他们的封臣出资款待。事实上，这仅仅是蛮族首领或国王日常生活中的常规事件在后世的遗

留，这些首领或国王没有收税官为他们征税，而是亲自征收，因此他巡游之时的费用由其臣民负担是其当然的权利。爱尔兰法的理论是首领让其族人在土地上放牧牛羊而获得了这种权利，尽管我们说不清该理论与事实在多大程度上相一致。在那些对我们称之为国王的爱尔兰首领的生活的古代记录中，我们发现了对类似习惯的一段颂扬之词：《权利之书》(*Book of Rights*)说道，“明斯特之王(the King of Munster)”“在其王国的王公亲贵们的陪伴下，开启他对康诺特(Connaught)之王的拜访，他送给康诺特之王百匹骏马、百套军服、百把宝剑、百个酒杯；作为回报，康诺特之王将于其阿纳坎的宫殿中款待其两个月，继而护卫其至提内尔(Tyrconnell)之境。他送给提内尔之王二十匹骏马、二十 181
套全套铠甲以及二十件斗篷，作为回报，提内尔王招待他及其贵族一个月，并且此后护卫其至蒂龙(Tyrone)公国。”明斯特之王此后又穿越了蒂龙(Tyrone)、乌尔斯特(Ulster)、米斯(Meath)、伦斯特(Leinster)以及奥索里(Ossory)，每到一处都赠予当地的统治者礼物，并且接受款待作为回报。我推测，这些款待比王室赠礼具有更强的历史真实性。但是，编年史家或者吟游诗人描述得如此精彩绝伦的习惯显然正是被斯宾塞和其他人宣告为爱尔兰灾祸之一的侍宴。有理由相信，英格兰国王以同样方式巡游，并且主要也是出于同样的目的。帕尔格雷夫(Palgrave)在他的《英格兰共同体的兴起》(*Rise of the English Commonwealth*, i.286)一书中描述了盎格鲁—撒克逊国王们的“巡回”(Eyres)。这位法律人可能因为其中一些地方的相对偏僻而怀疑这一习惯的延续性，正是在其中的一些地方——克拉伦敦、莫顿、马尔布里奇(Marlbridge)、阿克顿伯内尔(Acton Burnell)，我们最具持久重要性的旧制定法得以颁布。小说读者在《肯纳尔沃思堡》(*Keniworth*)* 一书中发现它残留的痕迹，迟至伊丽莎白女王时期，君主的行进依然沿袭自其前任们的巡游。但是也有其他更为明显的证据。两位历史学者，艾顿(Eyton)先生和已故的达菲斯·哈迪(T. Duffus Hardy)爵士，根据文献证据描述了我们的两位英格兰国王亨利二世和约翰王 182
在一段漫长的时间里从一地向另一地的迁移。当然，这两位都不是非常早期的国王，在这两位国王统治时期，可能都存在着一定数量的国内骚乱，但是他

* 英国历史小说家W.司各特(1771—1832)所著的小说。——译者注

们的活动，尽管可能超出了正常的限度，却并非必然是一项新的王室习惯。我注意到了约翰王的活动，因为他的统治不仅在英格兰政治史上，而且在英格兰的司法史上都开创了新纪元。托马斯·哈迪（Thomas Hardy）爵士的“约翰王的行程”逐年逐月地列出了那些自 1200—1216 年间国王待过的地方。当时的统治年始于耶稣升天节*。我宛如亲自参加了一次 1207 年 5 月的冒险。在 5 月 1 日，国王被发现身处庞蒂弗拉克特（Pontefract），3 日在德比（Derby），4 日在亨斯顿（Hunston），5 日在利奇菲尔德（Linchfield），8 日在格洛塞斯特（Gloucester），10 日在布里斯托，13 日在巴斯，16 日在马尔伯勒（Marlborough），18 日在卢格尔沙尔（Ludgershall），20 日在温彻斯特，22 日在南开普敦（Southampton），24 日在波尔切斯特（Porchester），27 日在阿尔丁伯恩（Aldingbourn），28 日在阿伦德尔（Arundel），29 日在克内普城堡（Knep Castle），31 日在雷威斯（Lewes）。在一个除了罗马大道外，几乎没有其他道路的国度中，国王当然必须在马背上度过这些旅程。但是，我注意到 1212 年 6 月，国王
183 来到英格兰的一个更为偏远并且道路更为难行的区域。6 月 4 日，他离开伦敦塔，28 日在达勒姆（Durham），在这期间，已经去了约克郡的（Hertford）唐克斯特（Doncaster）、里士满（Richmond），坎伯兰郡的鲍斯（Bowes）、爱普比（Appleby）、威格顿（Wigton）、卡莱尔（Carlisle）以及赫克瑟姆（Hexham）。更引人注目的是，他以同样的速度在爱尔兰行进，当时那里和现在内华达山脉最荒凉的地方一样，鲜为人知并且被认为是一个不可逾度的国家。1210 年 6 月 20 日，他和他的大部队从哈西弗福德（Haverfordwest）抵达沃特福德（Waterford），并且于 8 月末再度返回，他在国家的东南部的每个重要地方都留下了足迹。必须要说明的是，我并非挑选那些国王安排了特别行程或者其行动比往常都多的时期。这实际上就是他在其统治期间年复一年、月复一月的日常生活。约翰王被认为是一位柔弱的君主，而非当今时代受雇于一家生意兴隆的公司的商业旅行者，后者在铁路的帮助下，经年累月都行色匆匆。

我们能够看到巡游的国王是如何逐渐变成一位现代类型的君主的。这一改变可以归因于王室巡回法官制度（*missi*）** 的成长，这些法官是君主的巡回

---

* 复活节后第五个星期日后的星期四。——译者注

** 此为法语。——译者注

代理人，是他的臣仆，用英语惯用语来表达就是总巡回审判法官（justice *in eyre*）。在欧洲大陆，巡回法官制度的首次应用要早于约翰王统治时期，英格 184
兰更是古老得多。但是在这种情况下，一个制度不会立即完全取代另一个制度，尽管国王日益安定下来，但他们并不是在自己被巡回法官或者说他们自己的代理人代表之初，就突然停止在其领地中移动。但是在我们自己的国家，这个传统已经被一个伟大的宪法变革所加速，对此我将在下文提及。

但首先让我们注意一下，古代条顿国王的这种迁徙生活是如何使得他在作为一个伟大的司法权威之时获得对于古老的地方民众法院的优势的。这些地方民众法院可能自不可追忆之时起就与其并存了。正如我所揭示的，它们本身就包含了某些衰败的种子。它们的众多成员都有最为充分的理由来逃避或者懈怠地履行那些必然被他们视为最为严格的义务。为了抵达开会地点，他们不得不耗费多日以穿越沼泽和森林，并且招致众多危险。他们必须熟悉提交给他们的所有案件的情况，却没有任何现代法院所能获得的帮助。他们经常不得不亲赴被指控的暴力行为的现场。他们不仅像一个现代陪审团那样决定事实问题；他们也必须宣告法律或习惯，并且作出判决。然后在这一切 185
之后，他们自身可能因为一个错误判决而遭控告，甚至根据一些共同体的司法制度，他们可能被要求用武器来捍卫自己的判决。秃头查理（Charles the Bald）* 的一部法令要求他们全副武装地上法院，因为他们可能必须为其审判权而战斗；后来，封建领主所要求的役务誓言不断主张封臣的出庭义务，就像要求他们承担武装役务一样。穷人的负担如此沉重，以至于教会干涉了这一利益，公元 9 世纪的宗教会议抗议强迫穷人在法庭上诉讼的残酷行为。

但是当所有这些原因都在削弱并虚化民众法院之时，国王却经常带着他的王室司法巡视国家，这种王室司法自国王权威产生之日起就未曾与他分离过。[4]国王实施的司法最初是完整的，因为他总是通过他的官员来实施他自己 186
的判决。国王实施的司法也是不可抗拒的，因为他通常拥有国家军事力量的精华。国王实施的司法可能比民众法院更纯洁，民众法院当然并非不易腐败；它更为精确，因为任何与精确的法律知识类似之物都由那些跟随国王行进的

---

* 秃头查理（Charles le Chauve，823 年 6 月 13 日—877 年 10 月 6 日），西法兰克加洛林王朝国王（843—877 年在位），神圣罗马皇帝（称查理二世，875—877 年在位）。——译者注

专家所控制。而且，在那些时代，任何符合我们现在所说的改革精神的东西都只限于国王和他的顾问们；他只是对法律做了相对温和的改革，并且简化了法律程序。因此，当民众司法日益衰落的时候，王室司法逐渐兴起。实际上，我
187 们认为法律所具有的、理论家宣告无法与其相分离的大多数特征——统一性、不变性以及不可抗拒性都源自后者最终获得的优势。

几乎可以说，在英国没有什么会完全湮灭。巡游国王仍然被巡回中的专门巡回法官所代表；古老的民众法院在陪审团中幸存下来，尽管就传承性而言，最晚近的陪审团比最初的陪审团要少得多。在约翰统治的时代，为了某些目的而将王室权威授予国王的巡回臣仆的做法就已经久为人知；但是王室管辖权的一个分支，即普通诉讼法院，或者换句话说，对于全国最为重要的、受理绝大部分民事诉讼的法院，在那些我已经提及的令人惊叹的行进中，依然伴随王驾左右，与其同行。因此，这逐渐引发了极大的滥用。在争议事项并不复杂的原始时代，当国王到达每个地方中心的时候，作为回报，他或许可以毫无困难地审判在他离开前提交到他面前的每个案件。但是，随着社会变得日益复杂并且更为富裕，要像人们所呼吁的那样，让国王给予每位诉讼者一整天的时间，是极其困难的。在弗朗西斯·帕拉夫(Francis Palrave)爵士《英格兰共同体的兴起》一书的第 2 卷中，附有一则非常奇怪的文件，这是一名叫作理查德·德·安内斯(Richard de Anesty)的人讲述的他在一个世俗与教会的混合
188 诉讼中所遇到的麻烦和指控，该案被呈交给了坎特伯雷大主教和国王。除了来自教会法院的无尽烦恼外，为了获得国王的审判，他必须跟随着亨利二世跨海来到法国并且在英格兰四处奔波。在读了这篇文献之后，我们真切地认识到了《大宪章》中这一条款的重要性："普通诉讼不再追随国王。"这是一个伟大的司法新时代，标志着一场法院的革命；约翰王立即开始阐明这场革命的重要性。他于 1215 年 6 月 15 日在兰尼米德给《大宪章》盖印，在 7 月 15 日之前，他游遍了整个英格兰南部，并且再度北上牛津。与此同时，普通诉讼法院的法官们在威斯敏斯特，并且只在威斯敏斯特坐堂，直到普通诉讼法院被高等法院吸收之日为止。

《大宪章》盖印之后，英国国王与世俗司法的关系的早期历史走向了终结，现代英国司法制度得以确立。在某些方面，它不同于同时代的欧陆司法制度，

尽管这些欧陆司法制度也是类似的普遍原因所造就的。它是世界上最为高度中央集权的司法系统，所有重要的司法部门都设在伦敦，只有一部分通过国王 189
派出的总巡回审法官、古老的王室巡回法官(*missi*)，分散至全国各地。对这些原则的唯一重大修改就是当现代郡法院建立的时候，新旧郡法院之间差异很大。这些新郡法院只留下了点滴旧日痕迹，如现在树木繁茂的土丘标记着露天会议的古老地点，以及土地持有人因未能出席一个并非真实存在的法院而被处以小额罚款。即使成立了新的郡法院，英格兰的司法制度也有另一个独有的特点——实施司法的法官人数稀少。

如果你跨越海峡，看向法国，就会发现与上述完全相反的特征——司法不那么中央集权化、数量众多的地方法院、分布于各类法院的数量庞大的法官。法国国王和英格兰国王一样，理论上是司法的源泉，但是这是受到罗马法训练的专家法律人热情鼓吹其权威的结果，而非用他自己的使者直接取代地方法院的结果。另一方面，无论如何实施，法律的特征在法国和欧陆都比在英国变动更大。罗马法在所有地方都取得了相当大的、对于古代习惯的完全的优势， 190
而《法国民法典》作为大革命的结果，仅仅是罗马法的一个版本而已。尽管在我们英国人所谓的普通法的初始阶段，有许多东西尚不清晰，但毫无疑问的是，它主要是一个日耳曼习惯法的版本，由国王的法院和法官们归纳形成。民众司法和王室司法之间的某种古老对立依然存在，因为我们知道，普通法理论上以国王名义实施，在很晚近的时候，它开始被认为是反对都铎和斯图亚特特权的大众自由的障碍。与此同时，国王自古以来一直享有、未曾与其分离的对于法律和司法的残余权力，历经普通法成熟而存留下来。大法官法院的管辖权由此产生，我们不能说这一管辖权曾经非常受欢迎，但它不受欢迎肯定不能归因于它任何固有的缺陷，而是由于其偶然的恶习、它的迟缓和它的昂贵。但是，也正是从这个剩余权力中，产生了星宫法院的刑事管辖权，对于普通的英国历史学家而言，它已经成为司法压迫的代名词。但是，在大法官法院的所谓衡平法和星宫法院的违法性、违宪性之间存在着历史差异，前者在作为其源头 191
的权力受到严重质疑之前就已经产生了，而后者直到它的时代一去不返后才获得了有效的司法管辖权。星宫司法名声扫地标志着国王对于法律的有益影响的衰落。王室司法权威曾经是所有改革机构中最有价值并且事实上最为不可或缺的，但最终，它的旅程已到终点，在几乎所有的文明社会中，选举产生的立法机构继承了它的衣钵，西方世界所有的立法机构都是英国议会的后裔。

注释

1. 毫无疑问，星宫法院比规制它的制定法更为古老。3 Henry VII. c.1，and 21 Henry VIII.c.20.

2. DE terra (Salicd) in mulierem nulla portio haereditatis transit，&c.“撒利克”一词当然是一个添加的词，可以从克恩先生（Messrs. Kern）和赫塞尔斯（Hessels）编纂的《撒利克法典》（Lex Salica）的杰出版本里对手稿的表格比较中瞥见。（London：Murray，1880），L. S.379 et seq.

3. 参见 Grimm，Deutsche Rechtsalterthümer，I.237.“新国王的第一要务就是环游他的王国”（Erstes Geschäft de sneuen Königs war sein Reich zu umreiten），格里姆（Grimm）援引了图尔斯的格列高利（Gregory of Tours）的话，4，14，“接着，国王走遍了周边的每一个城市（Deinde ibat rex per civitates in circuitu positas）。”他也提到了瑞典国王的类似义务，并且援引了撒克逊人向亨利四世所做的祈求：“归降者并未百无聊赖地在这孤土——撒克逊渡过余生，他们有时候会徘徊于自己的故国。”

4. 在一本有趣的书《德鲁的喀什米尔和朱莫》（*Drew's Kashmir and Jummoo*）中有一个段落，好奇地阐述了古代王室管辖权的特征，以及产生国王实施该管辖权的一个行动动机。此处是关于喀什米尔王公的王廷（Curia Regis）中仍然在发生的事情的描述，喀什米尔王公自己是比他所沿袭的制度现代得多的君主。古拉卜·辛格（Gholab Singh）是英国人在1846年所建立的王朝的首位统治者，（德鲁先生说）“他总是和蔼、耐心并且乐于倾听诉冤。他非常关注细节，因此最小的事情也可能被带到他的面前并由他来考量。只要按照习俗奉上一卢比，任何人都能够获得他的倾听；甚至在人群中，人们可以通过举起一卢比并且喊出‘国王陛下’，一份请愿！他会像老鹰那样猛地扑来，并在拿到钱后耐心地听请愿人诉说。曾经有人按照这一方式提出诉愿，当喀什米尔要拿走这一卢比时，此人却把手合上说：‘不；首先听一听我要说什么。’即便如此，古拉卜·辛格依然保持耐心；他一直等到这个人讲完他的故事，并且张开手；然后，他拿了这个钱，并就该案作出了判决。”“民刑案件，”该书接着陈述，“通常由初审法院的司法官员预先调查，并且可能已经被上诉法院判决；但是诉讼者和原告可以将他们的案件交给喀什米尔王公试试他们的运气。”

第七章　原始社会的理论

数年前(1861 年),我出版了一部著作(《古代法》),我在序言中描述其首要 192
目标是“表明一些人类最早反映在古代法律中的观念,并且指出这些观念和现
代思想之间的关系”。确定人类社会的绝对起源并非我的目标。对于与这一
主题相关的内容,我写得很少,我必须承认当我试图进一步深入的时候,对于
这一调查的厌恶总是让我陷入泥潭、身处迷雾之中。我在刚才提到的著作以
及其他著作中所遵守的承诺是追溯文明人类制度的真实历史,而非虚构的或
者任意假定的历史。1861 年之前的数年,当我开始这一工作的时候,一种基于
自然法和自然状态命题的先验理论模糊了背景,阻碍了超越特定论点的道路。 193
在努力跨越这一障碍的过程中,我有机会指出所谓的父权制的社会理论的主
张被认为是一个真正的历史性的理论;也就是说,被视为基于理性证据对原始
的或者非常古老的社会秩序进行解释的理论。父权制理论认为社会起源于不
同家庭,是由最为年长的合法男性尊长的权威和保护而聚合到一起的;在谈到
了罗马法在我所进行的调查中具有特殊重要性之后,我坚持在我的书中用几
页篇幅论述了罗马法的最早记录所提供的关于这一理论的证据。我们确实并
不知道有哪种可行制度体系,它的家庭恰好与这一理论所呈现的原始家庭相
一致。罗马法,作为一种可行制度,对家庭和亲属关系的看法与现代社会所接
受的看法并没有太大的差异,但是我们碰巧拥有确定该法律这一非常古老的
状况的便利条件,并且毋庸置疑的是,当法律处于这一状态时,最为年长的男
性尊亲属的权威被视为家庭和亲属关系的基础。其他的古老习惯和法律规
则,由于其材料的稀缺或者品质不佳,我们对它们的了解不如罗马法,在我看
来,它们表明按照父权制模式组织的家庭都是它们所反映的家庭的或近或远 194
的先例。在我看来,印度教法非常强烈地表明了这一点。据我们所知,斯拉夫
的法律也同样如此。希腊法似乎也指向了同样的结论,不那么明确,但也不那
么含糊;并且,更令人怀疑的是条顿人的古老法律。在我看来,其证据的种类
和证明力可以媲美那些说服比较语言学家相信不同的雅利安人语言中的大量

词汇在一种现在尚不为人所知的祖传母语中拥有共同的祖传形式。但是我在调查的阶段谨慎地陈述这一观点，即“困难在于知道于何处止步，并且无法断定有哪些人类种族他们所联合而成的社会最初是按照父权制的模式组织的”（《古代法》，第 123 页）。我的书出版于 1861 年，并且在此前的四五年间，我就此做过讲演。自那以后，所有这些证据已经被补充、重新审视并且置于新的灯光之下。我们现在能够分辨出一些祭司的印度教法与该种族的真正古代法之间的真正关系。斯拉夫的法律和习惯，在 1861 年主要是从哈克斯豪森（Haxthausen）的书中得知，经由博吉西奇（Bogišić）教授的劳动，正在成为一
195 个更值得信赖的研究课题。认真的争论者们就日耳曼法最早的历史遗迹反复争论过，并没有得出确定的结论。爱尔兰的布雷亨法，曾经难以接近，现在正逐渐为考古学的研究者所了解。如果调查被局限于我在 20 多年前研究过的古代的社会群体的制度，我应当坚持我所得出的结论，但仅限于到本书前四章中所提出的限定性条件。但自我写作以来，我们已经从尚处于野蛮状态的社会的观念和习惯中，以及两位已故的热心的探索者——麦克伦南和摩根那里获得了许多全新的证据，他们二位已经将这些证据整理并且在这些证据的引导下，对人类社会的原始或者非常早期的状况形成了自己的看法。他们认为，人类社会早期的状况与父权制理论完全不一致。我希望能够说明我对这些新的事实和理论的看法，同时也表明，我并没有忽略麦克伦南先生在其《古代史研究》（*Studies in Ancient History*）的序言中对我提出的友好的挑战。我相信，我所作的一般性的考虑可能会从那些比我更精通这一专门研究方法之人
196 那里赢得一些关注；但是我不会毫不犹豫地将其发表，因为，正如下面一节的评论所表明的，我对这一调查尚不满意，并不认为它足以成为一个非常自信的观点。

正如我所言，父权制的社会理论，认为其源起于不同家庭，由最为年长的健康男性尊亲属的权威和保护聚合而成。无疑，这一理论相当古老。据我们判断，它最早由公元前 4 世纪的伟大希腊观察家和哲学思想家们提出。柏拉图（《法律篇》，第 680 页）以及亚里士多德（《政治学》，第 2 页）都阐述了这一点，前者简短，后者要细致得多，以至于直至近期，对于他的陈述都没有做任何补充。在此可以恰当地说，他们并非仅将这个理论建立在猜想之上。他

们都声称将其建立在实际观察的基础之上。柏拉图明确地说，对应设想的原始群体的那种社会形式在他的那个时代依然存在；他含糊地称之为“酋长”[δυναστεῖαι, chieftainship；乔维特称之为“贵族”(Jowett, lordship)]。亚里士多德明确地诉诸“野蛮人”的真实社会状态。应该指出的是，这些观察者的机会再也不会出现了。这两位学者生活在两千多年之前，他们与更多野蛮状态的种 197
族如此接近；开放给他们观察的社会不只是人类的弃儿和流浪者，而是与我们具有相同种族血统的人类，但他们在文明上却远远落后于希腊人。我想没人会否认亚里士多德是一名优秀的观察者，他将其结论建立在充分的材料基础上。他出生于几乎不属于希腊的斯塔基拉，在半野蛮的佩拉*宫廷(Court of Pella)度过了一生中的许多时光，在那里他的父亲是马其顿国王的医生。他留下了一部论述“野蛮习俗”(νόμιμα βαρβαρικὰ)的专著，不幸的是该书现在已经失传了。

父权制因其与《圣经》关于希伯来人的族长制度的记录相一致而得以留存于世，若非如此，它将与黑暗时代希腊的许多其他理论有着相同的命运。但是，在 17 和 18 世纪，它的地位被自然状态的先验理论所取代，长久以来这种理论满足了人们关于人类初始状态的好奇心。据说是由于尼布尔(Niebuhr)发现了《盖尤斯的评论》(*Commentaries of Gaius*)导致了父权制理论的复兴，尽管该书并未直接论述古代的罗马法，但它使得我们能够将古代罗马法分为连续的阶段或层次，并且向我们展示了一个关于古代罗马法最早时期的全景。但是，我不能确定，诉诸罗马法未曾损害某些人对于父权制理论的看法。它鼓 198
励人们相信，它指向的是一种相对先进的社会秩序。柏拉图和亚里士多德显然试图描述这个种族的高度粗野的状态。他们都用荷马史诗中的“独眼巨人”来说明这一点，“独眼巨人既没有协商会议，也没有法令，每个人都对其妻子儿女实施管辖权、颁布法令，并且彼此毫不关心。”但是，如果将这一标准类比地应用于动物生活的话，这一理论所设想的家庭群体就不仅仅是粗野的了，他们极其原始。最强大、最聪明的男性进行统治。所有处于他保护之下的人都处于平等地位。被置于其保护之下的外人之子、置于其下的被虏来服侍的陌生人，都与处于其保护之下的家生子没有区别。但是当妻子、子女或者奴隶逃跑

* 古希腊马其顿王国的首都。——译者注

的时候，与该群体的所有关系终结，这意味着服从权力或者参与保护的亲属关系也告终结。借用乔治·考克斯（Geogre Cox）的生动的表达，这是在其兽穴中的野兽家庭。但是当这几个关系被饰以罗马人的技术名称——家长权、夫权、支配权、收养、离婚、父系亲属关系、解放（这些都确切地意味着同样的东西），就让一些人显然无法克制地认为这些只能是新近之物。

另一个与长久以来被称为父权制的理论相对的理论是社会并非起源于家
199 庭，而是源于部落（horde）。亚里士多德及沿袭其理论的作者们认为，在历史的晨曦中依稀可辨的较大的人类群体以尚未为人所知的方式从类似于荷马所说的独眼巨人那样的孤立家庭中成长起来。当这些较大的群体首度露面的时候，我们不可能相信他们是通过血缘关系组织而成的，但是根据近来的解释，父权制理论假定在其中的部分或者大多数群体中，存在一个真正的血缘内核，再通过诸如收养等大量的拟制关系对其进行人为的补充。其他群体则是通过模仿主流的或者流行的模式创造出来的，[1] 这一进程尚未完全消失。在我的《古代法》一书中得出的结论是："有证据表明，并非所有的早期社会都是由来自同一祖先的后代所构成的，但是任何拥有永久性或者牢固性的社会都是如此传承的，或者认为它们是这样传承的。有无数原因使得原始群体解体，但是
200 无论它们的成员在哪里重新组合起来，它们都是按照一个亲属关系的模型或者原则组合。无论事实如何，所有的思想、语言、法律都与这一假设相适应。"这个理论应该与麦克伦南和摩根的名字联系到一起，但它可以说在一定意义上颠倒了对于这一问题的解释。它认为小群体来自大群体的派生，而非大群体来自小群体的组合。虽然与父权制理论一样建立在观察的基础之上，但是基于对现在的野蛮种族的观念和习惯的观察，它从杂乱无章的部落中推导出了所有后来的社会秩序。我必须承认，让我自己理解麦克伦南或摩根所构想的原始群体的性质并不容易。但是，我认为我可以断言，这些群体被视为是男性和女性组成的社团（companies），最初两性之间的关系完全不受规制，但是经历了各个限制的阶段，最终父权制的家庭或者其他模式的家庭得以建立。因此，现代社会秩序是经过修正的男女乱交（promiscuity）的结果。这两位原初社会的调查者在确定这个发展过程所经历的阶段方面有很大的不同。图腾崇拜（或者野蛮人在他们身上标记的亲属观念的起源）、杀女婴、偷盗女性、

一夫多妻(或一妻多夫),以及著名的转房婚,都在麦克伦南先生的体系中扮演 201 了重要角色。血族婚姻(consanguine marriage)、普那路亚婚(Punaluan Marriage) * (或者作为一个群体的兄弟与作为一个群体的姐妹之间的通婚),以及类别式亲属关系(classificatory relationship) ** (或者属于同一世代的所有部落成员在相同的一般观点和名称下的混同)对于摩根先生的理论都是重要的。但他们两人一致认为人类社会始于乱交,并且不断被它的进步规则所修正,始于部落并且逐渐提升自己,直至家庭建立。在我看来,两位作者都认为,所有地方的人类社会都经历了一系列相同的变化,麦克伦南先生始终认为这些阶段能够彼此清晰地区分出来,并且一个阶段的结束和另一个阶段的开始都以钟声清楚地宣告,告知人们这个时段的终结。

在我进一步讨论之前,我认为有必要指出,相较于这些作者及其追随者们通常所作的陈述,这个有争议的问题可以更为简单地表述出来。从现在的野蛮社会获得的主要证据或者证据之一指向了原始的乱交,为了某些目的仅仅通过女性来追溯亲属关系是他们的习惯。但是,当从这一特征推断说,麦克伦南的"外婚制的图腾亲属(totemkin)",或者摩根令人不快地未经合理论证 202 (*petitio principii*) *** 就称之为"宗族"(gens)的群体必然要比无论如何都假定为男性家系的家庭更为古老,这样的语言可能会导致思想的混乱。家庭的生理因素必然始终存在,并且必然始终是更大群体的来源。在生理上,人类既不可能是两位父亲的孩子,也不可能是两位母亲的孩子,同一个男性的孩子,与同一位女性的孩子一样,必然总是拥有某些区别于其他人类群体的特质。因此,这意味着,尽管家庭总是存在的,但不能通过普遍的习惯以及由此产生的父亲身份的不确定性来识别。我认为重要的一点是要注意,所谓的事实不是人类本性的事实,而是人类认知的事实。它只是企图主张,环境长久以来阻碍了野蛮人发现并且确认父亲身份,这是一个推论,而母亲身份(maternity)则

---

* 又称"普那路亚婚制",是同辈分的男女之间的集团婚。共夫的姐妹或共妻的兄弟之间互称"普那路亚"。最初它排除了同胞的兄弟姐妹之间的通婚,后来又排除了血缘关系较远的兄弟姐妹之间的通婚。——译者注

** 也称分类式亲属关系,摩根最先使用这一概念,是指按若干特定范畴区分所有的亲属关系,对同一范畴者,则用同一称谓。

*** 预期理由(一种逻辑错误,把未经证明的判断作为证明论题的论据)。——译者注

是观察的结果。当然值得注意的是，一旦智识上的好奇心指向这个问题，它似乎夸大了父亲身份在家系中的比重。可能很早以前就有人这么说了；菲斯泰
203 尔·德·库朗热有一句引人注目的评论，即生育问题之于建立在亲属关系之上的古代社会，恰如创造问题之于现代人。欧里庇得斯*[2]明确地说，在他的时代，普遍的哲学学说是孩子完全来自父亲，而希波克拉底(περὶπαιδίου)**极力反对这一观点，并且争辩说孩子来自父母双亲，他似乎承认这是一种流行的异端邪说。如果要支持麦克伦南和摩根的观点，我们必须假定，要进行这一观点所依赖的并不困难的观察是不可能的，两性的结合是如此短暂并且如此不具排他性。

204 在我看来，父权制理论和我已经提到的相反理论都非常合理地解释了相当数量的古代社会现象，作为社会起源的普遍理论，两者都遭到了相当多的反对。毫无疑问，有许多野蛮人的群体完全不具有父权制的特征，但因此认为这些群体已经经历过了这一阶段，则似乎是一个毫无根据的假设。应该进一步的承认，父权制理论的许多考古证据都支持这一结论，即看起来几乎但并非全然处于该理论假定它们已开始的状态中的社会，正在接近或者趋向于这一状态，而非经历了这一状态且正从中衰退。但是另一方面，除了所有关于详细证据之价值的争论之外，较新的理论也为重重困难所包围。麦克伦南先生将他所设想的人类社会的关系状态与现在欧洲大城市中所发现的不幸阶层展示出来的那种关系状态相比较。但是这一比较表明，这一阶层几乎完全是不孕的；
205 并且尽管多半可以提供对于这一现象的解释，大量的证据[3](与此同时，我并不视其为结论性的)倾向于表明，麦克伦南和摩根假设的这种原始乱交状态很可能导致非常不利于生育的病理状态；并且在长期交战的野蛮人之间，不孕不育意味着软弱和最终的毁灭。一个更大的反对意见是，这种理论认为，所有激情中最为强大的一种、人类与所有高等动物所共享的激情——性嫉妒——在很长一段时间内被搁置是理所当然的。因此它与父权制理论形成了强烈的反差，父权制理论实际上假定这种嫉妒是维系和推动古代社会秩序的力量。我现在将更详细地来论述这一难题。

---

* 公元前480—前406，古希腊悲剧作家。——译者注

** 希波克拉底(公元前460—377?)古希腊的名医，世称医学之父。——译者注

我自己从未设想，任何数量的法律或习惯证据，无论是书面的还是观察到的，能单独解决围绕着人类社会开端的问题。“地质学记录的不完美”对于考古学记录的不完善而言只是小事一桩。我在《古代法》(p.270)一书中问到， 206
“最初推动人们聚合为家庭联盟的动机是什么?”“对于这个问题，”我答道，“未获得其他科学支持的法学是没有资格给出答复的。”这种希望从生物学科学中获得帮助的期望已经实现了，值得注意的是，古代科学最伟大的学者创造或者接受了父权制理论，而我们时代科学上最伟大的名字与它联系在一起。在我看来，达尔文是通过他自己的观察和研究来看待人类的原始状况的，这与该理论是分不开的。“根据我们对所有雄性哺乳动物的激情的了解，我们可以得出这样的结论，(《人类的由来》，第 2 卷，第 362 页)在自然状态中的乱交是极其危险的……如果我们将时间之河回溯得足够长久，很难想象原始的男女乱交地生活在一起。从男性现有的社会习惯以及大多数野蛮人多配偶制来判断，最可能的观点是，原始男性最初是生活在小共同体中的，每个都与他能够供养或者获得的多位妻子居住在一起，出于嫉妒心，他会保护他的妻子们不受其他男性的觊觎……在原始时代，男性……很可能作为多配偶者或者临时作为单 207
配偶者生活……在那个时期，他们不会失去所有低等动物共有的最为强烈的那种本能，即对他们的幼崽的爱。”(第 367 页)尽管带有一些犹豫，达尔文以他惯有的直率认可那些与他走上了不同调查道路的作者的结论，但是他相信野蛮人的放荡属于一个“后来的时期，当时人们在智力上已经有所进步，但是本能上已经倒退了”。

必须要记住，两性结合的性质的不同，回应了父权制理论与其对立理论之间的观点分歧，贯穿了整个动物世界；并且在这种情况下，考虑到考古学证据极度匮乏，将动物世界的证据纳入他们的研究似乎是合理的。但当人类拥有大部分动物性的时候，属于最为高等的动物；而这正是达尔文先生的观点如此重要的原因。我们有可能否认或者回避这本书(《人类的由来》)中得出的绝对结论，该书陈述了这一观点；然而，它仍然是一个最为精彩的事实宝库，指出了性嫉妒在动物世界中的惊人影响，随着动物群体规模的扩大，暴力程度也在增 208
强，并且迫使两性联合为群体，这非常类似于柏拉图和亚里士多德所构想的原始人的联合群体。在麦克伦南和摩根以及我们从事的这一领域内也有一些外国学者，他们大多拥有生物学训练的优势，似乎都已经形成了与达尔文先生一样的结论。勒图尔勒（Letourneau）博士对野蛮生活事实详尽且有价值的概述包含了对尚不成熟的现代英国理论的反驳，[4]他清楚描述了原始家庭的性质。"然后，我们的原始祖先在森林中成群结队地游荡，他们都是由父亲（尤其是壮年的）、他的一个或多个妻子、还有孩子组成的小群体；父系的权威形成了临时的链接。"（勒图尔勒，《社会学》，第379页）勒庞（Le Bon）博士（《人与社会》，第2卷，第284页）坚决否认乱交状态可能是人类的最早状态。"在与人类社会最接近的动物群体中，我们看到了多偶制的动物总是唯恐失去它们的性特权，并在或长或短的结合期内竭力防护这些性特权，至少在养育幼崽所需的时期是这样的。"毫无疑问，这是当高等动物强大到足以充分控制性嫉妒时所产生的
209 结果。但是，通过权力来满足的性嫉妒，或许可以作为父权制家庭的定义。然而，如果人类仍然被认为是始于父权制家庭，那么我们如何解释许多令人瞩目的野蛮现象以及初生文明的现象呢？正是麦克伦南和摩根首次注意到的这些现象，并且将其加工成人类原始状况的对立理论。它们所指向的一种绝对乱交的推论必然无法被毫不犹豫地接受，这既是基于达尔文先生的观点，也是因为这种状况所带来的弊端可能会导致实行乱交的社会灭亡或者陷入危险的衰落。但是不容置疑的是，这些现象确实表明两性之间的这样一种关系可能会
210 使得孩子父亲的身份变得非常不确定。在我看来，其解释部分在于达尔文先生的猜想，即这些现象属于"后来的阶段，当人们在智力上进步，但在本能上退化的时候"，部分在于麦克伦南关于原始男性群体中女性严重（他似乎认为是普遍的）缺乏的假设。不难看出，麦克伦南就这一现象所提出原因是一种真正的原因（*vera causa*）——它能够产生影响。我们必须记住，现在人类的绝大部分实施的单偶制（monogamy）（甚至所谓的多偶制种族）与一种基本的自然事实紧密相连，这一事实就是两性数量几乎相等。通过观察，人们已经放弃了曾经普遍存在的关于男性和女性出生优势的无用猜想。观察表明，男女的出生数量是差不多的。与此同时，在现代共同体中，成年女性的数量总体上超过成年男性的数量，由于战争或危险的冒险事业，男性数量减少得更快。但是，为了便于辩论，让我们假设这种平衡会受到严重干扰。让我们假设在一个共同体中，长期以来，女性比男性多得多。毫无疑问，在这样的共同体中，通过某种

广泛传播的宗教戒律，或者来自某个先前年代抑或外部来源的道德规范，单偶
制可以在实质上得以维持；但是，总体而言，我们应当预料到这样的共同体，在 211
它的某些部分，将是多偶制的。再次，让我们提出相反的假设，假设其中男性
人口远超女性人口。再一次，如我们所了解的，建立在单偶制基础上的家庭可
能通过宗教、道德或者法律的有力制裁而被长久保存；但是，人们不会感到惊
讶的是，被目睹普遍存在于野蛮人中的这一习惯，现在或先前都已经确立，道
德和法律已经与社会习惯相适应，甚至在宗教中也能找到对它们的解释或者
辩解。尽管已非现实并且两性的自然平衡已经恢复，但享有这种社会条件的
制度仍有可能存在，因为仅凭制度的存在并不能证明该制度自被环境造就以
来所经过的时间的长短。

既然在人类历史的大部分时期，部分人类已经出现了男女比例的不平衡，
那么这种不平衡在很大程度上就是可能的。麦克伦南对此解释说，众所周知，
杀婴实质上普遍存在，并且只限于女婴。摩根没有接受这个立场，如果主张全 212
人类都是如此，通常认为这是不可信的。但是，我们相信，在不利的环境下，野
蛮人通常会杀死他们较为孱弱的后代。但还有许多其他原因导致了这种不平
衡，它们在历史的晨曦中依稀可见。当我们首次看到一个种族时，其中很大一
部分人都处于运动状态。可能是被敌人压迫，或者是为了寻找更多的食物，部
分可能已经脱离了更大的群体，向远处游荡。没有哪个共同体，当首次被历史
学家发现的时候，可以确定地说他们依然留在了最初的地方。很有可能，在这
些四处流浪的团体中，男性多于女性。有证据表明，在一些太平洋岛屿上，生
活着大量的男性和少量女性，澳洲和美洲的土著居民最初就是以这种人口比
例到达他们现在的家园的，这并不是非常夸张的推测。

不必说，在这种情况下确立起来的制度具有何种特征。事实上，可以说，
澳洲和美洲印第安人的习惯分别对应了麦克伦南和摩根的理论，奇怪的是，每 213
当在其他地方模糊瞥见类似的制度的身影时，往往是在像爱尔兰人那样的最
初由海上流浪者所建立的社会中。两性不平衡的一个更为活跃的原因一定是
战争；我们可以直接承认麦克伦南着重强调的偷窃女性这一习惯的重要性和
意义，只要我们记住，如果有共同体因为战败而失去了他们的女人，就有其他
共同体通过战胜获得了这些女人。我要提醒大家注意一个引人注目的纪念

碑，这块纪念碑记录了这种得失的规模，但它尚未获得太多关注。这是一个埃及碑文，在柏林博物馆的一块石碑的背面，纪念一次征服探险的结果。

> 第 20 行。我派弓箭手在马克亨南（Makhenunem）镇与敌人作战。他们彻底击败了对手，并且制造了一场大屠杀，掳走了所有的女囚和牲畜——505 349 头公牛和 2 236 名女性。
>
> 第 25 行。我在伦巴底王国的首领那里行杀戮之事。他将所有的黄金、203 346 头公牛、603 108 头角牛，以及所有幸免于难的女人都给了我们。
>
> 第 27 行。我派我的士兵去攻打奥罗拉（Arrosa），制造了一场大屠
> 214 杀，掳走了所有女人。
>
> 第 29 行。我从马基舍克特（Makhisherkert）掳走了所有的……男性？所有的女性。
>
> 第 32 行。我对那些跟随塔马克利夫（Tamakliv）首领之人进行了大屠杀。我带走了他们所有的妻子、所有的马匹和 35 330 头公牛。

在这一长长碑文的所有内容中，只有一行可以被认为提到掳走活着的男性，并且那个部分的解读是存疑的。根据其他古代战争的记录，让我留下的印象是，毫无疑问，部落胜利的一般规则是只带走女性。男性或者逃跑了或者被杀死了，而女性可能还有孩子则免于一死、代之以奴役，这似乎正是希腊将军在战争前夜对希腊士兵所做著名劝诫的核心内容。

我认为，自人类出现在地球上以来，在不同时期的人类社会的局部出现女性相对男性的人数锐减，这是很有可能的。必须进一步承认，如果只是为了把在这种情况下必然会产生的性嫉妒控制在一定范围内，达尔文所说的智力的进步将会导致男性建立与这一两性比例相符合的制度，如果没有限制，就会导
215 致暴力和流血事件的持续。必须承认的是，此种制度的倾向是以一种在生物学家和父权制理论看来非常不同于男女两性最初结合的方式来安排群体中的男性和女性。但是，如果无法说出人类的哪个部分遭遇了两性之间的这种不均衡，如果我们无法否认广大操着雅利安人和闪米特人语言的男性群体中的

一些部分可能在某个时期有过这种经历，那么就可能会被问到，坚持以父权制理论来表述人类的原始团体有什么用处呢？我的答案是，有着最大的用处；除非让我们所有人都明白父权制理论中所隐含的一切，否则就不可能理解麦克伦南和摩根无法解释或者没有完美解释的众多现象。

首先，父权制理论认为权力，强者的权力是最早产生亲属关系概念的群体的主要形成原因。相反的理论假定，权力在很长时间内中止了。就这一点而言，我现在只想说，除了注意到这种假设不可能成立外，权力是我们所知道的新形式的亲属关系的唯一来源。这是一种特殊的权力形式，法学家们称之为主权（sovereignty），它创造了现代亲属关系，我们称之为国籍（nationality），它 216
使我们可以谈论英国人、法国人、澳大利亚人和美国人。其次，父权制理论假设权力行使的动机是性嫉妒。相反的理论则假设性嫉妒在很长时间内中止了。现在基于充分的证据，当然有可能相信，造成阿喀琉斯之踵和奥赛罗痛苦的激情最初并不为人所知，或者被环境的抵消效力所中和，但是如果人们曾经相信这种激情，它在人类道德力量和智力活动的巅峰时期是作用于人类的最为强大的力量之一，也是他本能中最难以控制的一种，当他身上的动物性仍然占据优势的时候，在我看来，最近观察到的所有现象都表现得与观察者所看到的截然不同。

于是，当社会考古学的研究者面对以权力满足性嫉妒的方式构成的家庭是现代起源的或是鲜有发生的这两种理论时，他会非常严格地审查提交给他的证据。[5]他会谨慎地接受关于野蛮人的陈述或者对制度体系中的“残存物”的 217
解释，初步（*primâ facie*）看来这些与观察到的人性事实不符。

他承认这是可能的，他也注定要如此承认，即一部分人类在某个时期组成群体，其中女性要比男性少得多，并且认可这种女性的稀缺很可能导致了通过女性世系来追溯亲属关系的制度，他会看到一些理由，表明产生这些制度的条件一般来说不只是暂时性的。在相当长的一段时间里，女性人数少于男性的部落相比于那些两性人数基本均衡的部落而言居于更大的劣势。它很可能无法孕育后代，可能是因为疾病，当然也是因为母亲生育的数量相对较少。

同样，他也比近来的调查者更好地理解所有获得一定程度的尊重的社会，如果我可以这么表达的话，最终是如何恢复到他所认为的家庭的最初状态的。

在麦克伦南和摩根的著作中，最令人不满的是他们对于父权制的叙述。摩根似乎总是认为该制度是通过民众投票引入的。麦克伦南明确提出，它产生自
218 推定的父亲给予推定的孩子礼物的习俗。但事实是，一股强大的自然力量必然始终并且仍然在对这些异常的社会形式产生作用，它总是倾向于让每个共同体中最为强大的那部分人组织为群体，这就容许承认父亲身份，放纵父母本能。因而为何当家庭重新出现时，它不是作为现代家庭出现，而是作为一个混合了亲属关系和权力的家庭出现，以及为何家庭经常表现为贵族的制度，而不是奴隶的制度，甚至依附者的制度，这些问题的原因就在这里。

他也意识到了这种曾经作用于我所说的社会阶层的巨大的情感力量的本质，难以相信通过一系列完全相同的改变它们恢复了全部或者大部分的原初状态(condition)。他会相当怀疑恢复的阶段是无限多样的。因此，他对麦克伦南学派和摩根学派之间的许多或者大部分的争论点无动于衷，而是倾向于认为，并非只有两条修正和发展的道路，而是有着诸多修正和发展可能，每一种都在朝着自己的方向推进。据我所知，在有记载的社会历史中，没有什么可
219 以证明这一信念是正确的，即在这个完全没有文字记载的漫长的成长岁月中，类似的社会结构变革在各地相继发生，即使不是同时发生的，也是彼此一致的。一股强大的力量深植于人性之中，永不停歇，从长远来看，无疑会产生一个统一的结果，尽管伴随着为了生存而进行的严峻斗争，具体情况也千差万别。但是最令人难以置信的是，这种力量的作用从头到尾都是一致的。

最后，如果我们认为论据和证据的分量倾向于支持人类社会始于父权制(或者独眼巨人的)家庭，我们不仅不会认为难以置信，而是认为很有可能某些幸存至历史时期的共同体并未摆脱他们最初的状况。“在大多数希腊城邦和罗马”，我在《古代法》(第128页)写道，“长期以来，都残留着一系列不断上升的群体的遗迹，国家最初正是从这些群体中构建而成的。罗马人的家庭、家族和部落可以被视为这些群体的类型，对它们所做的描述，使我们不得不把它们想象为从同一个原点开始向外扩展而形成的一整套同心圆。”其基本群体是通过共同服从于地位最高的男性尊长而结合到一起的家庭。家庭的集合形成宗
220 族或家族。家族的集合构成部落。部落的结合构成国家(commonwealth)。我们能否自由地遵循这些迹象，从而主张国家是由一个原始家庭的祖先的共

同后裔联合而成的人的集合？由此，我们至少可以确定，所有的古代社会都将自身群体视为源自同一个原始种群。是否有必要假设这样的社会在此之前经历过一个乱交的阶段，并在此后多少被改变，这取决于它们所处的环境。如果它们遭受女性匮乏之苦，那么在社会发展的任何一个阶段，诸如一妻多夫以及通过女性来追溯亲属关系的现象很可能会出现。但是总是有一些男性共同体必然更强大、更聪明、更幸运——相比其他部落，更少动机来杀害他们的女婴，并且更成功地掳走其他部落的女性。先前之所以会对种族分支中存在乱交的证据提出质疑，最大的原因在于它是最成功的，因此它必然是最强的种族之一。当然，公正地说，我们不能否认这一证据的某些部分的重要性，也不能否认这种可能性，即这一种族的一些走得最远的分支或者一些采用了它的语言但比它更为野蛮的共同体在一段时间中也陷入了一定程度的乱交中。但整个 221
问题必须由并不太充分的证据优势来决定。唯有弄清楚问题是什么。我近来用下面一段话来表述这个问题：[6]“人类最伟大的种族，当他们首次出现在我们面前时，正处于或接近一个发展阶段，在这个阶段，只通过男性来界定亲属关系。他们正处于这个阶段；或者他们正倾向于达到这个阶段，或者他们正在离开这个阶段。其中的许多种族，在某些偶然情况下，通常是罕见的或间接的，在继承上给予女性和女性的后代一个位置。现代调查者的问题是，分配给她们的这个地位究竟是一个更为古老的野蛮状态的残留，这种野蛮状态现在在野蛮种族中也得到体现，即完全通过女性来追溯亲属关系，还是说，它是源自受到各种因素影响的‘父系’亲属关系——仅仅通过男性追溯的亲属关系的结果。”在此所讨论的“影响”（我已经在其他地方表明）在罗马法中是衡平法的影响，在印度教法中则是宗教的影响。

我还要对一个主题再说几句，该主题现在获得的重要性和关注度几乎完全归功于J.F.麦克伦南先生的努力。他是“外婚制”和“内婚制”术语的创造 222
者；前者表示完全在特定部落圈子的界限之外嫁娶的习惯；后者表示在那个圈子内嫁娶的习惯。事实上，某些古老的种族将他们的通婚禁令延伸至我们的禁婚亲等表的狭窄边界之外——也就是说，理论上无论如何，他们禁止一个男人娶任何一个与他自己有着相同祖先血统的女人——这一点对于印度教法的研究者来说并不陌生；但是，麦克伦南先生是第一个指出这些禁令在野蛮社会中广泛流行之人，他也首次指出了这些禁令与野蛮种族中通过女性计算亲属关系的制度之间的联系之人。对于麦克伦南先生的这些与其社会进步理论紧密交织的发现，我必须做出的第一个评论是，在我看来，并不确定的是，“外婚制”和“内婚制”两个术语可以直接彼此对立。有没有社会不是同为“外婚制”和“内婚制”的呢？让我们通过研究古罗马法来修正我们的思想，这是我们一直希望去做的。一位罗马市民在一个根据我们自己的禁婚亲等表追溯的近似
223 圈子内缔结的婚姻都是无效的；此类婚姻的子女就是私生子。但是，一位罗马市民与一位女性结婚，此女并非罗马市民，也并不属于备受重视并且明确授予可与罗马联姻的特权的共同体，这一婚姻也是无效的，不能生出合法的婚生子女。因此，罗马社会既是外婚制的，也是内婚制的，既有外在的限制，也有内在的限制。双重规则也见于印度教法。一名印度教徒不得与属于同一“哥特拉”(*gotra*)* 的女性结婚，同一部族的所有成员理论上都被认为来自同一个祖先；但是他必须在自己的种姓内结婚。因此，这里又有外部和内部的界限。我并不认为，这一争议点可以通过关注大量已经被表明拥有扩大的“外婚制”的野蛮人部落的证据来证明。事实上，我认为长期不受关注的外婚禁令所引发的兴趣，忽略了人们结婚的外部界限；我希望能够极力主张，这一主题需要重新调查。我自己尽管并非该领域的专业调查者，也已经不断发现外部的或者内婚制的限制的迹象。因此，在中国，存在具有亲族关系的大团体，每个团体一般都具有相同的族名。这些团体是“外婚制”的，没有男人会娶一个与自己拥
224 有同样族名的女性；人们对这一事实已经做了很多研究。但是作为现场调查中国社会现象的一群认真的调查者中的一员，杰米森(Jamieson)先生发现，他们也是内婚制的。表面上看，他们是内婚制的——他们拒绝与任何周遭部落通婚；在内部，他们是外婚制的，他们拒绝与任何拥有同样姓氏从而表明具有同一血统之人结婚。(《中国评论》，第 10 卷，第 2 期)

这些限制，无论内部的还是外部的，仍然可以在文明程度最高的西方社会中识别出来。一方面，通过法律来实施“外婚制”。一名男性总有一些他不得与之结婚的近亲属。一部分是基于生理学的考虑，另一部分是基于宗教的考

* 在印度教社会中，它广泛地指从一个共同的男性祖先追溯其父系血统的印度教氏族。一般来说，哥特拉形成了一个外婚的单位，同一个哥特拉内被禁止通婚，否则被认为是乱伦。——译者注

虑。但是宗教和生理学在禁婚亲等表的范围问题上并未达成一致。另一方面，规定男性和女性结婚的外婚制或内婚制的限制大多是由于风气或偏见的原因而形成的。在英格兰，尽管未被完全掩盖，但它仍有微弱的痕迹。在美国，由于对白人和有色人种的混血的偏见，这一点（或许）会更加明显。但是在德国，超越禁忌的婚姻仍然会导致剥夺世袭的封号；在法国，不管所有正式的 225
制度是如何规定的，贵族与平民（彼此通过语助词“de”来进行大致区分）之间的婚姻仍然相当罕见，尽管并非闻所未闻。可以补充的是，教会一再放松禁止近亲属通婚的“外婚制”规则，以避免一个伟大的欧陆家族的成员不得不逾越他结婚的外部界限。

我有一个特别的理由来详细叙述这一点。外婚制在麦克伦南和摩根的体系中都扮演着重要的角色（尽管名称不同）。两者都认为人类发展的一个确定阶段是以一个群体的出现为标志的，摩根名之为“宗族”（gens），麦克伦南则称其为“外婚制的图腾亲属”（exogamous totemkin），这是一个由男女亲属组成的团体，通过他们身上的共同标记来互相通婚并且证明他们的亲属关系。就迄今为止在美洲和澳洲对这个群体所做的实际观察来看，它更像一个性群体（sex），而非人类的其他群体。它不能自我繁衍后代，除非与其他类似团体相结合，因为男性找不到妻子，女性也找不到丈夫。因此，如今它是一些更大社会群体的一部分。但是，尽管我可能尚未清楚地认识麦克伦南的概念，据我理解，他认为这一群体是独立的原始群体的发展形式，他认为这些原始群体是男 226
性和少得多的女性同居乱交，因此与旧理论假定的父权制家庭或独眼巨人家庭非常不同。杀婴造成了女性人数的减少，结果造就了从其他群体中偷窃女性的习惯，这种习惯仍然被普遍视为野蛮人婚姻特征的掳掠形式所见证。在这种习惯的影响下，“外婚制”的习俗逐渐形成。另一方面，尽管摩根相信两性最初是同居乱交的，但他似乎并不认为他们的数量是非常不平衡的。他认为原始人很早就发现了近亲繁殖的弊病，人类社会的所有早期变革都是不断努力防止这些弊端的结果。因此，（正如我所理解的）他相当不幸地称其为“宗族”（外婚制的图腾亲属），但它不是一个原始群体，而仅仅是更大的男女乱交的部落社会的一个分支，其形成是为了限制近亲繁殖。

由于我已经给出的原因，我不想站在摩根和麦克伦南一边，但在我看来，

如果做进一步的调查，应该能揭示一个外部的“内婚制”血亲圈子和内部的“外
227 婚制”血亲圈子的普遍性，它部分地借鉴了摩根的发展理论，该理论当然比麦克伦南的理论更容易理解。对于摩根的理论，我只接受该理论是对外婚群体最初形成的解释，以及该理论将外婚群体视为更大共同体的分支，为了限制近亲繁殖的目的而形成。这一假设的直率的反对者们感受到的困难似乎是原始人不太可能做出任何这样的生理学发现。如果近亲繁殖确实是有害的，在他们看来，其真实性与人类对其认知的古老性相悖。事实上，这并不一定是真的。生理学家对于禁婚亲等表并不认同。一些人无疑会大大地扩张亲等表，但是另一些人则否认它们所防范的弊端是严重的。但是，我想，人们忘记了摩根的断言是建立在外科和医学都不存在的时代，一个在此之前，根据希腊传统，普罗米修斯发现了切碎的草药并将其用于治疗人类疾病的时代。随着现代医学资源的丰富，近亲通婚的害处已经减少至最低限度或者可能受到了怀
228 疑。但是，我认为，对于一个野蛮人而言最珍贵的东西，我们应该称之为一个好的体质；这样的一个体质在出生时获得，不会轻易得病，或者通过自身的免疫防御能够轻易地战胜疾病。因为在这些人中，一旦染上疾病，就无法人为治愈。因此，即使外婚制给孩子们带来的好处现在是微不足道的，它对原始人类来说也可能是无价的。我不明白为什么那些发现火的用途并选择某些动物的野生形式进行驯养和蔬菜栽培的人不应该发现体质不好的孩子是近亲生育的。如果听天由命，这样的孩子真的很虚弱，严格的自然选择过程将会迫使人们注意这一事实，影响到个人或部落。正是这个过程产生了那些奇妙的发明，使得植物杂交并且产生更健康的蔬菜品种，这是最近科学界观察到的。但是如果这个过程不受控制地作用于人类，我应当想象到他们最早的情报会使其注意到它的运作。应该补充的是，最早抗击疾病的认真尝试似乎已经采取了预防、培训和习惯养成的形式，而不是现在所理解的治疗方法。

229

评注与例证

评注 A

安德曼岛民

在我的一部早期作品(《东西方的村落共同体》)中，我对那些被赋予最重

要意义的野蛮习俗的大量证据的难以令人信服的特征进行了评论，并且把其中的一些说成是“旅行者”的故事，因而招致了一些批评。我将对这些证据（此后有了相当大的改进）的观察与我对印度政府官员在从事对印度仍然数量众多的土著种族的管理时对于野蛮习惯所做的批判性调查的期待相结合。这一期望已经充分实现，我将举一个例子来说明一组结果。

我猜想，如果有一个共同体，从远处看或者偶尔看，似乎比其他共同体更能构成野兽和人类之间“缺失的一环”，那就是安达曼群岛的居民。《印度政府（国内）档案选集》第 25 卷的序言提到，“很难想象还会有人的文明程度低于安达曼野蛮人。该序言写于这些岛屿最终成为一个罪犯服刑所在地之前。他们 230
的风俗习惯并不为人所知，这证明他们没有宗教或政府，并且他们对与其他任何种族的接触都极度恐惧……一个如此野蛮的种族的传统不太可能揭示其起源。”现有的少量证据似乎充分证明了这一不利的判断。更为古老的东方的记录将岛民描绘成食人族（这一指控现在看来没有任何依据），而在 1795 年的《亚洲研究》(*Asiatic Researches*)中，科尔布鲁克上尉(Lieutenant Colebrooke)提到了他们：“安达曼岛上居住着一群或许是世界上最不开化的种族，比我们所知的任何种族都更接近自然状态。他们一丝不挂，女性有时候会在腰间戴上流苏，这只是作为装饰之用，因为即使没有流苏，她们也不会表露出任何害羞的迹象……男人狡猾、诡计多端，而且善于报复。”卢伯克(Lubbock)引用了其他类似的权威的说法，（《史前时代》，第 4 版，第 451 页）“安达曼岛的岛民似乎完全没有羞耻之心，他们的许多习惯如同野兽的习惯一般……婚姻只持续至孩子出生并断奶，”贝尔彻(E.Belcher)爵士引用了圣约翰上尉的说法，“男性和女性通常会分开，各自寻找新的伴侣。”

安达曼群岛现在是印度政府的主要罪犯服刑地点，岛民们已经被置于英国的管理之下。一位英国驻印度的公职人员曼(E.H.Man)先生发表了一个建立在实际观察基础上的非常有趣的报告（《人类学研究所学报》，第 12 卷，第 1 期，第 69 页，以及第 2 期，第 13 页），这篇报告中最强调的一点是女性的端庄。甚至是在有另一人在场的情况下，她们也不会更换她们的树叶围裙。另一点是已婚 231
女性的贞洁。“从他们（岛民们）对美德（端庄和道德）的尊重来看，他们要优于文明种族中某些等级的人。”婚姻是一个定义明确的制度。“直至双方成年，才能结婚，新郎从18岁到22岁，新娘从16岁到20岁，"单身汉和未婚者被安置在一个大型的普通住宅的两端，已婚夫妇被安置在中间，父亲身份得到了彻底认可；孩子出生时，父亲通常在场。岛上没有乱交的例子。

存在酋长的统治，其权力在他们妻子的身上得到了体现。"酋长的妻子"享有许多特权，特别是如果她已为人母，并且，鉴于其丈夫的地位，她统治着所有年轻的未婚女性，以及并不比她年长的已婚女性。曼先生(Mr.Man)说，"在社会关系中有着相互的情感，孩子们被教导要慷慨和克己忘我。对朋友和访客要表现出尊重和热情好客，这一义务自最早时期起就给他们留下了深刻的印象。每一种关怀和考虑都给予所有阶层，给予幼儿、弱者、老人和无助者。"

我的印象是，没有任何一个主题比共同体中的性别关系更难以获得可信的信息，如果该共同体与调查者本身所处的共同体差异极大的话。对其所作的陈述容易受到两种非常强烈的感情——羞耻感和滑稽感的影响，而他自己几乎总是从错误的角度来看待陈述的事实。就这一主题，如法国这样处境和文明程度都与我们接近的国家的社会状况，也几乎有数不清的幻想正在英国流传。

注释

1. 参见莱尔爵士(Sir A.Lyall)的论"氏族和种姓的形成"的论文，现为其《亚洲研究》(*Asiatic Studies*)的第四章；另参见本书第八章的评注A，论"宗族"。

2. 欧里庇得斯，《斯托布斯选段集》(Frag. Stobaeus)，77，p.455——

> 不过，要知道：
> 珍视你是我永远的原则，母亲；
> 这是正义的要求，也是你生我的回报。
> 然而我亦珍视那生我于世之父，超过任何人；
> 这是我做的决定，你不要怨恨；
> 因为我出自他，没有一个男人会自称女人之子，只会自称为其父之子。

这段话与《希吕斯》(埃斯库罗斯的欧芬妮〈Eumenides of Æschylus〉)中的一个更为人所知的段落相似，在这段话中，阿波罗作为俄瑞斯忒斯的支持者，辩称他与他杀死的母亲克吕泰墨斯特拉(Clytemnestra)并没有血缘关系。在我看来，这一论点完全是生理学上的，而非考古学上的。阿波罗就像今天的一个疑难案件的支持者，诉诸于最新的生理学。站在对立方的复仇三女神宣称被踩在脚下的"古代规则"，是那些符合公认道德的规则，正如我们可以从上述片段中的前几行中所见到的。

3. 一位著名的在世的生理学家(卡本特博士)在废除奴隶制之前拜访了西印度,清楚地记得种植园主努力为黑人组建家庭,因为他们容易陷入乱交,从而导致不孕不育,由于禁止奴隶贸易,生育对于奴隶主变得重要。应当补充的是,除了病理上的弊端之外,如果是因为男性人数远超女性人数而导致的乱交,也同样会导致不孕不育。只有在非常不同寻常的情况下,少量的女性才会生下与父母一整代人数量相当的后代,无论男女。

4. 这些事实和其他事实证明了,现在企图形成精细的、严谨的科学的法那样的社会的法是多么的不成熟。搜集事实、将其分类,小心适用一般理论,并进行修订:这基本上就是勒图尔勒在社会学论文中的做法。要向当代社会学家反复提出“像蛇一样狡猾是一种美德”这个建议(第 322 页)。

5. 参见本章评注 A,“安达曼岛民”。

6. *Vide*, Chapter V. above, p.149.

232

第八章　东欧家族共同体

对科学的考古学而言，没有什么比观察仍然处于野蛮状态的雅利安族社会的机会更具有价值。近年来，那些被全然摒弃于文明圈外的野蛮人的习惯，已经为人细致地观察和比较，一些极富智巧与趣味的论断也由此得出。但是这些习惯与我们自己文明源头的关系至今尚未得到令人满意的解决。现今文明社会的早期习惯部分可从他们的记录、他们的传统，尤其是从他们的法律中予以发掘。但这些只是所有证据资源中最不可靠之处，在历史幻化为诗歌，传统演变为传奇，而明确的法律则被含糊地视为习俗的地方，野蛮的雅利安习惯和原始的非雅利安习惯之间的联系得以建立，如果它确实存在的话。我们最
233 需要的，是训练有素的观察者对一些野蛮或半野蛮的纯雅利安血统的社会共同体的实实在在的考察。

印度对早期制度的研究做出了重大的贡献，在结束本篇论文之前，我希望能够表明，最晚近的是最重要的。印度高等种姓的社会和家庭生活中的许多内容无疑对应了社会发展的数个阶段，而西方最早的文明共同体只是在其历史长河衰退期才出现的匆匆过客。但是，印度的社会事实的价值存在着一些严重的缺陷，它们的显著之处存在着相当大的局限性。在印度发现的大量的古代习惯是非雅利安的。无疑，确实存在着大量真正的雅利安蛮族的遗迹，但是要将其与那些非雅利安族的蛮习明确分开并非易事，而且真正的雅利安成分在某种未知的程度上已经发生了转化。一个与西方宗教失去亲缘关系的宗教一直在不断地渗透并改造着它，而此后英国统治权的影响力也不断地对其产生影响。无论对印度的观察具有何种价值，它们目前并未对那些研究西方
234 社会原初形态的欧洲历史学家产生预期的影响力。对于一个取自如印度教徒这样遥远，并且与雅利安族的亲缘共同体（sister-communities）分离已久的民族的习惯的社会成长的例证，人们显然持不信任的态度。

在我看来，对于原始社会制度的研究者而言，对任何领域的调查，都不像经过明显改造的伊斯兰教制度遍及曾经的文明世界那样意义重大。在所有现

在或不久前仍处于伊斯兰教徒统治下的国家中，古代社会组织的各种奇怪的并极其有趣的形式不时显现，如同被埋葬的城市又从火山灰或熔岩中挖掘出来那样。但这一评论仅限于为穆罕默德信徒所征服的共同体以及向他们进贡、但并未转而信仰伊斯兰教的共同体。基于科学的考古学的目的，改变信仰皈依伊斯兰教的一群人，因为从其改宗的那刻开始，他们所使用的民法同时也是宗教法，现在仍只能解释为宗教法。在现在的调查中，为早期的制度研究运用最多的那部分古代习惯，就现代术语而言，我们应称之为继承法和婚姻法。但是一个采用了伊斯兰教继承法的社会已经处于这样一个继承规则体系之
下，它可能包含了一些雅利安习俗，但从总体上而言只能被看作由对神圣文本 235
文字的严格推断所组成。这一规则体系按社会等级安排继承人，不像那些已知的修改过的或未修改过的雅利安习俗，此外它还是一个极其明确地按份分割财产的制度。另一方面，在初期的雅利安人习惯中，在亲属死亡时获益的，并非个人，而是一个亲属集合体；这正是因为该群体的构成及群体内部的财产转移模式，可能反映了一些生活中更为古老的集体享有方式，对今日的无遗嘱继承的规则具有如此深刻的影响力。此外，仍然遵循着雅利安习惯的野蛮的雅利安人通常不仅是一夫一妻制的，还是（用麦克伦南先生的极为恰当的术语而言）外婚制的。他有一张范围非常广泛的禁婚亲等表。但是，伊斯兰教徒不仅是一夫多妻制，而且还是内婚制的。也就是说，其法律允许关系较近的亲属通婚。在印度，细心的观察者已经发现，由伊斯兰教所允许的相对的通婚自由是伊斯兰教作为一个劝诱宗教而获得成功的秘密的一部分。它向皈依者提供
了一份贿赂，使他们得以从婆罗门婚姻法的无比恼人的束缚中解脱出来。 236

但是，在那些为穆斯林统治却未曾皈依伊斯兰信仰的共同体中，占统治地位的伊斯兰教的作用在于固定它们原有的状态。它们中大部分的社会组织为现实的或拟制的共同血缘所聚合；它们可能从未达到比这更先进的组织形式，或者——更可能的是——穆斯林信徒的征服可能并非只是抑制他们的文明，而是事实上可能使得它们中的一部分重蹈了部分他们从原始野蛮状态的起点逐步发展的过程中已经经历过的道路。但是，当这些群体一旦按照人所共知的亲属或部落联合体的模式组织起来时，在伊斯兰教政府中，出现了许多加强它们赖以聚合的纽带的趋势。基督教社会的成员非常不愿意进入伊斯兰教法

院，他们非常重视他们自身的法院。此外，建立在血亲关系基础上的生活共同体总是包含了遵守法律要求的共同责任。因而伊斯兰教统治者的财政勒索给予了亲属团体将税收负担安排给尽可能多的人共同承担的强有力的动因。伊
237 斯兰教政府自己也感受到了维持集体责任而非个人责任的好处，因而他们倾向于赞同这些自然团体的完整，正如中世纪的法律书籍中的法国封建君主对以群体方式生活的(living *au même pot*)维兰共同体的存在表示赞同那样。伊斯兰教政权也间接地延迟了此类群体所遭受的自然解体过程。对这些原始共同体的主要瓦解力量是战争和商业。前者把它们扯得支离破碎并使碎片四散，而后者则通过创造财富不平等来分解他们；(迄今为止)对于贫富悬殊的兄弟而言，再也没有什么比作为一个整体聚居一处更为困难之事了。但是伊斯兰教政府大体上维持着和平，并且通过它的作为及不作为，通过其非正式的税收，通过其未能提供便利的交流模式以及未能实施纯粹、常规的司法，它推延了资本的积累或者说使其停滞。

对位于欧洲的土耳其诸省更为细致的考察近来已使得多项目标得以达成，它向我们揭示了雅利安族最古老的制度中一个几近完美的例子——它可能也是除了家庭制度外最为古老的制度。在土耳其帝国的属地上，家族共同
238 体(house community)并不罕见，因为在所有南斯拉夫人中都可以发现它，但无论南斯拉夫人是正处于或曾处于穆斯林统治之下，还是像(南斯拉夫联邦的)门的内哥罗人那样，终其历史都在与穆斯林政权进行持续不断的斗争，其家族共同体都以最为完整的形式出现。这些家族共同体的重要性很容易为我极为冒昧地称为社会和政治胚胎学的研究所理解。它们是一种活生生的制度形式，与我们非常接近并且经常更为接近，它暗示而非揭示了众多文明国家最为古老的记录。罗马法向我们提供了无需检验便可从文明回溯至野蛮状态的唯一可靠的路径，它向我们展示了以独立家庭形式组织起来的社会，每个家庭都由家父(paterfamilias)——家族的专制首领所统治。但它同时也展现了一些没有被全然忘怀的某些仍然共有财物并且可能曾经共同生活过的相互关联的家庭联合体的制度遗迹。这些联合体的痕迹在法律上有所表现，在宗教上更为明显，但实际上，在罗马法史中，它们都是已死亡的制度。在家庭之外，罗马人中还出现过没有专有名称的群体遗迹，即父系亲属(agnati)或者父系亲族

(agnatic kindred)，它是一种完全按照男性世系组织的相关的亲族共同体，曾 239
处于或很可能曾处于同一祖先的父权之下。此外，在父系亲属之上，还存在着另一个更为广泛的群体，其起源已湮没于历史之中，但罗马人自己相信其组织形式和父系亲属类似——也就是说，只按照从一个真正的共同的男性祖先开始的男性世系来确定。这就是宗族。没有什么比发现这些在罗马法中已经不复存在的群体，作为一种集体形式的团体，仍然存活于习惯中更有趣了。毋庸置疑，南斯拉夫人的家族共同体与或这或那的较大的罗马群体、与希腊的宗族(γένοs)，凯尔特的氏族(Sept)，条顿的家族(Kin)相对应。它更接近于印度的数代同堂的大家庭，后者本身是一个尽管极其脆弱但仍然活生生的制度。它以哪种方式与某些野蛮的家庭的联合体相关联，两者有何相似及相异之处是个问题。对此麦克伦南先生和路易斯·摩根先生所进行的极富趣味的研究已经深深地吸引了我们的注意力，但终有一天，只要生活中的野蛮群体和雅利安群体得到充分的研究，我们将会得出一个更为清晰的结论。[1]

15 年或 20 年以前，斯拉夫人的制度已经开始引人关注，它们极有可能被 240
证明是连接地球和人类长久以来被断然分离的两个部分——东方和西方的桥梁。俄罗斯的村社共同体被视为是印度的村社共同体，如果说还有什么比东方的耕作群体更古老的状态的话。但在村社共同体中，共同的起源和亲属关系的纽带是微弱和模糊的，尽管人们仍可于语言中，并且在某种程度上于感情中认识到这一纽带；这一模式也经常为具有很强现实感的拟制所模仿。相关联的家庭不再将它们的土地看作无区别的共有基金——它们已经将其分割，至少它们定期地将其重新分配；有时甚至这一阶段也被略过。它们在通往现代土地所有权的大道上奔驰着。但是在印度的数代同堂的大家庭中，罗马式的父系群体完全地存活下来——或者，更恰当地说，若非英国的法律和法院，它就会存活下来。在此存在着一个真正的、完全确定的共同祖先、名副其实的血亲关系、共有的财产基金、共同的聚居。印度的数代同堂的大家庭，除了现在维持的世代较少以外，与南斯拉夫人的家族共同体完全一致。在诸多国家
中所发现的这些古代群体的分布是非常值得关注的。北斯拉夫人或俄罗斯人 241
拥有村社共同体。家族共同体则为南斯拉夫人、克罗地亚人、达尔马提亚人、门的内哥罗人、塞尔维亚人以及现在的斯拉夫化的保加利亚人所特有。另一

方面，在印度，数代同堂的大家庭和村社共同体通常并存，有时则为复杂的共有关系捆绑在一起。但即使是在那里，人们也观察到，数代同堂的大家庭更多的地方，村社组织就较为薄弱，村社共同体也较为稀少；这一点在下孟加拉(Lower Bengal)的例子中非常明显。

家族共同体是家庭的延伸：数个甚至许多个相关联的家庭的联合体，它们以共居或群居的方式共同生活在一起，从事一份共同的职业，并由共同的首领统治。规定这些制度的法律或习俗近来已由一位杰出博学之士对此进行了细致的考察，其著作仍因不幸的语言之幕而模糊不清，语言已成为斯拉夫文献与我们这代英国人之间的障碍。本文将多次提及博吉西奇(Bogišić)教授之名，
242 因此，现在我们至少应当对其进行一些书面介绍。他是拉古萨本地人；他最后的著作由位于阿古拉玛的科学院出版；他是敖德萨*大学的教授；他编撰了门的内哥罗法。对于他的研究成果，我仅能通过部分德语节译以及费多尔·德梅勒(M.Fédor Demelie)对其部分内容所作的摘要而探知一鳞半爪。在我看来，没有什么能比它们更富启发意义。它们向我们表明，正是以这种方式，在雅利安族的原始的部落社会中，当人们所组成的小群体被吸收进更大的集合体中时，人际关系以及人们的理念被修正，大群体和小群体都分别为血缘共同体所聚合。它们因而向我们揭示了处于萌芽状态的政治权力：首领由家庭首脑转化而来，国家正是起源于家庭。它们有权享有我即将描述的近来对印度所作的调查同样的地位，后者对于野蛮状态中较进步种族状况的理论而言是具有最高价值的新材料。

看来在所有南斯拉夫国家中，自然家庭，正如其名称所示，似乎是与家族共同体相混杂的。一个“自然家庭”意味着一个由仍然在世的父辈的后代所组
243 成的群体，而一个家族共同体则是(几乎不变地)源自一个共同的已去世的祖先的所有家庭的联合体。这些自然家庭并未如我们所希望的那样受到细致的检查；在观察者眼中，它们与家族共同体没有什么不同，这些观察者似乎对于是较大的群体还是较小的群体更为古老，并更应当被视作人类社会起源的细

---

* 俄罗斯欧洲部分西南部城市，在黑海中的敖德萨海湾。据说为占据消失于公元3世纪至4世纪之间的古希腊的一个殖民地，敖德萨是作为鞑靼要塞在14世纪建立的，于1764年交付土耳其，在18世纪90年代又为俄国占有。它是主要港口、海军基地及休养胜地。——译者注

胞的争论并不了解。但我自己无疑认为，从各种迹象来看，这些家庭通常由最年长的直系尊亲进行着专制的统治。不仅法学家，所有在南斯拉夫国家旅行过的人都会注意到南斯拉夫人对于年长者不同寻常的尊敬。“不尊敬老人，就无法获得拯救”是一句塞尔维亚谚语。而另一句斯拉夫格言则说道：“父亲是其子的俗世之神。”一句没那么崇敬的格言则说道，“魔鬼所知甚多的原因在于其长寿千年。”更令人信服的证据由博吉西奇教授观察到的事实所提供，即南斯拉夫人，像罗马人那样，在父系(agnatic)与母系(cognatic)亲属关系之间保持着清晰的区分，他们将两者分别界定为通过大血结成的亲属，以及通过小血结成的亲属。因此，一群拥有共同祖先并只通过男性后代(自然的或收养的)相关联的人是大血亲(kinsmen of the great blood)；当他们也包含女性亲属的后代时，他们是小血亲(kinsmen of the little blood)。对父系亲属关系的认可 244
有力地证明，父权现存或一度存在于共同体中；在现在不存在父系亲属关系的地方，可能曾经出现过父权，但是，在至今仍存在父系亲属关系的地方，几乎必定存在父权。[2]因而，家庭和家族共同体之间的关系正是我们在印度所观察到的家庭和数代同堂的大家庭之间的关系。当家庭没有因为孩子们的离开而解体时，膨胀扩大为家族共同体；共同体(尽管在印度并不经常如此)则分裂为独立的自然家庭。这一过程，就我们所见到的证据而言，可能从无法追忆的远古时期就已经开始进行了。

家族共同体，被发现与自然家庭相混杂，并经常源于后者，它远非是父权专制的；它们极为清楚地表明，当家庭于家长死亡时不但没有解体，反而聚合 245
在一起并且迈出了向一个国家演变的第一步时，父权的削弱就出现了，这也正是我所坚持的观点。共同体乍看之下受到了相当民主的而非专制的统治，事实上，这取决于观察者的观点，取决于他将其政府认作民主的、贵族的还是君主制的。该团体的任一成员都拥有利用共有资金供给食物、居住以及穿衣的绝对权利。相联合的家庭的每个女儿都有权利在结婚时获得嫁妆；每个儿子将妻子引入共同体时都有权为其妻争得份额。兄弟团体(brotherhood)中的所有男性成员在其政府中都有发言权。亲属大会(skuptchina)通常每天召开，往往是在工作结束后的晚上，在共同聚居地附近的一棵树下。共同体的所有事务在那里被讨论，就理论上而言，每个人都可加入讨论。但是，通常是老人们进行争论；正如我曾提及的，南斯拉夫人将权威赋予长者，这就使得老人的意见比他们个人的意见有分量得多；在很大的共同体中，通常是各个家庭的成年
246 领袖出席大会。所有这一切恰恰都与我们所知的遍布雅利安世界的贵族统治的开端相一致。但我们应当牢记，如果联合体为军事性的，无论老者还是少者都很可能变得无足轻重，理事会（council）的权威将属于成年战士，武装起来的战士是最为重要的。

但是，在另一面，共同体的政府是君主制的，无论何时，其最为重要的成员是家族首领（house-chief）——多马钦（Domatchin）。在与其他人或成员交涉时，他代表整个联合体。联合体所有事务的行使由其掌握：他负责每日任务的分配；他主持共餐并分配食物；他谴责过错或违法行为；他总是被致以最为恭敬的语言；当他进入时，所有的人起身相迎；没有人能触摸他的头或当着他的面抽烟；只有在他出现时或宣称他将外出时才能举行娱乐或庆典。兄弟团体的理事会并不监督他的行为，但他被期望将重要的案件呈交理事会，并且当新的管理原则被设定时，理事会的司法管辖权被付诸实践。应当声明的是，共同体的女性并不直接处于他的权威之下；由族母（house-mother）来分配她们的
247 工作，但只要可能，族母都是家族首领的妻子，并且总是服从于他。

任命家族首领的方式极富趣味，并且有力地阐明了许多我们在古代王权史中所遇到的问题。政治胚胎学的研究深入探讨了在环绕于初生的王权四周的微光照映下所见的事实之间的表面矛盾。有时，首领或国王的职位看似完全经由选举产生，其取得完全取决于个人的适宜度；有时它又似乎是世袭的，但在那时，是由前任的兄弟还是长子继位仍是非常不确定的；通常，该职位只限于男性担任，但在各处，女性都有可能在某些情况下成为女王。近来已有人对于这一现象做出了极其巧妙的解释。然而南斯拉夫家族领袖的选择制度，尽管也表现出了同样明显的不确定，但同时也表明它产生于一个非常自然的并能为人所理解的原因——产生于情感与必然之间的冲突，产生于对血缘的极其强烈的尊敬之情与无法更改的事实所带来非常清晰的压力感之间的冲
248 突。首先，首领由兄弟集合体选举产生；但是兄弟团体大多一位拥有共同祖先并通过长子继嗣的家庭的成员。它倾向于选择最后一位首领的长子，但是对于年龄的尊敬以及将经验作为生存之战中的成功手段的价值观，也通常促使

它选举上届管理者最为年长的兄弟。偶尔出于对个人能力的重要性的激赏，它也会选举一位女性作为首领——她在这种情况下非常不同于在族长的领导下管理女性的族母。选举一位女性担任领袖的做法并不像那些首次观察家族共同体的旅行者们所设想的那么普遍，很可能他们未能辨清族母所享有的权威的两种形态。但无疑，一位女性有时不仅凌驾于其他女性之上，而且还凌驾于共同体的所有男性成员之上，且无论何时发生这种情况，其原因都在于她特别适合担当此任。我所参考的权威著作提到的一个典型案例是一个共同体财政收入的相当大的一部分来自由众女士所管理的女子寄宿学校。当然，无需此类原因即可选择一位女性统治的情况在原始时代，或者甚至在历史的破晓时分就已经实行了。对早期的女性继承君主和贵族身份的解释无疑是当时的环境允许不受约束地尊重血统的要求；男性都已去世，就由女性继承，而不是 249
引入一个新的血统。但是，这些斯拉夫现象暗示，即使是在原始的军事性的共同体中，一名女性所拥有的杰出能力也可能战胜其性别缺陷，可能时常会有一名黛博拉（Deborah）* 或一名阿尔特米西娅（Artemisia）** 像族母统治家族共同体那样统治部落。应当注意的是，有时选出的女性是前任首领的寡妻，在其丈夫在世时，她分享了他的权威，尤其是对家族的女性成员的权威。

所有这些家族共同体的通则似乎是从事联合体的生意所必要的股本或资金不能被转让。这种可转让财产的性质不断变化；因此，对于一个栽种葡萄的共同体而言，发酵桶就不可转让；对于从事蒸馏酒的联合体而言，蒸馏用具适用同样的原则。但是绝大部分的家族共同体只从事农业生产，显然这些共同体的习俗所不允许转让的财产非常接近于较古老的罗马法中的要式转移物（res mancipi）：也就是说，它包括土地和耕牛。我自己在其他文章中也时常提出，罗马法置于财产最高位阶之物很可能是对于一个农业民族最为重要的物 250
品；尽管我们仅仅知道罗马的要式移转物在某些环境下是不可转让的，转让所要求的非常复杂的仪式暗示了它们一度构成了古代拉丁耕作共同体不可转让

* 女子名，旧约中的一名法官和先知，曾帮助以色列人战胜迦南人。——译者注

** 女子名，卡里亚（位于安纳托利亚西南部）国王摩索拉斯（约公元前 377—约前 353 年）的妹妹及王后。国王死后，她独自主持朝政 3 年。她在首都哈利卡纳苏斯为丈夫修建了宏伟的摩索拉斯陵墓，为世界七大奇观之一。她以研究植物和医学闻名，植物中的“蒿属”（Artemisia）就是以她的名字命名的。——译者注

的股本的一部分。但这些新近在东欧所观察到的事实提出了一些新观念，不仅仅是关于要式转移物的，更与其他就技术上而言次等的财产类别——略式转移物有关，在罗马法中，后者包括一切不属于要式转移物的享用物。数年前，我自己曾推测，那些未被列于最受保护物品的物件看似被置于一个较低的等级，是"因为人们对它们价值的认识晚于较高级别的财产种类已被确定的年代。最初，它们是不为人所知的、稀少的、有限使用的，或者只被看作特权物品的附属品。"我仍然认为这种对略式转移物的描述很可能在原始社会的某些阶段是真实的，如果最后一段话，"特权物品的附属品"被理解为与劳动工具相区别的产品的话，我认为它们对与斯拉夫的家族共同体最为相近对应的古代世
251 界的社会阶段而言也是真实的。或许有人会设想，最早的耕作共同体仅仅是自足的；它们从未转让过自己的耕地工具，并消耗了自身劳动所得的所有土地出产的果实。但是当出产变得日益丰盛，当和平的间隙日益增多，当共同的市场逐步地建立，经济力量将开始更为积极地运转，而略式转移物，作为交换获利的商品，就会在获得更高地位方面迈出第一步。领地内所有盈余出产都是略式转移物，如果不储藏，就会被交换或卖掉。我们可以从斯拉夫人的例子中看到，高等种类中的一些物品，也可能在本地偶然被当作低等种类中的物品那样处理。罗马的要式转移物——土地、奴隶、马匹以及牛群无疑是原始的农业经营者所认为的无论何时何地都不可转让的物品，但很可能罗马当局是在脱离了原始时代以后总结这一习惯的。一个饲养牛群的共同体会把牛看作显然可交换的，甚至一个农业共同体在一开始也已把不可转让的牛限于那些作为耕畜的牛。

252 特有产(peculium)——少数分离出来的牛——是罗马人允许给予儿子或奴隶的可独立财产的名称。在罗马法中，没有比将特有产置于家父或主人的权威之下更持久稳固的原则了，如果他选择实行这一制度的话；而独立地持有特有产，即使是儿子，也仅仅是在很晚期的立法中才受到保护。这些斯拉夫习惯以及斯拉夫共同体的经历使我们相信，兄弟团体的成员独立地持有财产在其他社会中比在如罗马那样有着非常严格的核心原则的社会发挥了重要得多的影响。特有权似乎总是一股积极的瓦解力量。它在某种程度上对罗马人生效，但对于印度人，它是瓦解数代同堂的大家庭的重大原因，它对南斯拉夫的

共同体似乎也具有同样的摧毁力。当家族共同体处于其原始自然的状态中时，并不存在特有权：它在门的内哥罗全无踪迹；在那里存在的支配性观念是，因为共同体对其成员的不良行为负有责任，它有权获得他们劳动所得的所有产品；因此这些共同体的基本原则，如印度的数代同堂的大家庭那样，是一个远离其兄弟团体所在地从事工作或贸易活动的成员都必须向共同体说明他的利润。但是，和在印度一样，这一原则的各种各样的例外正不断产生；其中最古老和最广为接受的例外似乎是，由极其危险的冒险活动所获得的财产独立 253
地属于冒险者。因此，即使在门的内哥罗，征战所得的战利品归掠夺者，在亚德里亚海岸，远程海上贸易所得的利润从远古时代开始就已经由这些兄弟团体中的航海者所保留。但据观察，不愿上缴个人所得是一种正在处处得势的情绪，并且，与其他一些我后面将会提及的其他一些原因相联系，共同体的瓦解成为普遍趋势。无疑，它是开启从血亲关系的旧世界向经济关系的新世界的转换的那些具影响力的原因中的一个。

在野蛮的雅利安人的原始群体中的女性的状况是一个需要进行更为充分和更为详尽的讨论的论题，这超出了我现有的范围。但在众多值得单独论述的要点之中，我仍将简要地指出其中的一两个。(a)南斯拉夫人的家族共同体，如同印度的数代同堂的大家庭那样，主要是一个男性共同体。女儿们有权结婚并由其供给嫁妆，在任何儿子结婚前，会采取促成她们婚姻的措施，但是在极为罕见的分割股本的情况下，她们无权分享股本。(b)目前，她们在选择 254
丈夫的时候获得了一定程度的自由权，但是在南斯拉夫国家，如其他地方那样，存在着许多童婚的遗迹。直至不久之前，一个东欧的基督教女孩在幼年时期就订下了一门不可撤销的婚事，尽管并未结婚。(c)联合起来的亲属们从外部带入共同体的妻子可以保留她们的嫁妆作为其独立的财产或特留份，一定数量的钱财或动产（许多此类习俗可追溯至古代的“晨礼”制度）可以为她们独自拥有，不仅独立于整个集体，而且还独立于她们的丈夫。(d)在一些家族共同体中，这些财产和嫁妆，无论是妻子于嫁妆外单独保留的财产（parapherna）还是嫁妆（des），都如同印度的私房钱制度（stridhan）[3]那样，按照一条独特的继承链为女性继承人所继承。

和所有尽管仍然处于一种野蛮状态，但都未曾采用伊斯兰教制度的雅利安种族分支一样，南斯拉夫人将他们的妻子从相当遥远的外部世界带入已经实现社会化组织的群体中。在原始的军事状态中，他们无疑将大胆刚毅的性格、充沛的体力以及在生存斗争中的相对成功归功于这种“外婚制”；目前，同
255 一个家族中如此之多的男女共同生活成为可能，据说仅仅是凭借他们的信念，即任何男女亲属之间的结合是乱伦。南斯拉夫人的禁婚亲等表范围极其广泛。每个要求得到教会特许的婚姻都被认为是声名狼藉的；尽管教会法学关于禁止族内通婚的规则得到了相当程度的遵守，但通过一种独特的计算方法，它的实施变得过于严苛。南斯拉夫人对于在土耳其法院中进行诉讼的厌恶主要是由于这些关于族内通婚的观念所造成的。伊斯兰教，如我前述，是一种“内婚制的”宗教；它源于其闪族传统，一种相当有限的禁婚亲等表；因此土耳其法院，尽管并未明言适用伊斯兰教规则，对于信仰基督教的斯拉夫人认为是由乱伦的结合而生出的婚生子，通常承认其合法性。没有人会对斯拉夫人就关于其女性的案件作为诉讼人进入土耳其法院的厌恶之情感到惊讶；但无疑，他们所指责的土耳其法官适用的一些原则，与我们的观念而非与他们的观念有着更多的共通之处。除了对族内通婚以及合法性问题的抱怨，博吉西
256 奇教授认为斯拉夫人也厌恶将源自伊斯兰教的规则适用于女性的财产继承。根据伊斯兰教法，无论何地，子女都一起继承，女儿享有儿子所占的一半份额。而家族共同体的习俗在因死亡或其他任何原因而分割共同基金时，排除了女儿的份额。根深蒂固并非常古老的观念是未婚的女儿仅仅有权得到维持生计的财产，而嫁妆则是已婚的女儿所能得到的一切。

我在此提到麦克伦南先生称之为“外婚制”和“内婚制”的习俗主要是为了唤起人们注意，即借由多方面的惊人的拟制而世代相传的关于外婚制的优势感以及族内通婚的劣势感与东正教在这一点上的教条相契合。有人认为，迄今为止在因共同血统的假定而结合在一起的古代社会中所观察到的每种拟制都可在东欧基督教的斯拉夫人中找到。亲属关系首先通过收养而人为地创造出来，在这种情况下，家庭或家族共同体的被收养的成员为了各种目的而被同化得与自然亲属毫无区别。整个亚家庭（sub-family）被嫁接到家族共同体上；
257 个人被纳入亚家庭；有时老人、与兄弟团体没有血缘关系的陌生人被允许在联合家族的长者中占有一席之地，人们不再强求或期待他们从事劳动。通过自

然亲属的死亡或者移民而被接纳进入家族共同体的个人或家庭在事实上并不
具有自然纽带，这似乎是斯拉夫人的收养的普遍状况：我们应对罗马主教大学
所提出的警告予以关注，即对两个家庭的仪式不应当因为贸然轻率的收养相
混淆。但是除了与自然血缘关系具有完全相同目的的人为的收养关系，还存
在许多其他的拟制关系，其存在主要是出于防止族内通婚的目的。其中一些
类似于它们的古代法中有所显示并且在欧洲另一端的凯尔特人的爱尔兰也普
遍出现的拟制关系。因此，养父与养子的关系在他们各自的家庭中创造出了
一种新关系，并发挥着防止族内通婚的作用。教亲关系(gossipred)、精神上的
家族、教父与教子之间的关系，在南斯拉夫具有同样的效果，它曾经及于整个
基督教世界。但是，在东欧有一些拟制的血亲关系，在古代制度的研究中迄今
仍是未知的。婚礼上的伴郎受到一整套规则的束缚，这些规则基于相同的意 258
思限制其与新娘家庭的联姻，仿佛自然而然他已经成为新娘的兄弟。兄弟会
(confraternity)，拟制的兄弟团体——它是对兄弟关系的一种人为创造，正如
收养是对出身的一种人为创造——很可能在这些斯拉夫国家中保留了原形，
这在更为西方的国家，在它变成众多的骑士团的中心原则以前也曾具有过；它
以一种斯拉夫—希腊教会的特殊仪式隆重举行，是一种特别的禁婚亲等表的
渊源。但是我们将会在某些斯拉夫形式的教亲关系或者精神关系中找到这种
将亲属关系在原始观念下人为延伸趋势的最为奇特的阐释。这是对拟制的再
拟制。教父与教子之间的关系模仿了血亲关系；斯拉夫人的教亲关系模仿了
教会的教亲关系。一个生命为另一个人的仇视所威胁之人可能会向对方提议
缔结所谓不幸的教亲关系(gossipred by misfortune)。如果敌人拒绝，即使背
信弃义，将他杀死也可能是合法的。如果敌人接受，他就通过一种精神关系而
变得与其前敌相互关联，并在事实上被迫成为其次子的教父。这些奇特的人
造关系在更广阔的斯拉夫国家，尤其是在门的内哥罗，被发现在化解血仇方面
极其有用。当门的哥罗内的凯普莱特与蒙太古家族*间的刹那和解为朋友或 259
邻居所实现，它通常通过坚持冲突家族的首脑应当在精神上彼此相联而赋予
这种和解以稳定性。教亲关系的和解是众所周知的权宜之计。真相是在这些

* 指莎士比亚戏剧《罗密欧与朱丽叶》中男女主人公罗密欧与朱丽叶家族的姓氏，比喻宿仇。——译者注

人之间仅有的感情不足以在人与人之间构筑坚固、有约束力的关系。如果它要承受住野蛮生活的日常压力，就必须有一个拟制的血亲关系作为其核心。

我认为组成南斯拉夫社会大部分的家族共同体和自然家庭经常彼此转化；共同体瓦解成单纯的家庭的集合，家庭则膨胀为共同体。但是这些群体有时都会以另一种方式瓦解，从对这种瓦解模式的观察中，我们或许可以得到一些启示。当一个自然家庭破裂，毋庸我多言，就出现了我们所谓的继承规则体运行的空间；而在那些处于法典统治下的南斯拉夫国家，举例而言，如那些奥匈君主统治下的国家，法律解决了家庭基金的分配问题，并在某种程度上，解决了亲属们之间的人身关系问题。但是，在那些地方习惯仍然自行适用的地
260 方，如在土耳其，人们共同遵循的继承制度中的一种在我们看来极富趣味。家庭的每个儿子，当他长大成人并结婚，就带着以往法律所规定的在其父亲死亡时传承给他的家族份额，离开他父亲的家族，走向他处，经常是一个遥远的国家，寻找新的财富。可能，乍看之下，没有什么比长子继承权的习俗与英格兰的自由市以及圣经寓言中的回头浪子之间的关联更风马牛不相及的了。然而确切地说，相同种类的习惯是该制度的根源，并且说明了这一故事的意义。家庭财产的分割并不等到父亲去世才发生。希望离开家庭的儿子带着他的份额，走出国门去使其增值或者将其挥霍。仍然留在家里的儿子继续处于家长权之下，侍奉父亲并且从不违反他的命令，但是直至父亲死亡才对其财产的所有剩余部分享有权利。“儿子，你一直跟随着我，我所有的一切都是你的，”寓言中的父亲说道，而这正是古代法律规则的基础。对于哪一个儿子应当待在家里的问题存在着多种多样的习惯。在《圣经》的例子中，是长子。长子继承制，我们知道它存在于我们的法律中，与其说它源于民间毋宁说它源于政治，
261 它来自封建领主的权威，并且很可能可以追溯至部落首领的权威；但是在欧洲大陆的各处都残留着它作为民间风俗的痕迹，在这种情况下，长子的继承并不排除向其余诸子提供所谓的封禄（appanage）*。但古代法律和习惯的证据似乎表明，通常是最为年幼的儿子留在家里，侍奉父亲直至其生命终结，并且在其死时继承其所有遗留的财产，因而斯拉夫人的习惯准确地反映了英格兰自

* 即指国王拨给其幼子的封地、采邑、禄食。——译者注

由市中最早阶段的英格兰风俗。

如果我们综览斯拉夫人的习惯，我们将毫不怀疑家族共同体将自然发展
为村社共同体（village community）。在俄罗斯境内，几乎普遍地出现这种形
式。兄弟团体中所包含的家庭数在此大大增加了。博吉西奇教授认为，家族
共同体很少包括超过六十人的个体，这一规模大大地小于组成一个印度或俄
罗斯村社共同体的人数。但是，随着人数的扩展，出现了各种各样的变化。土
地不再完全由集体耕种，而是在组成集体的各家庭之间分割，小块土地在他们
中间定期地转换，或者作为他们的财产而为其所有，但村社共同体成员享有否 262
决该土地买卖的权力。兄弟团体的关系也大为减弱；各种各样的拟制削弱了
它，如此之多的没有血缘关系的陌生人被接纳，具有共同源头的传统日益模糊
或消失。南斯拉夫诸国的各个家族共同体中的共同家族常常变成一群聚居
者，而村社共同体本质上正是独立的家族的集合，每个家族由其自己的首领统
治。在北部的共同体变得松弛并且人数扩张的同时，南部共同体如此紧密地
结合在一起的原因大体上只能靠猜测；但是在推测伊斯兰教势力与其距离的
远近与此关系密切这一点上，我们有足够的把握。伊斯兰教势力无疑是两种
共同体形式都能留存下来的秘密所在；但是南斯拉夫共同体，与奥特曼统治中
心相距更近，需要一个更有力、更紧密的组织来保护他们的财产、制度以及信
仰，而俄罗斯居民仅仅是偶然地、间歇地为其鞑靼宗主的入侵所蹂躏。在较为
晚近之时，家族共同体对于来自其土耳其统治者的横征暴敛怨声载道；大体上 263
正如法国封建领主促进了近来在法国所发现的家族共同体那样，土耳其政府
促成了它们，其原因在于它们的相对富有，以及因此能为及时支付税款提供更
好的保障。

假定家族共同体的瓦解是一桩憾事，它们无疑在其中找到了自己最危险的敌人。它们必须惧怕的并非野蛮，而是文明。所有对南斯拉夫共同体做过近距离观察的人都悲叹现代法典在葬送或毁灭某些方面所发生的影响。同样毁灭性的影响还可归于在亚德里亚海东岸有效的奥地利旧法典，以及由匈牙利国王引入斯拉夫国家的新法律。我对这些论述深信不疑，因为我经常观察到，印度的数代同堂的大家庭在盎格鲁—印度法律非暴力的运行下无意识地瓦解。看似最为无害的法律格言被证明充满了危险。很久以前我就指出，现

代法律广泛传播的原则，如“没有人能违背其意志而被保留在共同所有制中（nemo in communione potest invitus detineri）”、“没有人能违反其意愿而被迫
264 共有财产”，都与古代的习惯格格不入；博吉西奇教授论述了著名德国法学家普赫塔（Puchta）广为人知的学说的破坏力，即当法律和习惯存在冲突之时，应当用调和两个相互矛盾的法律条款的解释规则来使两者一致。这一观点立即遭到了反对，法律在理论上来自同一个立法者，他被假定为偶尔才会自相矛盾，但是法律和习惯通常源于不同的历史渊源。现代法院执行现代法律的倾向是，简言之，即将家族共同体看作自愿的合伙伙伴，由此推断他们可因任何一名合伙人或任何情况下绝大多数人的意愿而解散。

导致家族共同体解体的纯法律原因为经济原因进一步增强，它现在常常倾向于，如它们很可能总是倾向的那样，侵蚀所有建立在血亲关系上的联合体。兄弟团体中的富于冒险精神并且充满活力的成员总是反叛该团体与生俱来的财富共享。他远走他方，赚取财富，并且竭力抵制其亲戚所提出的将其所得归于共同账目的要求。或者，他很可能认为，他所拥有的共有股份的份额如果由其自己用作商业冒险的资金将会更有利可图。在这两种情况下他都成为
265 一个对兄弟团体不满的成员甚至公开的敌人。正是在此类不满最为普遍的地方，放任这种不满的可能性是最大的。对于斯拉夫国家而言，拥有法典的国家当然是管理得最好的国家。在那里，财富更易于获取，其保留也更容易；在那里，法院也受理此类论争，如果胜诉，这对于家族共同体的凝聚力而言是致命的，因为他们诉之于由文明中诞生的原则，这些原则对于古代自然的人类联合体而言是异质的或未知的。第一次法国大革命有时被指责在法律上留下的最深烙印就是对于财产分割以及在所有权之间划分界限的过度偏爱；有人认为正是这导致了现代的社会主义以及共产主义理论的反动。但是法国法典的这种偏爱，也同为罗马法的特征；事实上致家族共同体于死地的奥地利法典，诞生于大革命爆发前的奥皇约瑟夫二世时期。我确信，该特性与其归因于 18 世纪人们的不满情绪，不如归因于这一时期日益增长的财富以及所有的经济力量的日渐活跃。

北斯拉夫人的法律史看似向我们提供了关于封建领地及以其为基础的各
266 类财产源于更古老的社会和所有权组织的模式的大量信息。但是我相信，南

斯拉夫的家族共同体在发展次序上比俄罗斯的村社共同体更为古老，因此它对于阐明所有历史—法律问题中最困难的问题——封建所有权的兴起，帮助不大。但一个意义重大的论述已被作出，即在奥地利的边疆，在那里家族共同体被安置在负有军事义务的保有土地上，族长的权威具有越来越强的专制特征，有时几乎无法将其与源于共有领土的唯一所有者进行区分。

这些新的斯拉夫素材对于雅利安社会的成长理论极具价值，但也存在一个缺陷；它们是一种长期以来未曾充分暴露于严酷的自然选择过程的部落群体现象。凌驾其上的伊斯兰教政府一般不让他们参与战争或掠夺；如果他们战斗，通常是反对一个共同的穆斯林敌人。幸运的是，现在刚刚可以将它们与另一套新获得的事实进行比较，后者由一位印度观察者从一个几乎没有停止过为暴力所侵扰的雅利安社会搜集而来。事实上，通过对拉其普塔纳(Rajputana)*——拉其普特氏族**(Rajput clans)的家乡的真实调查而获得的这些结果与博吉西奇教授调查结果的对照，如同野蛮但和平的共同体现象与野蛮好战的共同体现象的对照。诸多优秀的观察者从不缺乏在印度工作的经 267
历，但艾尔弗雷德·莱尔(Alfred Lyall)爵士与上述观察者的唯一区别正是他懂得最近的考古研究所揭示问题的本质；因此他被任命为中印度贝拉尔省专员以及拉其普特人总督的代理人这一要职，从而开创了调查印度野蛮时期的雅利安习惯的新纪元。接下来，我将受惠于他现已结集为《雅利安研究》的著作；尤其是该书的第七章，论述了“氏族与种姓的形成”，以及第八章“印度拉其普特邦”。

拉其普塔纳的社会制度是纯粹的氏族制度；社会完全因血缘纽带结合在一起；毫无疑问的是这一社会的核心由仍然处于野蛮状态的最纯正的雅利安人构成。尽管为婆罗门所抵制，拉其普特人声称他们代表了梵语宗教文献中的古代君主和军事种姓阶层——刹帝利(Kchatryas)。拉其普特人的村庄环境，经常处于非常粗陋的状态，在北印度的大部分地区间或出现，对此我们可 268
以给出一种简单的解释。最初作为一个征服的军事种族，拉其普特人似乎在一开始为出身更为卑微的土著部落的攻击所削弱，并最终为伊斯兰教的征服

* 印度西北部一地区，大部分在拉贾斯坦邦。——译者注

** 拉其普特人是一支自称为刹帝利后裔的印度北部民族，专操军职。——译者注

所击败。他们中的一些人束手就缚，成为印度平原上和平的耕作者；但其他人迁入了一个巨大的天然要塞，即如今因这些迁入者而得名拉其普塔纳的地方，在此他们建立了同一种类的团体。拉其普特人的英勇及他们国家的力量长久以来保护他们不向蒙古人俯首称臣，但很可能，他们最大的影响来源于他们对于自身血统及出身的无比骄傲。他们的公主如乌代布尔（Oodeypore）和杰伊布尔（Jeypore）的女儿被阿格拉和德里的皇帝垂涎，视为妻子的最佳人选；与他们的联姻仍然被印度人视为无上荣耀。但他们最为不幸的时刻正是英国征服北印度之时；面对英国的坚船利炮，没有国家拥有胜算，也没有一个王公所统治的国家不向英国国王臣服。

这些拉其普特人的氏族长久以来都被认为极其有趣并且值得最为细致的观察。如我前述，社会现象的杰出观察者在印度已有许多，但不幸的是，就拉
269 其普塔纳的个例而言，对这一现象的解释被一项错误的历史理论大大损害了。已出版的关于印度的最为细致、博学以及有价值的诸书中的一本是托德的《拉贾斯坦邦》（*Rajasthan*），但是作者带着错误的印象写作，他认为最为古老的社会类型是我们所称的封建类型。然而，拉其普塔纳或拉贾斯坦邦的社会并非封建的，它是前封建的或者部落的；我们至多可能在其中观察到一些未成形的封建主义的迹象；因此，托德上校频频参照封建保有权的诸多著名事例是一种全然的误导。艾尔弗雷德·莱尔爵士现在表明我们从这个国家的例子中得到的启发并非封建主义的机制，而是部落形成和发展的方法，雅利安血亲关系发展至完美形式所经历的诸阶段。

经艾尔弗雷德·莱尔爵士的调查和观察，在拉贾斯坦邦，氏族的土地，以及在拉其普特人的氏族影响下的更为广阔的印度国家，有两种力量经常在起作用，即分散的力量和合并的力量。所有这些似乎自远古起就一直在发挥作用了，尽管其中的一些在英国的监管下不再活跃，并可能最终一并消亡。

270 分散的力量主要是战争、瘟疫以及饥荒。战争，在英国治下的诸邦，表现为劫掠的形式，但是瘟疫和饥荒顶多得到了某种程度的控制。“众所周知，”莱尔说道，“从历史上看，并且从现今小范围的经验来看，饥荒、导致大面积抛荒的入侵、瘟疫以及所有重大的社会灾难，将东方社会的框架撞得粉碎，并且使得碎片四处飞散，如同种子那样，在别处扎根。”显然有些具有真正共同血统的

氏族也是土生氏族，仍然占据着他们最初占据或者作为一个整体迁入的地方；但是许多这样的亲属圈已经被并且仍在被打破，他们中的所有人或者一些人已经被驱赶到他们可以避难或生存的地方。外来户（fuidhir），或者离散之人，在中印度与在古爱尔兰一样普遍。但我们不应假定，最初的亲属关系在观念上如同在事实上那样分崩离析。每个逃亡者或移民仍然保留了关于其祖先的记忆，部分来自血统的骄傲，部分是因为他保留着族内通婚的习惯，并且认为将子女与禁婚亲等表内的人通婚是乱伦。因此，无论他在何处定居，他都会成为拉其普特人宗族（γέos）或氏族的新源头，新的血缘关系圈的中心。其结果 271
是产生了一个与我们在古典历史的开端所遇到的极其相似的社会结构。如现在所见，逃亡者一度被置于一个新的与之实际居住相邻的家庭所形成的关系秩序之下，但他并没有从他的天然的亲属关系中解放出来，正如罗马或雅典贵族那样，无论定居于罗马土地（ager Romanus）还是阿提卡领域内的任何地方，仍将自己认作其显贵家族或者贵族部落的一员。

在我看来，这些分散的力量很有可能对雅利安族较北分支的古代部落组织发生了作用。但是，如果允许推测的话，我应当说它们只在一个更小的规模内生效。战争很可能在罗马和雅典的先驱者中和在拉其普特人中一样血腥和频繁，但是瘟疫和饥荒在热带地区更具有毁灭性。因此逃亡者被驱赶得并不那么遥远。但是定居在阿提卡的特定位置的雅典家庭有时会被原有的部落驱逐这一点并不比后来一个雅典市民应当把他自己视为毫无希望地放逐于科林斯或迈加拉*的人更令人信服。为了了解人类社会最为古老的情况，所有的 272
距离将被缩减，我们必须，这么说吧，从历史望远镜的另一端来审视人类。

人们仍然在思考，一个移民或逃亡的拉其普特人，除了维持与其自然血统的部落的联系外，也与同处一地的家庭产生新关系。在此，为了理解艾尔弗雷德·莱尔爵士所观察到的一些最为有趣之事，我们必须关注他所作的关于纯正的和不纯正的部落的区分。

一个纯正部落是一个血统部落，通常生活在一起，生活在同一片乡土之地，并且拥有真正的族谱。这些部落按其固有的方式建立。“但是”，艾尔弗雷

---

* 希腊中东部古城。它是迈加里斯的首都，是位于萨罗尼克湾及科林斯湾之间的多利斯人的小城邦。迈加拉从公元前8世纪至5世纪是一个繁荣的海运中心。——译者注

德·莱尔爵士说道，“在现代社会，伟大的行动者建立了王朝或者贵族家庭，将建立者的名字按照直接的血统链传承，而在史前时代，具有同样才干的人建立了氏族，其中不仅包括创建者真正的亲属，还包括所有共同参与其事业、共襄盛举者。”拉其普塔纳的所有此类氏族都声称共有一个祖先；很可能甚至那些自称最古老的家系在很大程度上是真实的。拉其普塔纳的文献仍然保留了我
273 们或许认为是其最为古老的形式——世袭的吟游诗人的歌词，颂扬他曾为其荣誉家臣的古老家庭的丰功伟绩。这些诗人的族谱很可能在某一点上是值得信赖的；但是即使是他们中最不具有想象力者，无疑在某种程度上受到了虚构的影响。不仅最初的英雄的创建者的亲属们被提及，而且所有那些在最初的冒险活动中追随他的人也开始被认为是亲属。家系有时因一些无意的错误，有时则因一些有意的或理想化的夸张而被添油加醋，生活在同一时代的族人们被认为属于前后相继的数代。家庭之树的主干不再源自真正的创建者，而被发现扎根于某一位神或者诸神。拉其普塔纳最为妄自尊大的王族甚至伪称其族系来自太阳与月亮，但是一个真正的人类创建者，一个富于冒险精神和成功的战士，通常能够被找到。正如艾尔弗雷德·莱尔爵士所言，一个纯正氏族创建者的典范是大卫——耶西之子，及其苦战的亲属——洗鲁雅（zeruiah）诸子*。

艾尔弗雷德·莱尔爵士的调查最为独创性的成果是他对不纯正的氏族形成方式的论断。在一本数年前出版的著作中，我谈到，由那时可得的证据推断
274 出来的结论是，“并非所有的早期社会都由来自相同祖先的后代所形成，但是所有那些具有任何持久性或牢固性的社会或都是如此传承的，或被假定为是如此传承的。各种各样不确定的原因本可粉碎原始的族群，但是无论它们的构成因素何时重组，都是按照一个亲属联合体模式或原则。”[4]一个不纯正的部落或者氏族并非一个亲属团体，而是一个按照亲属联合体的模式或原则形成的团体。艾尔弗雷德·莱尔爵士极其幸运地看到了这些正在真正形成过程中

---

* 这些均为圣经中的人物。大卫的姐姐洗鲁雅和她的三个儿子亚比筛、约押、亚撒黑，无论在大卫逃亡中抑或作为王统治的时候，都是大卫得力的支持者，圣经的经文中在几个非凡的场合提到这三兄弟的英勇和忠心时，都称他们为“洗鲁雅的儿子”，意思似乎是指他们的伟业与才干，可以追源于他们的母亲。——译者注

的联合体。

> (他说)强盗部落不仅在混乱时期接受各派新成员,而且存在着对因各种突发事件或者不法行为,公共意见或者私仇而被驱逐出稳定生活以及正统生活圈的个体或家庭的持续的征募。对于这些放荡的不受控制的人而言,亲属关系的观念开始再度起作用,并且在群体中再度系统地安排他们。每个新的加入者成为新部落的一员,但是他从未坚持其本源及其习俗,从而在其离开的氏族、种姓、家庭或国家的名义之下建立一个独立的圈子。当一个英国人不得已地定居于植物海湾*或者一时冲动地定居美国西部,通过将其家园命名为其旧国乡镇的名字的方式来维持熟悉的地方联合体之时,一个被赶入丛林的拉其普特人则试图使更为原始的种族回忆永存。

新的氏族通常以这种方式形成,在一些成功家庭的主持或协调之下,并且
总是具有那种与主群(principal group)的内部关系非常相似的社会安排机制。 275
领袖家庭经常由真正的拉其普特移民组成,在这种情况下,整个新氏族将会模糊地声称源自拉其普特人,但是只有在对移民的家系进行了非常严格的检查后才允许提出此类主张。有时成为新联合体核心的领袖只是一群强盗的统帅,但通常人们也会发现,在一两代之后,他的后代将基于一些奇怪且薄弱的理由,要求征收一种拉其普特人税。许多发生在印度的关于神之爱以及关于婴儿时期被偷走的王子或公主的故事,事实上是用以使虚构的家系更为可信;这是许多民间神话卑微而又平凡的开端,对此许多神话作者都赋予其一个更为庄严的源头。但同时,不能假定所有联合体都成功地把他们自己组织成一个氏族。

> 许多未充分发展的氏族在其形成的早期被无数困扰原始人类的灾难

* 塔斯曼海的一个海湾,位于悉尼的南部,澳大利亚东南部。1770年詹姆斯·库克船长曾旅行于此地,船队中的植物学家,约瑟夫·班克斯伯爵,因为在海岸上发现大量奇异的植物群落而将它命为此名。——译者注

> 中的一两个所阻断，……血缘关系已被破坏，家系已丧失，同胞四散追求新的生活习惯以及未经认可的生存手段，寻求陌生的神祇和残缺的宗教仪式。但是破碎的群体像分裂的物种那样再度重组。由于这些团体中的大部分未能成形，或者在它们能够巩固前再度破碎成原子，出现了各个阶
> 276 段的群体的不断地分解和再生，因此我们发现了极其多样的亲属关系……这构成了印度社会的混合物。

对于全然陌生的社会演进阶段，我们最难以理解之处是它的思想状况，对于这一点，我最近在描述古代爱尔兰社会时进行了详细论述。[5]就仍然留存于中印度的思想状况而言，我们所知甚少，对它们的研究也是极为不足和缓慢的。自人类具有思想以来，就背负着这样的疑问，即人们为何彼此关联并且彼此同情，这一问题通过诉诸亲属关系而得以解决。根本的假设是，所有与你没有血缘联系的人都是你的敌人或奴隶。要与一个人以平等或朋友关系相结合，而他并非你某种意义上的兄弟，是一种不自然的情况；如果加以延伸，你的邻居就成为你的兄弟。社会联合中结合在一起的现代理由是你和你的邻居属于同一个领土主权，这在拉其普塔纳及其影响下的各邦是非常新奇，甚至荒谬的。印度的英国政府将领土主权看作人们聚合在一起的唯一原则。乌代布尔的王公(Maharana of Oodeypore)，杰伊布尔和焦特布尔的大君(maharajahs of
277 Jeypore and Jodhpore)都仅仅被加尔各答的外国政府机关看作统治某些既定领土的君主；但是对于中印度所有土著居民而言，他们是血统最纯正的氏族的半神话的领袖，其族长权威来自英雄的或神圣的先人。艾尔弗雷德·莱尔爵士对于在中印度领土主权观念不受欢迎给出了一些惊人的说明。就不列颠政府而言，这一原则将拉其普特人的氏族从压迫中拯救出来，并且很可能使他们免于消亡，因而是可宽恕的；但是血统纯正的拉其普特人对低种姓的马哈拉施特拉邦人或者皈依伊斯兰教的叛教者的附属服从被他们憎恶地视为令人悲泣的不公。我们都听说过，卡梅伦家族和麦克唐纳家族被认为应当服从阿盖尔郡伯爵，不是因为后者是麦克勒姆·莫尔(McCallum More)，而是因为他已由苏格兰国王授予了封建优先权；但是统治众多拉其普特人的印度王公运拖鞋的辛迪亚(Scindiah the Slipper-bearer)和牧羊人霍尔卡尔(Holkar the

Shepherd)在他们看来并非坎贝尔家族的首领，而是来自曾为西部高地的伟大氏族砍柴汲水的奴隶部落的暴发户。

部落聚合过程中的一个更为特殊的原因是，这种安排对于那些出于习惯和宗教的原因而将或多或少有些严格的外婚制视为神圣的人而言是合理而可行的。血统纯正的拉其普特人有一个庞大的禁婚亲等表，但同时也为一个他
必须与其中之人婚嫁的圈子所限定。他必须在自己的种姓内婚嫁；他不能在 278
他的特定的氏族内婚嫁。在为其儿子娶妻方面，他面临着巨大的困难；在为其女儿觅夫方面，他也困难重重。这些恼人的通婚规则对于血统纯正的氏族而言是极其有害的，他们因对这些规则的恪守而被大大削弱，甚至据说正因子息不繁而日益消亡。但是对于移民的拉其普特人而言，与诸多他仍未认为与自己具有真正相同的血缘关系的家庭或氏族结成模糊广泛的部落关系是一个积极的有利条件。借用罗马人的表达方式，他必须在其部落中结婚；他可以不在其氏族中婚嫁。当部落联盟足够明确地作为种姓的替代品，并且当其中的各个氏族彼此独立之时，用艾尔弗雷德·莱尔爵士的话来说，像同一个窗帘卷上的铃铛那样——氏族人口昌盛的机会达到了最高点，并且在生存斗争中获得了一个明显的有利条件。在一开始，它可能和一帮流匪无甚差别，可能深受内部女性稀缺之苦；在这一阶段，各种各样的拟制被用来将偷来的女孩带入部落
之内。在其发展的末期，因为氏族中所有的家庭或家族都已经被看作彼此具 279
有血缘关系，它可能再度受困，并禁止族内通婚。我正在谈论的中间阶段是所有阶段中最令人满意的。

但是这些对不纯正氏族起源的调查的最为有趣的结果是对在其形成过程中起作用的拟制原则的确定。无论如何它都未曾在西方世界之外灭绝，而经由封建贵族和城市贵族的复兴，它又被再度引入了西方世界。它现在所染上的粗俗之名可能使得人们难以理解其原始的重要性，因为它恰好是对一个更好的家庭和更为长久的家系的拟制。在西方，曾经的力量如今成为弱点；但在东方，在那些通过亲属关系结合的社会中，它仍然是一种力量。莱尔对我们所提出的问题的解释，用他的原话来说，是“不同的血统在环境之力下聚合，以最为成功的族群的名义并在其影响之下，试图组成一个部落及部落中的诸个氏族”。我应当观察到，使得拟制尽可能接近事实的印度模式，与世界的这一地

区所采取的任何设计都存在实质性差异。它绝不在于大胆的断言，或者获得
280 通往贵族阶层(nobiliaire)的错误入口。在印度，一个人的社会等级不仅无法通过他的财富或权力，甚至不能通过对他的书面评价，而只能通过他可做或不可做的事情的数量来判断。地位提升中的家庭对特定种类的食物和饮料有着最为严格的节制，严格约束各类行为，对其女儿的婚姻倍加小心，并且每天都一丝不苟地进行家内崇拜仪式。他们雇佣婆罗门祭司和厨师；因此该国的整个婆罗门祭司团体可能会因此支持其以高等种姓而自命。一旦置身于婆罗门教的庇护之下，拟制几乎无法与事实相区分。

这些出色观察的结果是提出一个关于人类较为进步的种族的社会起源和成长的理论，它在某些本质的方面不同于任何迄今已经提出的理论，尽管它与当前的理论中的一部分更为一致。艾尔弗雷德·莱尔爵士赞同卡莱尔(Carlyle)先生所说的"原始社会令人迷惑的丛林来源于许多根基；但是英雄在很大程度上是所有枝桠获取养分及赖以生长的主根"。一个勇猛有力的人，与其亲属及家臣一起，创建了一个氏族。通过成功的事实，这个氏族从一开始就免于性别不平衡所导致的灾难——我相信，这就是那些令人不快的习惯的真
281 正的秘密，新近的理论将其扩展至全人类。由此，它就变成了血统纯正的氏族，拥有真正的家系，从一开始就设定了源自著名的创建者(们)的确定的父系血统。该氏族也可能是外婚制的，或是通过总是成为其战利品的组成部分的女俘虏，或只是因为从远方带来妻子的习俗，但是这增强了该氏族的身体素质，并且使其在生存斗争中占据了上风。此类氏族的形成可能是一些孤立的事实，就我们已有的研究来看，认为此类氏族大批量形成是极其不可能的似乎是言之成理的反对意见。但现在，我们看到有氏族如何作用于其周边的人群。它引起了一个激发和形塑(crystallisation)的过程，由此所有与之邻近的部落和集合或者在其影响范围内的群体会尽可能地向英雄模式调整。最初的人类共同体可能采取了各种形式：就这些调查的目前状态而言，没有政治家会在一度安全并且非常普遍的问题上冒险是相当令人怀疑的。但是许多不同种类的证据表明，在作为人类天性的模仿本能的作用下，原始社会的这种"混合物"在
282 主导类型的影响下开始成形。达到文明状态的共同体似乎已经受到了一种吸引，使得它们被引向一个典范，即血统纯正的氏族，尽管在雅利安人中通常为

外婚制的，在闪米特人中则通常为内婚制的，总是信奉父系血统的纯正性，并且总是将某个神或英雄视作其种族的始祖。

评注与例证 283

评注 A

宗族(gens)

本章正文中与仍然存在的家族共同体多少相关联的古代群体的段落，自其于"19 世纪"首次出版以来已经被作了一些改动。

我们将会看到，就这些调查的现状而言，我既不接受麦克伦南先生，也不接受摩根先生所给出的关于宗族起源的解释。我并不敢冒昧地反对这样的观点，例如，罗马人自己将这个特有群体的历史视作已为他们所知。这个观点可以从人们经常引用的瓦罗(Varro)一书的[《拉丁语》(*De Lingua Latina*)，第八卷]一段文字中推断出来。文法学家观察到在这些言词之中出现了一个明确的"族亲"(agnation)和"宗亲"(gentility)*。名词"埃梅里"**(Ǽmilius)的不同格都源自主格，正如所有的埃梅里宗族(Ǽmilia gens)、所有的埃梅里人(Ǽmilii)都来自于唯一的、最初的埃梅里(Ǽmilius)。因此罗马人把"宗亲"视作在本质上并不与"族亲"有所不同的人们之间的亲属关系。族亲(agnati)是以一个著名的并且被缅怀的祖先为源头的群体，通过男性传承其真正的或者收养的后代；宗亲(gentiles)则是来自一个年深日久已被忘怀的祖先的类似的后代群体。事实上，一些博学的罗马人似乎已经察觉或者想到，这种宗亲关系 284
在某种程度上是拟制的；但是，整体而言，他们将其看作产生于血缘，经由男性传承，来自一个共同的男性祖先的亲属关系的形式。由于在第七章给出的原因，我认为，罗马人关于罗马宗族起源的理论至少是可能的。我认为没有任何理由对此产生疑问，尽管一些宗族很可能原本是拟制的，其余的则是部分拟制的，它们中的大部分从一开始就存在一个真正的父系血亲关系的核心。群簇

---

* gentility 一词来自拉丁语 gentilitatem(主格 gentilitas)，意思是"同一家庭或氏族中的关系"。自 1640 年开始，具有上流社会地位的含义。——译者注

** 埃梅里(Aemilia)世系原名埃梅里亚(Aimilia)，是罗马最伟大的贵族家族之一。这些氏族非常古老，并声称是罗马第二任国王努马·庞皮留斯(Numa Pompilius)的后裔。从共和国初期到帝国时代，其成员担任国家最高职务。——译者注

于这个核心周围的拟制关系的一大特征或许可以从前一章节的后半部分中推断出来。因为艾尔弗雷德·莱尔爵士对模仿真正部落群体所形成群体的模式的描述已被纳入他的《亚洲研究》中，我本该对其做删略处理；但是我予以保留，因为在我看来没有什么比人们一直拥有的模仿天性以及艾尔弗雷德·莱尔爵士所目击的野蛮人对这种天性的实际应用对原始社会更具影响力，却又更为那些将其理论化的人所忽略。

从表面上看，我们倾向于认为人们好模仿的天性只是局限于品位以及个人习惯。但是，事实上，只要存在着成功的，或显著的，或者单纯流行的模式，人们在其发展的各个阶段都会努力地予以模仿。政治模仿的习惯，总是很强大的，并且仍然存在。“给我们一位审判我们的国王，**像所有的国家那样**，”犹太人对撒母耳这么说。（《撒母耳记上》，*I Sam*，第 8 卷，5）“给我们一部像某个特定国家的宪法那样的宪法来规置我们的自由，”是相应的现代的西方的要
285 求。如果任何人倾向于相信整个社会的模仿过程已经不复存在，他应当看一看英国宪法，它曾被比英国人更为文明的人看作古怪的政治怪癖，却在不到七十年的时间里几乎传遍了整个欧洲。艾尔弗雷德·莱尔爵士的观察表明了在社会的野蛮阶段的这种模仿过程的活动。野蛮人会模仿任何成功的或流行的社会类型——部落、氏族、宗族、村社共同体、外婚制或内婚制的规则、弑婴或者殉夫的习俗。而事实模仿的媒介是拟制，有时是最为鲁莽大胆的那种，由此旧秩序不断地让位于新秩序，甚至支离破碎的男性聚合而成的部落也转变成确定的社会形式，此后很可能会认为它们都发源于深深扎根于过去的根基。

重要的教训是，在社会学的调查中，决不可能发现这一类型形成的其他方式。如果一个制度曾经成功，它就将通过模仿的天性扩展自己，这种天性在野蛮人中比在文明人中更为强烈。继之而来的是，没有一种通过假设内部进化来试图解释所有的社会形式的普遍性理论可能是真实的。一个对欧洲历史完全无知的人可能假定英国宪法和比利时宪法，两者非常相似，是经由相似的发展过程而产生的；然而比利时宪法事实上是复制品的复制品，宪政主义的真正生长仅仅能在英国宪法史中寻觅踪迹。

286 如果我理解正确的话，我曾经提到过的那些最为杰出的作者，都认为罗马的宗族及类似的团体无一例外地来自在野蛮人中仍可观察到的更为古老的群

体。在所谓的澳大利亚的起源中，在南北美洲印第安人中，以及在其他地方，但总是在那些稍稍文明的共同体中，我们发现了完全根据女性家长而非根据男性来追溯亲属关系的男女群体。无论他们是在何处拥有人类家系的传统，据摩根先生所说，他们都将其源头追溯至一个共同的女性祖先。他们最为明显的特征，是用某些共同的标记或者图腾来标识其团体，并且同一群体内部的成员从不族内通婚；因此，如我在正文中所言，他们如同同一性别，而不是我们现在所熟悉的任何其他人类联合。另一方面，在我们仍能够观察到的野蛮或半野蛮的数个共同体中，以及在我们仍然能够查明的数个文明或半文明社会的古代史中，另一种群体阶层和罗马宗族非常相像。他们将其源头归于单个的共同的男性祖先，他们只通过真正的或收养的男性家长来追溯亲属关系。此类群体的成员比野蛮群体的成员更为频繁地族内通婚；但有时候他们也不进行族内通婚，从理论上说，总是如此。这就是关于男女亲属属于相同的哥特拉(Gotra)的印度理论，有一些微弱的证据表明在罗马宗族中也一度出现过类似的感情。即使在野蛮人中，也有一些经由男性追溯关系的群体被发现和仅仅认可女性血统的群体相混合；摩根先生坚持前种群体仅仅是后种群体的变 287
形，转化四处发生，既在已经文明化的社会中也在那些仍然处于野蛮状态的社会中。因此他数次形容这一过程为"宗族中的世系从女性向男性转变"，他中立地将这两个群体都称作宗族。

无论事实如何，在我看来，摩根先生之言颇多可以指责之处。这两类群体中的一个并没有真正地继承另一个群体，而是在任何时候都是并存的。在将这些主题理论化时，我们必须小心地避免将思想活动与实质性的现实相混淆。"父系"的宗亲群体，由所有来自一个共同男性祖先并通过男性确定世系的后代组成，开始存在于每个其存续不止一代的男人与女人的联合体中。它们存在是因为它们本质上存在。类似地，由来自于一个共同女性祖先并通过女性确定世系的后代组成的群体仍然存在，它的轮廓可能仍然明晰，如果它值得任何人花费时间去追溯的话。在所有或者部分人类的历史的某个确定阶段出现的新事物，并非与宗族相关，而是与家庭相关。每个出生的孩子必然有一个男性家长，但是普遍的习惯阻止了在思想上将他的存在个体化。在某个时刻，周围事实的一些变化使得人们开始考虑已然在事实上存在的父亲身份；并且进

而，作为其承认的结果，使得人们开始考虑从共同亲子关系中产生的亲属关
288 系。至于导致这种认识的新事实，我所能说的是它们必然会再度给予征服一切的情感力量自由发挥作用。如我所相信的那样，当父亲身份再度出现，它与权力及保护相连，我无需解释这一事实，即那时所认可的亲戚关系是仅仅通过男性世系确定的亲属关系。

摩根先生给予在意识上仅仅关注女性血统而形成的群体和仅仅看到男性血统而构成的群体同样的名称，在我看来，是非常不幸的，因为它掩盖了两者之间的本质的不同。弄清野蛮群体如何能够自存，或者说除了作为一个为了婚姻目的而组织的群体之外，要弄清其他野蛮人群体如何扩展至一个更大的部落共同体是困难的。归属于它的女性所生之子是它本身的成员，但是男性之子与其分离，因为他们属于与自己的母亲相同的群体。但是其他按照从男性到男性的世系形成的群体，不间断地保留了它的男性力量之花，这种力量不断地再造自身。因此它趋向于成为一个自存的军事群体。当罗马的法比安(Fabian)宗族集体攻击维伊(Veii)* 而几乎被灭族时，他们的著名功绩本身是相当可信的。毫无疑问，据说澳大利亚野蛮人有时会长途跋涉去参加拥有同样“图腾”之人的争斗；但是这些几乎没有任何共同利益的人之间的争斗仅仅只是具有同样肤色的人之间的派别之争。同时，我承认我们迫切需要关于这些特定组织影响共同体的实际生活的确切方式的进一步信息；我也遗憾摩根先生的去世阻止了他与我进一步交流他已经允诺要做的关于这一主题的一些
289 调查的结果。关于南斯拉夫共同体，它们中许多共同体的真正起源已经被记录下来或者以其他方式为人所知。由于正文中所提到的诸多限制，他们由源于同一男性祖先，并且按照男性确定世系的后代构成。

我已经提及，在我看来，在由野蛮社会的生活与习惯所开启的新兴调查领域中的工作之人都受到了一种以思维活动代替物质现实的诱惑。众所周知，摩根先生认为以大类划定亲属而不考虑亲等的野蛮习惯——如一个男人的父亲和他的叔叔被一视同仁并都被称为父亲，或者将他的兄弟与堂表兄弟归为

* 维伊(Veii)是伊特鲁里亚的一个重要古城，位于伊特鲁里亚(Etruria)的南部边界，距意大利罗马西北仅16公里。维伊长期与罗马敌对，从公元前406年开始遭受罗马的10年包围，最终被摧毁。此战被称为维伊之战，也称为维伊之围。——译者注

一大类并把他们都称之为兄弟——是一种其两性关系与我们所熟悉的关系非常不同的社会状态的遗迹。对于这一类别式亲属关系理论的热切且真正激烈的争论已经发生，人们不时做出各种努力来识别并且发现已消失的婚姻形式。我能否建议人们至少要思考一下，是否所有的或部分的解释可能并不在于对部分野蛮人思想认识的不完美中？麦克法兰博士的名篇《血亲与姻亲关系分析》(《人类学研究所杂志》，第12卷，1)的读者将不会要求进一步的证据证明，对一个具有复杂关系的庞大团体的理解需要巨大的智识努力，即使现在它的成功需要特殊符号的帮助。一些共同体已经通过给予相近的亲属关系以独立的名称来克服部分困难，这就是摩根先生所说的描述制(Descriptive System)；但是难道没有理由怀疑，野蛮的分类归根结底只是一种对数量众多的部落团 290
体进行智力思考的简陋而不完整的尝试吗？它不只是一种通过仅看世代并且消除等级或亲等观念而得到的有关复杂关系的概念吗？对于由数个世代构成的共同体的粗略观察是普遍存在的。它们看起来也很相似，在印度，祭司将生活分为学者的生活、家长的生活和苦行者的生活，而在好战的多利安人的完美希腊颂歌中，人们夸耀他们是战士、某天将会成为战士的孩童以及一度是战士的老人。

注释

1. 参见本章评注A，论“宗族”。

2. 我从与博吉西奇教授的通信中获知，父权在俄罗斯人中比在南斯拉夫人中更强，而在南斯拉夫人中，父权在海边生活的人中比在内陆生活的人中更强。他曾听一个年轻人对他的父亲说：“我们并非在海滨国家，那里父亲什么都是，而儿子什么都不是。”在这些国家的一些地方，儿子婚后不再处于父亲的权力之下；但在这种场合，婚姻似乎切断了与父亲之家的关系(paternal domicil)，这很可能是罗马人称之为解放的过程的最早形式。

3. 印度法中的制度，指属于女性的财产，尤指绝对由她支配、在她未留遗嘱而死亡时归她的后裔所有的财产。

4.《古代法》，第31页。

5.《早期制度史》，第8讲。

291 # 第九章 封建财产权在法国和英格兰的衰亡

尽管第一次法国大革命成为其后一代人关注的焦点，然而搜寻可靠资料并据此对大革命的成因、过程以及特性作出评价的工作却出人意料地处于一时的疏忽与懈怠中。事实上，此类资料浩如烟海，大量地存在于“申诉状”cahier——诉怨报告书中。根据法国三级会议的古有惯例，此类报告书由法国各个基层行政机关送至中央机关即后来的首届国民代表大会(constituent assembly)。然而，直到晚近才有人对这些及其他类似的库存的历史财富进行仔细的研究。据传(我不知道此事是否已付印)，一位著名的德国历史学家得知
292 在巴黎有数捆旧文件自恐怖统治结束以来就一直被尘封于默默无闻的公共救助和安全委员会重建的档案室中时，难掩其惊异之情。“但是，你们有关于大革命的经典之作”，他说，“难道那些作者都不曾翻阅过这些文件吗?”“不曾”，回答是，“其上是1794年的尘埃。”

但是，仍有必要对这一疏漏予以一些解释，尤其是关于“申诉状”。原因之一无疑在于对现象进行总体性解释的偏爱，这已成为法国天才们的硬伤；在法国，对第一次法国大革命思潮作总体性的解释已成主流。而另一个，或许也是最有力的原因，在于它本身与大革命的过度接近。托克维尔(De Tocqueville)是第一位深入钻研“申诉状”者，他的研究表明彻底钻探那座富矿将有巨大的收获。他口出惊人之言，没有一个外国人能够确切领会法国社会某一部分的情感状态。其中，几乎没有一个家庭不曾拥有父母至亲横遭斩首的旧痛新伤；而这种情感状态的结果之一便是坚决反对将大革命的法国与君主制的法国相
293 联系。而其他更多的法国人则将本国政治和社会权利的源头回溯至那个流尽鲜血的年代；由此表现出一种明显的倾向，即认为法国大革命是一场历史性的大灾难，可怕但不可避免，而革命后的社会与革命前的社会之间的承继性并不比在维苏威火山爆发后重生于火山两侧的植被与火山熔岩所毁灭的植被之间的承继性更强。面对不愿寻找大革命在旧制度(régime)中的来源及不愿将其罪行公诸于世的抗拒心态，处于两者夹缝中的科学的历史学的首要条件——

对历史源头的批判性考察被大大地并长久地忽略了。但此后，主要由于托克维尔毕生所从事的对新旧法国之间关系的无价研究所产生的巨大影响，凭藉可靠史料对预设观点进行的修正工作正处于快速地进行中。有两本颇有趣味的书，一本由沙桑(M.Chassin)所著[《法国大革命与封建制度》(*La Revolution Francaise et la Feodalite*)]，另一本则由多尼奥尔(M.Doniol)[《大革命之特性》(*Le Genie de la Revolution*)]所撰，正是对“申诉状”予以重新审视的首批成果；而在新近出版的泰纳(M.Taine)所著的三卷本的《当代法国的起源》(*Origns of Contemporary France*)一书中，他也向我们披露了他的部分研究成果。除了巨大的文学价值外，该书在原创性及研究举证的细致性方面都毫不逊色于托克维尔的未竟之作。多尼奥尔声称大量原始的“申诉状”能在法国 294
国家档案馆找到；但是，尽管其中一些已于1789年付印，我对它的了解范围并不超过多年前由普吕多姆(Prudhomme)和洛朗·德·梅济耶尔(Laurent de Mézières)所出版的部分。

尽管对这些资料的勤勉研究进行得较晚，但已取得了相当大的成绩。一些新的事实已被发现，一些已知的事实更为清晰，一些错误也已被纠正。大革命的诸多事件中至今仍模糊不清的部分如今或许能被更好地理解，其中的一两个应受到特别的关注。除布列塔尼及安茹外，法国各省耕作农民对领地贵族存在敌意已获得了普遍认同，这不仅仅成为导致大革命的一大原因，也是大革命迅速成熟并显示出相对稳定性的主要原因。各省的市镇逐渐在各地建立雅各宾派，被其行动卷入了运动之中，并从巴黎总部获取指示。毫无疑问，巴黎从一开始就是煽动革命的熔炉。但各地农民，通常排除西部各省，从一开始就 295
热衷于摧毁古代制度，他们坚持这一点直至他们的目标达成。农民们的这种普遍的仇恨情感(其影响之一)使国家处于一种使普通的历史解答者迷惑不已的状态。不久，法国变得极度封闭，想要逃离断头台几乎成为不可能之事。有些作者在解释这一点时，归结于罗伯斯庇尔组织警察的特殊天赋；但真相似乎是在起初愉悦地目睹贵族的逃亡后，耕作阶级发现只有将贵族阻留于国内，他们才可能将其送上断头台。一俟发现这一点，他们就组织了自己的志愿警察。这种极端意图无法以一般的理由予以解释。农民对恐怖时期统治者的复杂感情无疑与他们希望保有在法国成为共和国期间所获取的某些利益的愿望有关；同样，更早发生的系列事件印证了这种极其痛苦的情感，并揭示出其后特殊而非一般的原因。泰纳在他名为《自发性无政府状态》(*L'Anarchie Spontanee*)的著作的章节中描述了那些可怕的暴力事件的爆发，它们甚至在 1789
296 年前就已出现，其中有许多都是“焚烧城堡”事件。我们现已确知但以往不明的是纵火者的行为有着明确的目标。[1] 对城堡纵火的目的在于烧毁档案室；而烧毁档案室的目的在于销毁封地诸侯——或者我们应当说采邑领主的地契。这一切或许难以理解，但已作为一个事实而成立。或许一名律师而非历史学家更能明了其含义所在——事实是法国贵族在各地都与农民们进行永无止息的讼争。我们应当知道的是，大多数法国贵族与我们所了解的土地贵族毫无共通之处。他们中的一部分，但相对较少，拥有大片地产；但他们中的绝大部分并无土地租让给他人或不定期地产保有人(tenants-at-will)。大量的小贵族
297 和士绅们——在旧法国自成阶层——依靠向受到采邑领主的公簿土地保有权(copyhold tenure)约束的土地所有者征收微薄的附随劳役金(incidental services due)度日。因此，他们自有其财源，即对公簿土地保有权征收的罚金，自耕农因死亡或售卖其土地而须向领主交纳的地租。他们还拥有某些垄断权，例如农民必须将其谷物送至领主的磨房磨粉，必须将其牲畜送至领主的集市上售卖。他们拥有许多杂乱的难以归类的收入来源，如建造鸽房、豢养鸽群的独有权利，农民们则负有提供饲鸽的谷物之责。在大革命前的半个世纪中，法国的律师们对这些特权的法律基础进行了激烈的争论。一些律师墨守在法国封建主义的鼎盛时期大行其道的法律学说——“没有无领主之地”。秉此原则所得之推论必然认同贵族依传统享有设定封建租税的权利，农民则负有交纳的义务。但是另一派，毫无疑问受到了某种风行于 18 世纪后期的智识阶层的经济学说潜移默化的影响。该派主张领主必须出示其地契，甚至主张没有
298 权利的证明文件，就没有封建权利的合法基础。这两种针锋相对的原则之间的对抗最终演变为数量巨大的讼争，时而领主凭借己方观点获胜，时而又是农民借助另一观点得势。无论如何，领主的地契已变得极其重要，成为农民们欲取而毁之的眼中钉。但后来，它在农民们眼中失去了价值，因为他们找到了宣泄其不平的更好途径。国民代表大会的立法废除了绝大部分的封建赋税，并只对其中的一小部分提供补偿。第二次国民代表大会废除了剩余的封建赋

税，并且取消了补偿。尽管第三次国民大会抱有铲除可恶的旧制度的热切之情，并且其主要参与者——大革命的律师们才是这些法律条款的真正作者，却发现已无可破坏。此后，这些激情被灌注于《拿破仑法典》之中，从而彻底埋葬了法国的封建财产权。通过废除封建赋税而实现的从一个阶级到另一个阶级的财产转移比我们通常所认为的更为重要，并对大革命的进程产生了极其巨大的影响。当大革命不再是一项社会运动，它就失去了绝大部分的精神滋养， 299
其缔造者除去彼此残杀外一无所得。

然而，对“申诉状”的再度审视让我们得以毫无疑问地认清法国农民们的不满性格，由此引发了一些新问题。无论这些不满情绪有多么痛苦与强烈，它们就绝对恰当吗？法国农民与其领主之间关系与其他国家的类似关系的比较是否暗示了法国的小土地耕作者承受了额外的令人难以忍受的负担？

如果我声称第一次法国大革命是因为法国大量的土地被置于公簿土地保有权之下而发生，这听来无疑是个悖论。任何对公簿土地保有权稍有了解的人都知道它无疑是一种土地财产权的极其繁琐不便的形式。但拥有该保有权，与拥有所有财产权一样，与其说是一种不平毋宁说是一种特权。那些再度关注其历史的人可能听说过公簿土地保有权源于对奴隶的不稳定的所有权，在经历了所谓的英格兰古代土地法的消亡及征服者威廉所进行的土地没收后，大多数盎格鲁—撒克逊人已被贬为奴。关于公簿土地保有权起源的通说，或者说大多数律师所学到的那种理论在一本名为《法律的应用》(*Use of the* 300
Law)的小册子中得到了明确的阐述，并被收录于培根爵士的著作集中(斯佩丁的版本，第 7 卷第 481 页)。征服者被描述为通过征服将王国的所有土地(除了教堂和肯特郡的土地外)都收入囊中，从每个人那里夺取所有的不动产、保有权、所有权及其他类似的权利。继而，他再将英格兰的土地分封给他的直接封臣(tenants in capite)，并“保有一些租金或劳役作为自己及其继承人的报酬”；“对于国王就保有制度所制定的政策，王国的显贵豪绅们竭其所能予以效仿”。他们仅保留与其宅第直接相邻的土地或采邑，而将其不动产中“鞭长莫及之地”分给“一些信任的仆佣亲信，使他们能够备有战马，并在他跟随国王打仗时随其出征……这样的佃农被称为骑士役土地保有权人(tenant of knight-service)。他将更小块的土地分配给农役土地保有权人(socage tenant)，他们

耕种领主的部分土地并以此获得收入。至于领土的剩余部分，领主保留给他自己。他用自己的奴隶耕种，并在其采邑法院给予他们应有的占有土地之权，
301 并将之记入采邑法院的案卷；但领主仍有权剥夺这一资格；因此，他们被法院案卷副本称为不定期地产保有权人（tenant-at-will）。虽然最初他们确实是奴隶，但在获得人身自由后，他们即被称为公簿土地保有权人，并拥有传统所赋予的连领主也无法剥夺的特权。”作者又补充道，“采邑起初通过这种方式而形成，并形成惯习即领主必须召开采邑法院，它不仅仅作为领主不时召集土地保有人加以委任之用……该法院被称为男爵法院，于此，人们可以追诉任何低于 40 先令的债务或侵权纠纷；自由土地保有人（freeholder）依据双方基于各自的证据而提出的理由予以裁决。”

《法律的应用》一书似乎被误认为培根爵士所作。培根爵士已在别处表明对于英格兰的制度，他较该书的作者有着更为充分的认识。但就对采邑及公簿土地保有权起源的描述而言，该书作者的见解总体上更胜一筹，这一点也为许多公认的研究公簿土地保有权的权威们所暗示。但它并非完全正确，或许其最大缺陷就在于非真实性。因为，它以一套似是而非的假说掩盖了历史的真
302 实面目，从而扭曲了一些有益的政治经验。此外，它还产生了一个有害的间接影响，使我们看不到制度如同有机的生命体那样，受制于伟大的进化规律。

事实的真相正渐进地，但非常缓慢地为最近的研究成果所揭示。但是，我们竭尽所能也只能表达如下：

西欧在经历了日耳曼人入侵罗马各省、加洛林帝国分崩离析等接踵而至的致命纷争后进入了相对的和平时期。当封建世界最终构筑完成，它呈现出一种与罗马帝国完全不同的不规则的、多变的外部特征。但经仔细观察，所有的封建社会似乎都是同一种模式下的复制品。这种单位由一群聚居于一定范围的土地的人组成，从而形成了我们英格兰人所谓的采邑（manor），法国则称之为封地（fief）。* 对这一群体的误解充斥于托培根之名而作的小册子中，对此我引述如下：作者将采邑整体看作一种财产权模式，将采邑组织仅看作是一种财产权的安排。但从起源而言，采邑或封地不仅是财产实体，也是政治实体，

* manor 及 fief 两者皆为采邑、封地之意。——译者注

与国家和不动产均有类似之处。甚至在其衰亡之时，它仍然保留了一些雅利 303
安人的政治有机体的典型而持久的特征。领主是 βασιλενξ，王，国王。[2] 自由佃
农们是 γερονσία，元老院，理事会。维兰(villein)是人民大众，他们之下则是真
正的农奴(bondmen, the slaves or thralls)，后来的法律语言则称之为准维兰
(villeins in gross)。领主法院或称男爵法院，是古代的村落集会，现在它主要
处理司法事务而非讨论其他公共事项，但后者仍在不断的进行中：由领主主
持，自由土地保有人提议，维兰参与但不享有审议权，类似于《荷马史诗》中的
露天集会。那些罚金、税金及垄断权至今仍侵扰着英格兰的公簿土地保有权
人，并进而酿成了第一次法国大革命，这迫使法国的政治家们不得不在普鲁士 304
开始进行摆脱法国军事专制的自我解放斗争之前及时将其废除。从起源而
言，与其称之为租金，毋宁称其为税金。它们象征了古法所规定的小小的村落
中全体村民所负担的劳役，或源于领主的压迫，或出于与领主的契约；但更多
的来自于规制力(regulated force)，即小小国家的主权。

领主，法国的封建诸侯，须对其采邑中所有的人的行为向其上级及邻邦负
责。他是这一小小社会的管理者与统治者，并听取自由土地保有人的意见。
他是封建法院事务的仲裁者。他并非采邑所有土地的拥有者；但他通常拥有
其治下土地中的一部分。然而，他收入中的绝大部分，也是最重要的部分，由
其下各阶层土地保有人所缴纳的各类税金组成。直接隶属于领主的是自由土
地保有人，他们为领主提供军事及其他荣誉性的服务，也参与解决讼争，主要
是对提交男爵法院的司法或其他事务给予建议。但采邑中最重要的土地，有时
也是最大块的土地，往往掌握在维兰手中。不可避免的是，采邑共同体中该阶 305
层的地位被大大的误解了，直至通过运用比较调查法(comparative method of
inquiry)观察那些将十一二世纪的生活及社会形态保留至今的晚期社会才得
以窥其真容。维兰须就其所有的土地向领主交纳各类税金、提供各式劳役、个
人劳动和其他类似之物；未经领主允许不得离开采邑；未取得领主同意，他们
也不能继承彼此的土地；法律理论甚至规定维兰的动产归领主所有。然而，现
代研究充分表明这些不利条件并不足以证明维兰的奴隶地位。抛开这一点，
一切也能自圆其说。[3] 有些人或许还记得，25 年前，在英格兰人们普遍认为俄国
农奴与密西西比种植园中的黑奴类似，然而他们现在认识到通过 1861 年的重 306

大改革，是农奴而非领主获得了俄国大部分土地。据此，他们或许可以断言中世纪的维兰从来不是严格意义上的奴隶，而一直是某种意义上的土地所有者。

根据我此前描述的典型形式，对王国所作的重新理解并不亚于采邑。法国国王成为全欧洲最为强大的君主，也是地位最高的采邑的领主。诺曼底及勃艮第的公爵、图卢兹及香槟的伯爵均为其自由的土地保有人。他的领地由巴黎及古老的法兰西公爵的领地组成。这些欧陆制度在英格兰得以沿用，但依照惯例，又*有所不同*。早期盎格鲁—诺曼国王们的巨大权力来自于他们绝对不允许任何人，如勃艮第公爵，介入他们及其臣民之间，来自于他们要求臣民们的绝对效忠，因此所有英格兰人都必须服兵役。（弗里曼，《诺曼征服》，第4卷，第694页）采邑团体可以溯源于一种更早的社会形式，一种民主的或者更确切地说是一种贵族统治的人类团体，一种在自由土地保有人之上不存在领
307 主的村庄共同体。[4]我们也可以追溯它逐步解体的过程，直至我们所熟悉的土地所有权形式的形成。我们面临的关键问题在于为什么采邑的衰亡在英、法两国造成了如此截然不同的后果？为什么它的结束在一个国家演变为一场成为历史新纪元的革命？为什么在另一个国家仅成为一种稍稍不便的土地所有权形式？

首先，人们发现1789年的法国农民的保有权与同时期英格兰的公簿土地保有权*在外观上*极其相似，并且存续至今，尽管其范围已经大大缩小。我个人的研究使我倾向于怀疑是否存在一种有确切证据证明的为法国农民所独有，而不存在于英格兰的公簿土地保有权中的劳役。阿瑟·杨（Arthur Young）恰好于大革命爆发前后去过法国，他选择了一些独具特色的法国劳役，但与其中一些非常相像的封建义务已由经1850—1851年间成立的众议院公簿土地保有权特别委员会审查过的数位证人提出。毫无疑问，某些所谓的法国保有权
308 事件暗示了土地保有人的极端衰落，但在英格兰这一状况并未出现，尽管在苏格兰半传奇性的历史中曾发现其踪迹；但后来这些证据被认为极其令人怀疑，而且它的确存在于一些对古老的法国司法术语的意义产生误解的情形中。总体而言，法国与英格兰的保有权具有高度的一致性；并且多尼奥尔万分惊讶的发现——我相信他是其同胞中第一个开始注意到这种一致性的人——所有法国官方宣称的导致大革命的不满在英格兰却不具任何政治色彩。多尼奥尔针

对英格兰现存的公簿土地保有制的缺点设想了如下巧妙的例证:他假设一个来自于英格兰南部的富人为坐落于诺思* 的一处地产所吸引而试图购买。他的律师告诉他北部各郡存在大量采邑,此处地产极有可能是保有权地产。经过进一步询问,他被告知该地产必须交纳任意税(arbitrary fines)** ——古老的法国法所规定的岁入——每当公簿土地保有人去世或者售卖土地时就必须向采邑领主交纳这笔费用;每当领主去世,则必须向其继承人交纳相同数目的
费用。这些任意税一度具有真正的“任意”性。但王室法院很久以前就宣布 309
(除在极特殊的案件中)它们必须是合理的并且不能超过该土地两年的收入。但结果却是每当享有公簿土地保有人(父亲、儿子或孙子)的继承序列中有人死亡或者采邑领主的继承序列中有人死亡,就必须支付该土地两年的收入。因此,多尼奥尔设想的这位自以为是的购买者被警告说他不应当再改进地产使其增值,因为这样做只会提高对这些不测事件所征收的税金标准。他还被进一步警告说,一旦他死亡,他所拥有的个人财产中最有价值的部分很可能被领主以租地继承税(Heriot)的名义攫取;事实上,国家美术陈列馆皮尔收藏品中的瑰宝——鲁本斯(Rubens)的名画《草帽》(Chapeau de Paille)就几乎遭此厄运,而当时许多名贵的赛马则难逃此劫,它们的所有人只是凑巧在领主的地产上拥有一些支离破碎的公簿土地保有权而已。多尼奥尔的律师又继续列举了许多保有制所带来的较小的不便之处。其中一条在法国也引起了农民们的主要不满。一旦领主合理召唤,公簿土地保有人就必须提供一名劳力帮助领
主收割。在旧法国,农民本人前往,在英格兰,公簿土地保有人仅仅失去一个 310
劳力一天的工作量;但领主并没有得益,因为提供给他的劳力所做的工作很少,并且依照传统,他应当获得一顿午餐,这大大超出了他所付出的劳动的价值。

多尼奥尔以询问哪个神志清醒的人会购买这样的财产来作结。他详细描述的公簿土地保有权事件真实存在,律师们对此也很熟悉。其他许多在外国人看来同样奇特的现象也被报告给众议院特别委员会。然而,正如多尼奥尔自己所承认的,在他的叙述中存在着某些谬误。为了便于举例,他假设所有的

* 法国北部城市。

** 也译为封地易主费。——译者注

公簿土地保有土地都负担着这些繁重的劳役。但真相是，这一图景由许多采邑所承担的各类劳役联合构成。或可断言，总体上英格兰南部诸郡的采邑义务无足轻重；在近 5—20 年中它们已经随着公簿土地保有专员们（copyhold commissioners）的行动而在各地大量失效。

能够最终导致英格兰所有公簿土地保有土地以公平的条件进行强制解放
311 的原因绝非公簿土地保有人的不满。如果一定要追根究底，公开但未被明言的答案是享有这种不便的财产权对公簿土地保有人而言也是一种幸事，他们不比只获得时有时无的股息甚至一无所获的铁路公司股东更值得公众的同情。他们很可能被告知，无论其财产权有何缺陷，都已被计算进他或其前任所支付的价格中。解放得以实施的原因归根结底在于公簿土地保有制是农业发展的障碍，并且它是对土地赢利性的一种束缚，正是基于这一原因，它受到了直接惩罚。但应当说，这一推论，至少其说法过于超前。两个世纪前，一位对他人利益并不过分敏感的观察者所描述的公簿土地保有人的抱怨之语类似于送往法国国会的“申诉状”中所记载的法国农民对不公所表达的不满。罗杰·诺思，在他怡人的著作《北方人的生活》（*The Lives of the Norths*）中告诉我们，领主管家吉尔福德通过担任各类采邑的管家来磨炼担任律师所需的技巧，他还引用了领主管家就采邑权利这一主题进行的大量谈话。吉尔福德总是说
312 他发现自己成为采邑领主施诸穷人的残酷行为的执行者；人们世代相传的小块房屋地产被罚金所吞噬；尽管议会取消了王室的直接分封保有权（tenures *in capite*），却从未将本国最穷苦的土地所有者从强取豪夺中解脱出来，保有制必须被废除。这正是法国大革命爆发以前火山所发出的低鸣；但此处又有所不同，即诺斯所同情的阶级相对弱小和贫困，因为他继而又观察了大量在英格兰已经完全或近乎绝迹的采邑。

如果一百年前以农业劳工为主体的阶层，其相当部分为佃农，都由公簿土地保有人组成，他们与采邑领主的关系正如诺思所述，并且如果颁布了均分财产的法律，这些公簿土地保有人将不断扩充其数量，而不与土地相分离，这个国家将出现一种与法国极其类似的农业社会状态。我认为以下观点能够成立，即如果这没有导致类似的骚动，决非由于爆炸材料的缺乏所致。事实上，
313 这类情况并未发生，并且认为英国革命的细微迹象正是肇因于公簿土地保有

人受压迫的观点被认为十分荒谬。那么为何英法两国具有极其相似的表象的封建制度大厦会倒塌成如此迥异的残骸？为何相同的制度使一个国家处处充满不满情绪，而在另一个国家则至多只造成了一种不便？对这一问题的回答又衍生出许多分问题。对其中的一些，如果不大量追溯英国土地法久远而复杂的历史，不使用大量技术性的语言，将无法领悟，但在此对少数问题予以论述并不会有所不当。

造成不同的一个有力原因在于法国与英格兰司法组织的巨大差异。在两国，相当部分的普通法律，与人民大众息息相关的法律，一度由地方法院、采邑法院和领主法院执行。这些法院在理论上由领主主持，但实际上由一名专业的代理人、管家、律师或邑长(*bailli*)主持。法国的领主法院业已绝迹，保留下来的唯一图景是一幅讽刺画，在博马舍(Beaumarchais)的剧本中被称为《费加罗的婚礼》(*Mariage de Figaro*)。然而即使是博马舍的素描也只是一幅描述该法院全盛时期的草图，因此与那些尽管至今仍被召集以处理事务，但其程序的各个部分均显露出极端衰败迹象的采邑法院并不相同。一个世纪前，英格 314
兰的采邑法院与其今日的状况非常相似；但是法国的领主法院仍是一个相对欣欣向荣的制度。英格兰的郡县士绅，也即采邑领主，是在行政上拥有极大权威与影响力的人物；但他的古代司法权已极度没落，他仅有的司法权力源自国王，即担任治安法官。另一方面，法国的领主在行政管理上无足轻重；正如托克维尔所指出的，中央集权的王室权威的代理人已经攫夺了所有重要的行政职能；但其领地法院，尽管也损失良多，却依然保留了大量的古已有之的权力及活动。

两国地方司法权的迥异状况当然应归因于其外及其上的法院的不同举措。在英格兰，威斯敏斯特宫的王室法院经常修正采邑法院的司法管辖权，限制受其支配的土地范围，将其严格限定在特定的案件上，严格地规定它的运作方式。小小的采邑社会的领袖们则长期与他们所认为的篡权行为相抗争。极 315
少的采邑档案被刊印，但在可获得的那部分档案中，你经常会发现领主及其封臣团体(homage，即自由土地保有人大会)制定反对诉诸王室法院的规则。因此，如果我们翻到斯科普(M.Scope)先生的《城堡峡谷的采邑史》(*History of the Manor of Castle Combe*)第239页，就会发现对一名公簿土地保有人因其违反采邑的基本制度规则（communis ordinatio）的罪行所作的扣押的记载："任何佃农不得在外部法院以任何方式或以任何原因起诉，或者为其他佃农所诉。"王室法院不仅漠视这些规则，他们还建立起了如下原则，即领主必须对任何僭越国王权威或其惯有特权的行为作出答复。一些最为著名的限制采邑权利的原则通过这种方式制定；而另一些学说，从其起源而言本该对公簿土地保有人更为有利，例如所有所谓的任意税应当合理，合理标准被认定为两年的收益。王室法院对采邑司法管辖权所施加的最具破坏性的影响可能在于高等法院缩小可追溯至古代农奴保有权下的土地面积的倾向。王室法院要求领
316 主严格证明每块特定土地是公簿土地保有的。因而，自由土地保有权，其正式名称为农役土地保有权，在削弱农奴土地保有权（servile tenures）的情况下得以不断扩大；罗杰·诺思明白地告诉我们，在他著述的年代——也即大约 17 世纪中期——"英格兰的大多数采邑已失地过半"。

威斯敏斯特宫的法院对英国采邑的作用，正如同法国巴列门（French Parliment）对法国封地的作用。在起源上，它们都是国王的创造物；巴黎巴列门的起源如同王座法院那样可以清楚的追溯到古代的王廷（curia regis）；最初，法国巴列门就像英国国王们的法院那样不屈不挠地对抗法国贵族们极其激烈的抗议，并扩展王室法律的权威来取代地方法律的权威。他们不仅运用英国法官使用过的相同的武器来反对领主法院，而且还从罗马法中借来了进攻的特殊工具，即坚持他们有权听取来自所有下级司法管辖权的上诉。然而毫无疑问，这种对抗此后减弱。尽管，如我前述，一种决定性的特别潮流于 18 世纪后半期逐渐来到，然而，总体而言，法国巴列门后来的学说是"没有无领主之土地"（nulle terre sans seigneur）。因此，总是有一种假定，即否认与我们的农役土
317 地保有非常接近的自由的土地保有的存在。恰恰在大革命之前，巴黎巴列门下令当众烧毁邦瑟夫（Boncerf）的著作《论封建权利之不便》（*On the Inconveniences of Feudal Rights*）；该条令无疑证明了大多数法国法官一向积极主张的观点。

法国法律史学家普遍赞同法国巴列门后来对领主的权利和领主的司法管辖权所持有的这种倾向可归因于法国的"法袍贵族"在领主特权中所获取的利益。情感的变化，通常被视为灾难性的，与改革相连，通过此次改革法国司

法会议中的官职可被买卖和继承。从那时起，正如菲斯泰尔·德·朗库热所
观察到的，一名法官几乎总是一位丰厚遗产的继承者；在当时的法国，对财产
的唯一投资是土地或土地利益，所有权既在于对土地的所有权，也在于领主征
收税金的权利。我并不想否认这种观点；然而我要冒昧地提出学习英格兰历
史的学生可能存在的疑问，即是否在所有的社会状态下司法官职的可买卖性
都是一种纯粹的恶。我们对法国巴列门的看法对他们极其不公。事实上，他
们所继承的是在一个立法权与司法权并不截然分开的时代审查法国国王立法 318
行为的要求，并在国王的法令不合政制时，拒绝予以登记。他们并不总是明智
但几乎总是微弱地阻挡横暴的立法行为的努力，极易使我们将他们与那些著
名的与他们有着相同头衔、长期以来一直为英国人立法的人物作不适宜的对
照。但是，作为司法法院，他们极不平常，尤其是拥有许多我们所认为的立法
机关天生必备的独立性。他们构造的真正缺陷即可归因于这种独立性。从极
早之时起与欧洲其余诸国相比，英国法院中实施的司法就更强调是国王的司
法——斯图亚特王朝的四位国王发现在法院中安插自己的亲信毫无困难——
法国巴列门的席位却由仍保留了一定程度的独立性的人占据，这正是因为他
们的官职由购买或继承得来。贵族法院可被控以多项过错，但他们从来不是
国王卑屈的工具或顺从的被任命者，直至三级会议时代，该巴列门从 1614 年
起就未被召集，至 1789 年才再度集会，并把国王、巴列门及法国所有的机构碾
成齑粉。

除了王室法院中司法决定的倾向外，还有其他原因，它们有助于遏制 1789 319
年及 1790 年间在法国农民中爆发的不满精神在我国的生长。我坚信我们必
须把本国古老的大型不动产的财产聚积考虑在内，尽管最近其前进的步伐大
大地加快了。它或许产生了其他的不幸，但它减少了我不断提及的无关紧要
部分的特定的恶。由于不了解专门的土地法史，所以我无法充分地解释这种
聚积；但在此我们可以关注它的一个经济原因。英格兰的采邑领主——一个
阶层，必然是智识的产物，包含了英国贵族和英国绅士两者的前身——在最初
的时候比其法国的同侪（对应阶层）贫困得多。法国贵族的前身在一些最富有
的、人口最稠密的、垦殖度最高的罗马帝国的行省中掌权；后来成为其封建税
的关税无疑使他们更为富裕。但是英格兰是一个拥有大片森林与荒地的国

家,正如确实可以从麦考莱(Macaulay)杰作的第三章中推断出的那样,该书在
320 相对现代的时代描述其情况。在封建主义的成长中所确定的最好的事件之一是采邑的荒地落入了领主之手,特定的环境给予这类逐渐获得的财产特殊的重要性。中世纪的英格兰获得了国家财富的一大来源,它仅可与我们现在的煤炭和钢铁,与现代法国的葡萄酒,或者与澳大利亚和加利福尼亚的黄金相比。她的土地,她的气候,无疑还有她的保有权,特别适合羊毛的生产——那些"英格兰羊毛"在《重要商品法令集》(*Roll of the Ordinance of the Staple*)中被国王称为"君主的货物和我们王国的珍宝"。英国羊毛为佛兰德斯等工业城市的织布机提供原料,并被运往地中海沿岸的各个地方。这就将贫穷的贵族变为富有的贵族;并且,在玫瑰战争结束的时候,一个不为人所注意并被大大误解的普遍运动表明英国的采邑领主正快速地获取土地,以用作饲养绵羊及大规模的农耕。但是法国的贵族(noblesse)似乎从未能够全部买下他们从前的维兰所拥有的土地。据泰纳最近出版的著作描述,他们中相当数量的人拥
321 有大片不动产;但是,如果将法国看作一个整体,并排除教会及王室土地,土地所有权的大部分不在领主手中,而在农民手中。最为低级的错误之一就是假定法国的小块地产源于大革命;恰恰在此之前,阿瑟·杨,英国旅行者中感觉最为敏锐的观察者之一,描述了他在目睹其数量之众时的惊异之情。而且自从农民全部买下了较富有却为凡尔赛的宫廷生活所毁的贵族的领地,这一数量还在不断增加。但是所有这些众多的小业主都必须支付封建赋税,并因小型独占权而削减利润;通过回忆英国农夫不得不允许什一税所有者的代理人从其田间拿走十分之一收获的岁月,我们可以对这一制度所导致的激愤有些许了解。但在这一点上或许小说比历史更富有指导意义。翻开《拉米摩尔的新娘》(*Bride of Lammermoor*),从中搜集雷文斯伍德领主的封建佃农对凯莱布·鲍尔德斯顿(Caleb Balderstone)袭击沃尔夫肖甫德(Wolfshoped)的看法——并将此推及全体,就能理解遍布法国的众多的凯莱布·鲍尔德斯顿们——人们或许能认识到法国农民对其生活于其下的制度所抱的看法。

如果我们转向英格兰,我们有理由相信,直至18世纪末,法国农民的对应
322 阶层中的大多数由农业劳工或佃农构成。无疑,与其他国家相比,该国这一阶层的主要部分——农业劳工的过度增加可能会被大量谈及;但是佃农,尽管并

不乐于隐藏他们的不满，却从不具有政治上的危险性。耕种自己土地的公簿土地保有人至今仍未被发现的假定并非事实；或许所谓的新末日审判书向我们显露的相当数量的小土地所有者中的一部分构成了这一阶层。他们中的一些人由负责研究公簿土地保有权的下议院特别委员会审查，并被询问他们是否在任何情况下经济状况都不比持有租约的农夫好，农夫们每半年而非不定期的交纳租金。真实的答案是，公簿土地保有人不是土地的租借者而是土地的所有者，但是问题中隐含的比较非常重要。无疑佃农的地位对耕作的公簿土地保有人的感受具有很大的影响。它已成为他们衡量自身状况的一个标准；它也确实成为一个为律师们所知的事实，即16、17世纪的公簿土地保有人经常因为接受采邑领主对他们土地的租约而削弱其法律地位。但是持有农奴土地保有权(servile tenure)的法国农民，从未将自己与贵族领土上的农夫相 323
比，他们是一个非常特殊的阶层，对分佃农(*metayers*)，不仅向领主租借土地，而且由领主提供牲畜。农民把自己的小块土地与贵族们自己的土地相比，并因此种对照而极其愤怒。

我还要提到一个原因，它或许是防止采邑权利乃至所有土地上的权利以与欧陆国家的土地权利的相同面目于18世纪末在英格兰出现的最为重要的因素。从很早开始，英格兰的土地财产的买卖流通就比其他地方更为频繁，这就造成了事实上巨大的政治和司法利益。由此而产生的与众不同的法律工具(*legal* facilities)与我在上文所未曾述及的法律技术史相关；但是，当然主要还是这个国家的早期财富导致了这些转变。有些法学家将其作为一个总原则予以规定，即任何财产的获得都建立在以前的契约或协议之上。无疑这与历史事实并不相符，但这一错误与18世纪普遍为人所接受的观念紧密相连。契约的神圣性是法国哲学信条中最根本的观念，它强烈地影响了剥夺法国贵族的 324
采邑权利的行动。最后，贵族们未曾获得任何对这些丧失的权利的补偿；当大革命的烈焰狂炽，他们能保全性命已属万幸。但这并非首届国民代表大会所有的意图。它毫无补偿地废除了那些据它推测自古代维兰们的无助中产生的权利，但对于任何在它看来源于领主与其附庸之间的契约的权利类型，它虽予以废止，但是也规定领主能够收取相应价值的金钱。这一区别遵从了首届国民代表大会中盛行的司法精神，但它无疑是奠基于历史错误之上的。我们毫无理由假定采邑权利发源于纯粹的暴力，但同样也不能假定众多权利发端于契约。

但是，于法国是谬误的东西用之于英格兰在某种意义上却成为真理，并且现在越发正确。采邑领主及公簿土地保有人的权利在当时与现在一样比其他任何高度封建化的国家都更深地扎根于契约之中。领主经常亲自或通过其祖先购得其权利；公簿土地保有人则常常通过向他人购买获得附有采邑
325 权利的土地。我们会发现，英国的政治经济学及流行观念有一种根深蒂固的假定，即所有的财产都是通过最初的买卖交易而获得的，无论它采取的形式具有何种缺陷，都可因其为初始交易而予以体谅。我毫不怀疑，这种具有很大程度的真实性的假定对财产保护非常有价值；或许在当今时代其价值并不亚于一般意义上的权宜之计以及那种与文明的最古老的基本原理一样古老的情感，这种情感已转化为取得时效的法律规则及每个社会最持久强大的部分对其已建立的制度的尊重。如果是这样，眼前的实际教训是我们应当寄希望于那些迄今并不十分成功的推动土地的可交换性的尝试。如果这些尝试成功了，便会促进一个最为保守的、恢复性的过程，通过契约净化财产所有权。

我并不希望人们产生以下误解，即对英、法两国封建义务与权利的认识的
326 差异被完全归结为我在本篇论文中所分析的原因。在我看来，这组原因似乎深埋于幕后，因此，我认为它们未曾获得应有的注意。民法史学家发现了其他许多与法国社会的整体结构相牵连的原因。托克维尔强烈暗示，其他的追随者或许也会论证，法国宫廷的巨大的社会威望及其对军事嗜好的过分沉溺最终使法国的地方贵族与耕作农民之间的社会等级的差异一如拉其普特人与首陀罗（Sudra）* 之间、南部诸州的白人种植园主与在其蔗田中劳作的黑人奴隶之间的不同。这种深度疏离的效果在于改变了我已谈及的社会群体——采邑及封地——的正常或自然的性质。本质上，它是最为保守的制度之一。在我们自己的国家，采邑已极端衰落，并且主要是作为教区残存于教会组织中。在法国，一场革命使封地消亡，变为行政分支，即社区（commune）。但是，当我们

* 指印度四大种姓等级中最低等级。——译者注

向东掠过德国及斯拉夫国家，这种原始的社会有机体却日益壮大。在伊斯兰教徒的制度外壳下清晰可辨，直到印度，它表现出其最古老的形式，即村社共 327
同体，自称为族人的兄弟团体，生息于同一片土地。但无论何处，它都或多或少地拒绝改变；无论改变的手段是军事征服还是出于善意的统治者所实行的中央集权的立法，它们从事实的本质出发仅能把国家看成混杂的个人的集合体，至多也只是把数量的最大化看作至善。那些对英格兰城镇之外的地区有所了解的人都不会认为对英国乡绅及教区牧师的尊重只是一种适于嘲讽或取乐的现象。除了巴黎人以外，没有法国人会嘲笑他们称之为极端爱国精神的东西。但在18世纪的下半期，法国封地的正常运作被颠覆了。许多原因，并且其中令所有企望使历史成为科学之人绝望的私人冲突，在农民中制造了对他们的领主的如此强烈的憎恨，以至他们可以轻易地在各处找到反对领主的同盟者——大革命之前，从专制的国王及其篡权的代理人那里——大革命后，从国民大会、雅各宾派、五人执政团及不久即成为皇帝的第一执政官那里。甚至现在，封建赋税的传统及对其复活的畏惧具有第一位的政治影响力，它使国 328
家的大部分乐于，或者说不勉强地将其自身置于（如一位伟大的法国演说家所言）最幸运的下士的羽翼下，他使人们相信他能够保存大革命所创造的制度，并防止大革命自身卷土重来。

评注与例证 329

评注A

村社共同体与采邑

尽管德国和英国学者未曾对此进行更多的讨论，但产生了采邑或封地的原有社会形态的确切模式仍然是一个非常模糊的问题。在一部十年前出版的著作中《东西方村落共同体》(*Village Communities in the East and West*)，我对当时就该问题已知的事实或已作出的推论进行了简略的评述，但我们的知识在不断地增长——在某种微不足道的程度上，我希望是由于我所提及的那本书——和许多可冀望于从俄国获取的信息。在俄国，贵族身份的发展及隶农身份的主要变化都是相对晚近之事，这就为这一社会变革的真实历史提供了佐证。我确信，麦肯齐·华莱士(Mackenzie Wallace)先生会信守他在一篇关于俄国的著作的序言中所作的承诺，不会长期独享那些专门调查的成果。我也有幸先睹弗雷德里克·西博姆(Frederick Seebohm)先生即将面世的著作，该书对这一问题的另一面作了极为明白晓畅的阐释。

但是，这是一个调查之旅，因此有必要给予其与我在论及第8章“宗族”的评注时相同的谨慎态度。我们必须充分地考虑到人类的模仿性。在世界各地
330 可以找到大量的村社共同体，而在英国仍然存在许多极其腐朽的采邑，它们在起源上必然只是一种受偏爱的模式的复制品。印度的许多荒地，在先前至多被置于模糊的部落所有权中，由以村社共同体的形式定居下来的人们所拓殖，因为他们对其他形式的共同耕作一无所知。而欧洲的荒地则广泛为宗教团体或已获得大片授权土地的强势人物所领导的采邑群体安排的拓殖者耕种。从很古老的时候起至今，世界上都有一些地方，其定居者素来就把他们自己安置于这些群体中，就如同英格兰或苏格兰在加拿大或新西兰的移民现在必然把他们自己安置于由他们及其子孙或雇用的劳动力耕种的彼此分离的农场上一样。那么，我们所能冀望发现的惟有典型的形态。典型的村社共同体——一个自称为同族人的共同体，拥有他们自己的政府，服从于共同耕作中的固定规则——是一个如此特殊的群体，因而决非偶然产生或者只是源于个体的奇思怪想。有确凿的证据表明，它最初成长于遥远的野蛮时代，尽管它并不比人类开始耕种谷物或者将那种耕种与放牧牛羊相结合的时期更古老。如果我提到村社共同体不仅出现在印度最大的地区，还在斐济群岛[由阿瑟·戈登爵士(Sir Arthur Gordon)]，在北非的柏柏尔人(Berbers)中[由欧内斯特·勒南
331 (M.Ernest Renan)]观察到，并且它的一种与众不同的形式为更南部的北美洲印第安人部落所遵循，这由摩根先生在去年出版的《美国落基山地区调查》的第四卷中予以描述，这一切可能会给人以更古老形态的村社共同体广泛分布的印象。我也无法质疑典型的采邑源于村社共同体的观点。每个已经自行在脑海中勾画了最后的共同体的图像的人会看到，它包含了在最早的采邑中所发现的一切东西，除了那些普遍权威的个体替代品以外毫无差异。领主所能做的一切事情都能由村落长者委员会或村落领袖来做，但他们要对共同体负责，而领主则越来越倾向于只是一个所有者，正如法国国王开始被律师们称为法国所有土地的国王所有者(King-Proprietor)。但除了对样式间关系的说明

以外，我们无法再安全地更进一步。在近代，村社共同体的样式和采邑的样式都已经被大规模的四处复制。[5]我猜想，它们通过殖民实现的广泛扩张是我所见到的自相矛盾的观念的根源，即它们的最为突出的特性是完全现代的。

采邑或封地的起源问题始于西欧，其后经由人力媒介广泛传播，但仍含混难解。我在以前的一本著作中认为，任何对所谓的封建主义有所助益的事物必定或源于蛮族的习俗或源于罗马法(《古代法》第 364 页)；但是采邑权威的 332
萌芽来自何处？一方面，对《狄奥多西亚法典》(*Theodosian Code*)的考察表明罗马所有者主要的不动产——他们的农庄(villce)，由土著农奴(coloni)及奴隶耕种——与采邑具有一定程度的相似性。对此，从总体而言，我自己倾向于用具有蛮族血统的耕种者的数量来解释。我总是无法信任罗马律师们暗示的论断，即众多罗马奴隶完全没有任何制度；我设想在充斥着蛮族的辽阔地产上，会自然而然地受到与一种分布最广泛的蛮族制度的结构相似的管理系统的影响。日耳曼法典与宪章的起草者总是用“农庄”(villa)一词来表示我们所指的村社共同体，这具有重大的意义。但是我绝对无法接受一些知识渊博的法国学者所倾向的结论，即欧陆采邑只源于罗马的“农庄”(villce)，而且似乎认为唯一合理的假定是在从前的罗马诸省中，农庄的组织确实促使耕种群体采取了采邑的形式而非自治的村社共同体的形式。应当注意的是，与此同时，最古老的蛮族法典《撒利克法典》，在其较早的真正的内容中对采邑权威一无所知。它提到的“统治权”(potestas dominica)是“王”权。它也提到了被称为“农庄”(villa)的村社共同体[见第 45 篇，“移居”(de migrantibus)]，在描述它的一个甚至至今仍然显著的特征——严格的排外性时，它表明，在该共同体中，自由人有权在自由的百户邑区院起诉。但后来的蛮族法的编纂者似乎对采邑已经 333
有所了解。

将英国采邑的起源归因于罗马的农庄的困难是不言而喻的。特别是征服不列颠的条顿部落来自于极北的故土，他们很难看见数量如此众多的雄伟的罗马庄园，而且即使他们看见了，要使这些无畏的战士明了并在他们的海外征服中作为农奴或维兰定居下来，也绝非易事。但这是西博姆(Seebohm)先生在其作品中充分论述的主题之一。完全摘引布雷克顿所述的盛行于他那个时代关于农奴保有权的法律理论的段落于我是极其便利之事。“保有物(tenement)[*]使自由人的状况变得比一个奴隶的状况好不了多少。因为一个自由人可以持有纯粹的农奴土地保有权(villenage),做任何与此适宜的劳役,依旧自由,因为他是依照农奴的土地保有权而非依照他个人的身份这样做……纯粹的农役保有权是一种承担不确定的并且无限制的劳役的保有权,日暮之时不知清晨应做之事——也就是说,佃农一定要做任何被命令之事。”(fo.26a)又及:“另一种保有物是农奴土地保有,可分为纯粹农奴保有和特许农奴保有两种。纯粹农奴保有控制极紧以致拥有该项保有权的佃农,无论自由或为奴,要做任何被命令做的维兰的劳役,黄昏不知次日应做之事,并不断被课以不确定的赋税;他要交纳的税金的多少由领主随意而定……,因此如果他是一个自由人,他以农奴土地保有的名义,而非以个人劳役的名义这样做;……但如
334 果他是一个维兰(在血统上),他应做这些包括农奴保有及其个人劳役在内的所有事情。”(fo.208b)劳役的唯一不同在于嫁女儿的婚嫁费(merchetum)[**],它是人身奴役的结果(作为因使领主丧失一个奴隶而向其支付的罚金),不能向受农奴土地保有束缚的自由人收取。[波洛克(F.Pollock),《对早期英国土地法的评注》(*Notes on Early English Land Law*),《法律杂志及评论》(*Law Magazine and Review*),1882 年 5 月]。波洛克先生论文都极富价值,可予以参考。

注释

1. 见泰纳《论大革命》(*Of La Revolution*),第 1 卷,第 94 页。该书对在多少案件中对城堡的攻击以焚烧或掠夺档案室告终进行了研究。泰纳观察到无政府状态四处扩散,“请注意”,他写道,“法国四分之三的封建文献集和封建凭证仍是完好无损的;农民们希望它们消失;但它经常是全副武装的。”

2. 在勒南(M.Renan)的《两个世界评论》(*Revue des Deux Mondes*)的名为《童年的回忆》(Souvenirs d'Enfance)的系列论文中,他描述了大革命前夕的布列塔尼的领土贵族阶层,他们与后来王室产生的贵族有着明显的区别。他们已变得极其贫困,但是农民对他们

---

* 在普通法中,保有物包括土地及其他可以自由保有的遗产和租地。通常意义上,保有物只用于房屋和其他建筑物,但就其最初的准确的法律上的意义而言,保有物指一切可以永久保有之物,包括有体物及无体物,如身份等。——译者注

** 佃民为自由出嫁女儿向领主交纳的费用。——译者注

极为敬重，将其看作教区中的世俗领袖。勒南提到了一个显而易见的事实，即他们触及了国王之恶。从前，人们认为：作为一个首领，他是其家族的后裔并因此而拥有大量的遗产；在人们身体虚弱的时候，他能够通过身体的触摸使人们恢复健康。人们也相信，为了使这种情况得以好转，必须要有相当一部分的贵族。——《两个世界评论》，1876 年 3 月 15 日

3. 布雷克顿解释得最为清楚，他认为在 13 世纪农奴土地保有权是一种保有权，而非个人身份。自由人或奴隶都有可能被置于这种权利之下，但保有物制度（tenement）使自由人的状况并不会比奴隶的状况好多少。因为一个自由人可以持有纯粹的农奴的土地保有权，承担相关劳役，依旧自由，因为他是依照农奴的土地保有权而非依照他个人的身份这样做……我在评注 A 中用整个段落对该章进行了探讨。

4. 参见该章评注 A，“村社共同体和采邑”。

5. 那些新英格兰的最早定居者所建立的村镇与村社共同体具有很大的相似性。在南方定居点则发现了采邑。参见亚当斯（H.C. Adams）主编的《约翰·霍普金斯大学研究》（*John Hopkins University Studies*），1882 年出版。

第十章　财产的分类

335 任何对法律史有所涉猎的人都对某些贯穿所有财产或大部分财产的分类有所了解，而且在法学家看来，这些分类使得分界线两边的权利行使的客体属于极其不同的法律领域。在这些分类之中，有一种是古代的罗马法学家从要式转移物（*Res Mancipi*）和略式转移物（*Res nec Mancipi*）中——也就是说，在需要和不需要曼兮帕蓄方式进行让与的财产之间概括出来的；中世纪的西欧存在着自主地（Allod）和封地（Feud）的分类；在英国仍然残存着不动产（reality）和动产（personalty）的分类，最终在罗马晚期和现代欧洲存在着动产与不动产（在罗马表述为 *Res Mobiles* 和 *Res Immobiles*，在欧洲表述为 movable property 和 immovable property）的分类。

336 我们只知道动产与不动产的分类在罗马城邦及欧洲出现得较晚。它是罗马法学家试图抛弃旧的历史分类，并根据它们的实际性质对财产及享有物进行分类的结果。这一总则其后只需少许修改；在运用它的过程中所产生的困难微不足道，而且仅仅在事物两大分类的边界线上发生。在中世纪，一棵树，虽然不可以移动，通常通过将其砍倒从而变得可移动并获得价值的事实和在房屋的建造中使用可移动的木质骨架的一些地方习惯，都可能使少数早期日耳曼法律体系的解释者把动产定义为一切可以被火烧毁的事物；在晚近，现代制造工业使得一类事物——即我们所谓的“（不动产的）固定附着物（fixtures）”，法国法中的“指定的不动产”——的重要性大为增长，是否应给予其更为恰当的地位的问题已经引发了疑问与争论。然而，大体而言，如果法律真的建立在那些在上个世纪被设想为奠定了法律基础的原则之上——与“自然”和“自然的”这两个字眼相联系的简单、恰当、意思明了的原则之上——或许没有
337 一种财产的分类比把它们分为动产和不动产令人们更快地想到了。然而，我们知道，在这种显而易见的分类正式替代要式转移物和略式转移物这一古老的历史分类之前，从《十二表法》到优士丁尼改革的罗马法的修改过程已经完成，首先是土地、奴隶、马匹及牛群，其次是所有其他的东西；但仍然令人奇怪

的是，以英语为母语的社会——英格兰、她的殖民地及美国的绝大部分州——
仍然抗拒经过改进的罗马分类，并且长期坚持将土地的租借地与大片不动产
分离，而把它们归入动产一类。他们顽固地坚持这种古老的历史分类。但是，
如果我们明了真相，即这种历史的分类仅仅意味着他们给予最高地位的财产
类别必然在某一时段内是唯一重要的所有权载体，其他的或者尚不存在，或者
价值不大，我们必然会发现这种公认的历史分类在更早的时代必然也被认为
是先锋性的。其中最为古老的分类，可能与任何有意识地概括这种分类的企
图一样古老，是由罗马人传给我们的。然而土地、奴隶、马匹、牛群并不可能在 338
同一时期成为个人财产的对象。必然存在一个被驯化的野生动物非常稀有，
而土地过剩，因此前者比一百英亩土地更为值钱的时代。人类历史一旦开始，
一个部落的领地就可能作为其专有的狩猎领地而受到警惕地保护。在这些标
明的界限内的领地只有该部落的男子可以涉足，以作杀戮和抢劫之用，或者是
由该部落（在更晚的社会阶段）留作牧场；但是每个男子对这一领地的享有对
他个人而言并没有一个奴隶、一匹马、一头牛，甚至燧石头的斧子或长矛更有
价值。所有这些都是根据最简单的经济公理得出的；但是更古老（然而可能不
是最古老的）的原始享有物的状态的遗迹明白地烙印在一个古老风俗——古
代爱尔兰法——的真实记录上；在我看来，它们在古代的条顿法典《撒利克法
典》中同样可辨。《撒利克法典》，无论它具有何种其他性质，在保护牛、猪、绵
羊、山羊、马、甚至蜜蜂的所有权方面是非常优秀的规则体。

我再谈一个分类——**自主地**（Allod）与**封地**（Feud）间的分类，它在一个距
我们更近的年代变得日益重要。自主地在某种形式上可能与私有财产制一样
古老，我们可以认为它相当于或者直接源自每个男子在他所属的群体的领地 339
中占有的适当份额。这一群体可以是部落、数代同堂的大家庭、村社共同体或
者初生的城市。但是许多事实——并且还在不断地增加——在我看来，表明
这一份额起初并非确定的区域，而是我们现在所谓的可分土地的等分部分。
每个家庭或家族所能主张的领地份额按照依次轮流或抽签决定的分配制度在
家族间变易，每一份额十分缓慢地变得适于单个的家庭。我们仅知道罗马共
和国的社会达到了这一最后的阶段；确实，对公共领地的极力争夺开启了真正
的罗马历史，这似乎表明了五十年前在英格兰还未曾完全绝迹的“限期地产”

制度(shifting severalties)*，在自由的罗马农民中早已消失；更为古老的经济状况的痕迹必须在数量众多的地役权或通行权的法律中寻找。对此，现代各国法学家都像是在挖掘一座永不枯竭的矿藏一样进行钻研。这似乎表明每个罗马人的农业用地，正如法律习语所称，在过路权、骑马拉货权、引水权及许多其
340 他现代所无的权利方面真正从属于他的邻人。在我看来，大量的罗马役权似乎都指向同样被修改过的土地的共同享有，这也是其他雅利安族人的特征；但是在早期，自由的罗马农民的土地被据为其家庭所有，这大大影响了罗马社会的法律与经济史，并因而成为西方世界的发展中具有重大意义的事实。

有迹象表明，最初在各地拥有自主地都是自由人所独有的特权。事实上，直至第一次法国大革命，在普遍封建化中到处存在的这种特殊的“不受拘束的自主地产权”(franc-alleu)的土地自主保有，这类土地为法国贵族持有。但是，自主地的现代历史本质上是奴隶或非常卑贱的阶层持有土地的历史。它将其于死亡时在所有子女或儿子间进行分割的重要特征传给了最低等的社会阶层，封建结构则奠基于该阶层的土地权利之上，这或是因为最初自由的社会共同体均已沉沦为农奴土地保有，或是因为自主地是所有的土地享有的样板，并且为罗马统治者或条顿领主所殖民的农奴殖民地所效仿。直至法国大革命，
341 法国所有农民的土地持有都为这种类型，而德国农民的地产直到最近亦是如此。我们已经在肯特郡土地习惯保有(gavelkind)** 制度及许多公簿土地保有地中找到了这种特殊规则的踪迹；而格兰威尔(Glanvill)和布雷克顿(Bracton)的论著的比较使我们能够确定英国的保有权——农役土地保有权——的普及最为广泛的时间点，这种制度恰恰遏止了自主地的特征，并增强了封地的特性。但是我们现在的不动产法被封建土地的视角彻底歪曲了，当这种土地为个人所享有时，它根本上是不可分割的。土地法的庞大体系筑基于这种封地概念之上，尽管有时统治权极力试图背离它，但它本质上是一种由

---

* 指存续期间受到限制的地产权。——译者注

** 一种特殊的土地保有，实际上仅限于肯特郡。(在该郡，在没有相反证据的情况下，便推定土地是以这种形式保有的)根据此种土地保有，土地是以对封建主的效忠和向法院请求而取得的。肯特郡习惯土地保有中的保有人享有英格兰普通法上已经不复存在的权利。比如，用遗嘱形式转让土地；在被继承人未立遗嘱而死亡时，其土地平均地分给他的所有儿子而不是所有女儿；如果被继承人无子，则土地平均分给其所有女儿；而且，此种土地并不因其保有人犯重罪而收归领主；年满 15 岁的少年即可转让其土地，该种土地保有已于 1925 年被废除。——译者注

贵族阶层规制土地保有的规则体系。自主地的保有权，被认为起源于自由人的土地保有权，在中世纪变为农奴的土地保有权。封地的土地保有，起初当然是仆从的土地保有，这些仆从若非因为他们主人的尊贵，本应当被称为奴隶，在中世纪却变为贵族的土地保有。但也有一个引人注目的例外，即在我们国家，贵族的土地法变成了人民的土地法。

我们知道封建制度，封建土地法是该制度的一部分，有着数个不同的源 342
头。罗马帝国边境线上的土地为服兵役的军耕者所拥有；而这必定与它有关。有关恩主及受保护者的罗马法必定与它有关；因为它直接暗示了许多领主与封臣的惯有关系。我们在日耳曼人重新引入罗马帝国的雅利安人的原始的或野蛮的习惯中看到许多必然对其有所助益的东西。其中，社会被分成家庭或氏族等紧密团体，前者由某种选举产生的最年长者管理，后者经常，如果不总是，由一个以爱尔兰人称之为同宗长者继承制的程序选举产生的统治团体管理。这些首领或国王常常购买或者以礼物的形式酬谢他们的直接扈从的服务。我们可以指出广泛传播的封建制度的多种成分。但是，据我们所知，有一点仍然极不明了。土地所有权的概念是怎样被如此彻底地转换的？自主地或者如罗马人原本称为所有权下的土地（land held in *dominiun*）的法律概念，和封地的法律概念之间简直可谓天壤之别。在两者的转化过程中，你会发现自己置身于一个法律观念的全新秩序中。

或许它需要一个对技术性细节的意义有充分认识，并且比较熟悉晚期罗 343
马法和早期封建法，能充分估计到这种蜕变的彻底性的法学家。对它所包含的所有意思进行说明在此并不适当；但是，仅就其中一个习语而言，没有哪个公认的法律概念的颠覆会比视土地为本质上不可分的封建概念对视土地为本质上可分的罗马概念（它是发展了的自主地所有权）的颠覆更为引人注目的了。罗马法学家指出，作为不动产与动产之间的一个基本的不同，土地是无限可分割的，而且或许总是被这样理解，尽管事实上是未分割的，而动产严格来说是不能分割的。他们可能设想土地在不同的法律分配下被占有（姑且这么说），一人拥有其市民法所有权（quiritarian），而另一人则拥有其裁判官法所有权（bonitarian）。一个分裂的所有权，在封建制度之后已陷入衰亡，在我们国家则复兴于普通法与衡平法上的不动产的区分中。但没有迹象表明一个罗马法学家能设想我们所谓的一系列的地产权——多个所有人有权相继享有同一片土地,并可置于一起考虑。显然,当这些伟大的思想家不得不构建一个土地
344 权益的概念,而我们通常将其理解为终身保有地产权(estate for life)时,他们不得不将其类比为法律上的通行权或地役权。罗马的土地用益权在实际效果上与英国的终身保有地产权非常相似;但是罗马的法学家将其与在他人田间通行的权利或在他人井中汲水的权利归为一类。罗马法律记录中的大量段落给予我的印象是,如果一个罗马法学家被要求对许多人对同一个财产一起拥有权利加以思考,他必定不会把他们看作依次享有这一财产,而是将该财产在他们之间进行一次性的分割。因此他绝对无法设想同一块土地的所有权被分配给终身土地保有人和遗产继承人,限定男性继承人继承的土地保有人,限定女性继承人继承的土地保有人,继承亡夫遗产的寡妇,继承亡妻财产的土地保有人,及复归权者。这一长串的人享有共存于同一个财产上的可确定的权利——这一连串的部分所有权共同组成了一个完整的所有权,可继承的地产权(the feodum or fee)* ——在一个全新的土地所有权概念出现之前,这是做梦也想不到的。在封建制度诞生后的数个世纪中,当法学家们试图运用罗马
345 法来表达封建关系时,这必然极端歪曲了它的真正含义及目的;显然与信托遗赠法(law of Fidei-commissa)或信托中的遗嘱赠与(testamentary gifts)的情况类似。

最近,一个至少部分地影响了大革命的法律观念的特殊机构成为当代最博学的一些人之间论战的主题;并且这一论战,我遗憾的认为,带有许多局限于学者而尚未普及的论战所特有的晦涩。论战各方都认同,惠佃制或恩惠佃田(*beneficium*, or *benefice*)** ,即征服成功的条顿国王作为服军役的报酬或代价而分配的土地,在各个方面都与这种法律观念的巨大变化有着很大的关

---

* 可继承的地产权(the feodum or fee)是通过地产所有人的后嗣无限期的代代相传的地产权。可继承的地产起源于封建时代,领主将土地授予那些定期服侍的人和他的后嗣,作为服侍劳务的恩赐。除非保有人有权并且在其有生之年或者根据其遗嘱处置该财产,该财产不受限制地由他的继承人继承下去。——译者注

** 8世纪最先由法兰克人实行的土地租佃制。法兰克地主按恩惠佃田(beneficium,拉丁语,意为优惠)将地产租给自由民,一般延续到地主或佃户死亡为止,但佃户往往设法将之变成可继承的产业。12世纪时惠佃制作为土地租佃方式逐渐消失,而改指有权收取租金的教堂。地主或主教选择司铎,由他享受惠佃收益,作为他履行宗教职责的回报。——译者注

系。恩惠佃田是否总是公地的赐予——如菲斯泰尔·库朗热所坚持的那样——或者在克洛维王朝统治的国家中，是没收的土地的赐予——因为有理由这样认为，无论如何，是一些被征服的罗马帝国的行省——开启了土地法历史的新阶段。它的早期形式与成熟的封建地产并不相似，因为（我更偏爱这样的观点）它并非一开始就具有普遍的世袭性；但是，它更不同于条顿民族的自由民的自主封地及罗马行省公民的不动产（fundus）。罗马不动产的一个变种日益接近永佃权；并且我仍然坚持这一观点，即在此我们拥有了一个获取新的 346
法律概念的途径。但这一解释尽管看似合理，就其总体状况来说，并不全面。此外，不动产的法律观念的一个变化的特征并不局限于那些曾为罗马帝国组成部分的国家，而是在纯粹的条顿民族的土地上也能找到。

可继承的地产（Feodum），是惠佃制后来的条顿名称，现在被认为起源于古老的哥特语汇“fihu”或“flu”——牛。这一术语被认为开始具有“财产”的意思，正如拉丁语的 pecunia（财产）从 pecus（牛）开始具有这一含义。数年前，在指出牛在将爱尔兰部落财产转化为类似于封建保有权的东西中扮演了重要的角色后，我声明我怀疑“可继承的地产”（feodum）与牛的关系会比通常语源学所暗示的关系更为接近。拉弗莱（M. de Laveleye）对此发表意见，声称他对这一联系深信不疑；而且他评述道，我们因此明了了自主地产（allodium）与可继承地产（feodum）之间原始对比的意义——al-od，全部的所有权；fe-od，牛的所有权。这貌似有理，若非对《撒利克法典》的研究所揭示的明确结论，我本会动摇并将其作为我理论的基础。它毫无疑问地表明古代动产法会深刻地影响土地法。从塔西佗（Tacitus）所观察到的日耳曼人或他调查的对象那里我们知道 347
国王或共同体的全体人民以分配牛群及谷物来酬谢首领；首领的伴从，与他共同居住，并接受一匹马及武器作为报酬。这正是现在盛行于南非的卡菲尔人酋长的朝廷中的制度。现在，让我们设想这种制度由于人口的增长或由于征服而被更改，但其他的都不变。在第一种情况下，土地的价值因自然经济原因而增长。在第二种情况下，条顿主人成为从前人口稠密的土地的所有者，并且拥有在罗马帝国和平时期积累的大量财富。那么，如果我们假设，在被占领的省份，更经常地在条顿领土上，土地的赐予取代了牛群和武器的赐予，但旧有的动产的分配关系仍然适用于恩惠佃田，观念的转换——依我而言，无论如何——比其他任何理由都能更好的解释不动产的法律观点的转化。我现在可以理解为什么恩惠佃田最初不是世袭的；为什么，甚至当它成为世袭的时候，赠与人能够选择继承的儿子；为什么在任何持有者死亡以后，他都能够使它仍然归属于另一个人；为什么，像一匹马，或一套盔甲，或一头牛，它能够在经过一系列的转手后又回到最初的给予者手中；为什么古代动产的赠与是不可分
348 割的，必须要以种类物或特定物的形式(either in *genere* or in *specie*)完整地归还；最后，就更技术性的事项而言，为什么早期的封建法赋予占有权或实际占有以此种重要性，以及为什么封建不动产的赐予暗示了对其权利的保证，这是自主地产的赐予从未有过的。

事实上，在我们近来所了解的爱尔兰习惯中就有这样一种我们所期待的制度，如果我们能够查看大约公元1—5世纪的条顿习俗——一种以牛群和亲属关系而非土地和保有权为基础的封建制度(如果我们可以这样称呼它的话)。我将不再重复我在前面已阐述过的由布雷亨法(Brehon law)所揭示的引人注目的社会机制；但那些仔细研究过它的人会在其中找到许多特别的封建规则，它们仅以爱尔兰首领与其族人之间的关系予以解释，这一理论比任何奠基于军役紧急状况的理论或土地所有权自发修正的理论都要简单得多。

我并非试图要提供一个构成我们所谓的封建制度的有关权利和义务、人身和财产的复杂制度的完整说明。那个时代富有骑士精神的甲胄加身的骑士为许多历史及历史性的罗曼史提及，仿佛他仅仅是一个时代和一个地域的产
349 物。从各个地区获得的资料表明，长久以来西欧的骑士所使用的各种品质优良的配备来自四面八方。他的钢铁盔甲来自于拜占庭东正教皇帝的家族骑兵；马镫，没有它他将无法翻身上马，是和他的马靴一起由鞑靼人的骑兵从最遥远的亚洲大草原带来的。正是如此，封建制度，在我们看来该制度在12世纪成为一个整体，无疑是许多条线演化聚合的结果。我们现在只关心封建的土地法，而仅将其归于单个的起源显然令人无法接受。我们必须正确地评估纯粹的罗马观念的影响：那些与财产的永久租佃形式相联系的观念，那些萌芽于日耳曼边界的军事殖民地的观念，以及那些源自与恩主及受保护人相关的罗马法的观念。与这些罗马法观念竞争的是另外一些更有力的观念，它们来自

野蛮的或原始的源头。我确信，当恩惠佃田变成世袭，继承的安排主要出于原始的雅利安人认为要适于首领的地位或统治权的考虑，爱尔兰人将其中的一个阶段称为同宗长者继承制。我毫不怀疑，在加洛林帝国的解体时期，西方世界总体性的骚动，一方面归因于长子继承权制的扩散，另一方面肇因于农奴土地保有的产生。即将来临的日常危险使得小小的社会簇拥在他们的自然领袖 350
或者已经取代他的幸运战士身边；普遍的贫困使人们对驮畜般的状况感到沮丧。毫无疑问，我们在中世纪的开端所遭遇的破败和贫困并非罗马诸省的特征，即使是在其衰亡的前夕。最大的错觉莫过于认为罗马帝国的地方居民由于征税而沦于贫困；在我看来，菲斯泰尔·德·朗库热已经在他最后一本著作中有力地证明了高卢人，无论如何，即使当蛮族蜂拥而入时，仍然拥有大量的财富和辉煌。但是没有比由于加洛林王朝权力解体而盛行的混乱更能使数世纪积存的财富毁于一旦的了。麦考莱勋爵将英国人所发现的印度与欧洲冒险家对其抱有的印象加以对照，认为它实在是一个贫穷的国度；但是，很难相信它拥有如此广袤的肥沃土地，并由一个勤劳的民族聚居了数个世代。印度贫困的真正奥秘和她复苏的起点，我认为是莫卧儿统治解体时爆发的战争和大约2 000多股由不同人为首的强盗造成的荒芜。我认为印度在阿赫巴尔
(Akhbar)和杰汉吉尔(Jehangir)统治时正如西方世界所认为的那样富庶；但 351
是它精心积聚的财富与罗马帝国的财富遭受了同一厄运。在莫卧儿王朝的解体和加洛林帝国的解体间有一些非常奇特的类似——某种程度上在于它们的过程，但更大程度上在于它们的社会影响。但这些并不适合在此考虑。

将不动产吸收进动产的法律观念的这一革命所导致的一大结果，显而易见，是大大地使土地法复杂化了。在欧陆，封建时代复杂的土地法，本质上是贵族阶层的法；但在我们国家，如我前述，除了例外情况外，它变成了普遍的土地法。自从边沁成为我们中的权威以来，已提出了许多改革土地法的建议，其中常常提及的一个建议或许可以被描述为将封建制度开启的早期变化过程引向其最深远的后果。经常有人建议不动产应当尽量与动产相类似，尤其是在财产让与方面。据说，转让一块土地并不比卖一匹马上更困难。我相信这种
类比是荒谬的，这一路径是错误的。推翻这一原则远比扩展它，比把土地视作 352
与不动产有着本质的不同，比重新采取古代让与自主地的方法都更有前途。

这一主题由于数个原因而值得我们关注。

首先，应当记得，自主地的初始转让是在所有的东西都为公共所有之前。土地在属于个体的家庭以前，属于部落、联合家庭或者村社共同体；甚至当它变成私有财产的时候，兄弟团体仍然对它有很大影响，没有兄弟的共同同意，土地无法转让。在雅利安世界的许多地方，土地的售卖仍然要求村落的公共同意。如我们所知的罗马法律史上的曼兮帕蓄转让方式，尽管它是一种私人转让的形式，但仍明显地带有其最初的公共性的印记。必须要有5名证人参加曼兮帕蓄转让方式，按照原始民族中广泛运用的5个代表原则，他们代表了原来的共同体的同意。作为一种私人的转让，曼兮帕蓄转让方式极其笨拙，我毫不怀疑当这种古代的让与逐步让位于交付（tradition），或者说简单的让渡，并最终为后者所取代时，对罗马社会而言着实是一次伟大的进步。但是，最成
353 功的现代实践已经在原则上回复为一种甚至比曼兮帕蓄转让方式更为古老的让与。土地让与的最新简化形式是原始的在共同体面前的公开让与的复制品，但也表现出一种与庞大混杂的社会相适应的新形式。

自以拿破仑一世的名字命名的法典的制定或引入至今，在法国以及在拿破仑一世所统一之帝国的领土上，已经存在着一种土地买卖或抵押的公共登记制度。在一些日耳曼国家，长期以来就有采取这种手段的倾向；但是它们已经在欧陆上广为效仿，而且，正如有时发生的那样，新制度在接受越迟缓的地方却越完美。获得法学作者最高评价的土地登记制度是某些小的条顿公社的制度——例如，黑森—达姆斯塔特（Hesse-Darmstate）、瑞士的苏黎世州。在此我仅能对这一机制做简要描述。共同体的土地被分成许多面积不大的区域。每一个区域都设立一个中央政府的机构，配备了一班职员，在某种程度上他们是专家，在每个机构，记录是公开的，记录本上的不同部分或不同页适用
354 于不同的土地。对应不同的标准——是由其大小，还是我们所谓的一份地产（estate），即曾作为一份财产被持有的土地集合——来对不同区域作区别对待存在着一些争论；但是，我相信历史上处理地产的制度而非土地测量员决定区域的制度应当被证明是最便捷的。登记一旦开始，每块土地的每个部分的法律事件从那时起都被登记在案，每次让与或抵押也必须登记在案，否则就无效。确认一个希望出售或抵押土地的人有权出售或抵押，这是专家组的人

所要做的事。登记唾手可得、登记的手续简单且收费低廉，应当是该制度的必备特点。

与这种新兴的外国制度最接近的英国制度，可在采邑法院档案中找到；有
时候法学家可以断言，公簿土地保有财产权的多种弊端为它在这些卷宗中的
登记而产生的便利得到补偿。关于英国大片的自由保有的财产权，法学家普
遍承认登记的便利，但法学家中也存在关于最佳方法的激烈争论，及某种认为
实践困难是不可克服的确定倾向。这些困难确实比国外大得多。我们的土地
法比欧陆国家的土地法复杂得多。即使欧陆国家有与英国相类似的土地制 355
度，也仅存在于数量有限的贵族家庭拥有的地产所适用的特别法中；英国不动
产法因我们从相对早期就享有的转让和遗赠的自由而变得更加复杂。我们遇
到的一大困难存在于初始阶段，即断定一个想出售或抵押的人是否有权这样
做；但这在欧陆国家是相对容易的事，大片土地至本世纪早期已处于严格的农
奴土地保有权，或者我们所谓的公簿土地保有权之下。

但是，我的直接目的并非颂扬让与登记原则，或者赞同一种登记制度而反
对另一种。我是想指出登记制的一些显著后果，使我们的注意力集中在我们
研究的特殊事项上。不久前，我说过，这些问题一旦通过担保手段得到解决，
很快就成为所有法律体系的共同问题。在一个人事实上行使所有者的全部权
力，但他没有正式的权利的情况下应当采取何种措施？他应当任人侵害或骚
扰吗？罗马法通过制定大量规则回答这一问题，这些规则构成了关于占有的 356
章节。应当如何处置一个通过正确的手续但不是从真正的所有者手中购
买——或者从真正的所有者处购买，但却没有办理正确的手续的人呢？罗马
法的答案就在于善意占有（bonâ fide possession）原则和实际占有的所有权原
则（ownership in bonis）——执政官法上的或衡平的所有权。执政官法上的所
有者或占有人，无论有无善意，都不得不拥有不完善的权利吗？答案在关于取
得时效（Usucaption）和时效（Precription）的法律范围。如果一个人将其财产
抵押给许多债权人，他们的债权应当按照何种顺序履行？各个体系中试图解
决这一问题的规则是很多的。但很显然，在拥有完善的土地登记制度的地方，
就有一种回归罗马法的法律原则的强烈倾向，因为它在所有权取得、诉讼时效
和执政官法上的所有权形成之前就已经存在了。土地出售或抵押的登记极其

简易、便利和便宜，在法律的作者及评注者中有一种显著的倾向，他们会对共同体的成员说，“要么登记你的让与或抵押，要么使它们被登记，否则你将没有任何权利。如果你忘记这么做，而你完全有能力在任何时间以微小的时间和
357 金钱的代价这样做，你将无法从占有、执政官法上的所有权、取得时效或时效中受益。最多只能有一个迫使土地的出售者登记以及迫使购买者支付购买金的合同行为。至于抵押，它们应当按照登记的先后顺序排列，如果你没有及时完成正确的手续，你及你的抵押将排在比你勤快的债权人的后面，你要在他们之后得到偿还。”我仿效德国权威作家的这一说法，即这就是在德国大部分地区法律学说的近似状况，尽管不是完全相符。奇特的结果是一些最为复杂和困难的法律章节毫不重要或不再那么重要。我们可以看到，公开登记的权宜之计纯属机械性的。人类很早就想到了一个原则上与其非常相似的制度设计。但是，在建立抵押及土地让与的公共登记的地方，一些最有名和最丰富的法律部门显示出在其阴影下缩小和枯萎的倾向。占有、取得时效、时效及裁判官所有权一起在罗马法学中占据了一个巨大的空间；在其他法律体系中与其
358 相对应的部分也非常庞大，如果它们被减少至其目前内容的一小部分，法律总体部分会发生非同寻常的缩减，而且会以一种非常意想不到的方式发生。

基于两个原因，我详细阐述了这些欧陆土地登记制度，以及德国司法观念对它们所产生的影响。首先，这一事实非常奇怪，即对抵押和土地让与机制的最新改进都涉及对让与的原始的公开性的回归。公众在某个公共的场所登记，所有的交易都必须登记，否则会受到立即丧失其所有利益的惩罚，这与很多与原始村落大会相似。为了取得兄弟团体的同意并通过大众记忆为其提供证据，所有该地区的份额让与都必须在大会上完成。确实，古代手续有一个与现代手续毫不相干的目的。原始让与的公开性带有一种十分强烈的排外性，它严格要求的公共同意被用于否定陌生人的购买权力。古代公共让与的衰亡很可能是由于环境变化造成的，它使共同体既无法也不愿对其领地上的土地
359 维持集体控制。在现代印度，财富的增长极大地刺激了个体主义精神；土地的购买者和出售者也同样对获得村民们对其交易的公共同意的必要性变得不耐烦；现代的盎格鲁—印度法不赞成这些古老的限制；因此原始、公共的转让方法处处都让位于私人的让与。[1]历史上，同样的结果在古代世界最有可能因征

服以及一个或更多个原始的有产群体被其他更强大的群体兼并而产生。在一个人口日益混杂的罗马城邦，在法律史的开端，我们发现了一个旧有的曼兮帕蓄让与方式的微小阴影，早在被优士丁尼废除以前，曼兮帕蓄让与方式就被各种各样的法律策略纳入纯粹的让渡或交付。然而即使是交付，当它成为罗马唯一的让与方式的时候，仍然带有一些孕育它的制度的痕迹。罗马法最终都未允许仅凭契约就将**所有权**(dominium)或财产权从一个人手中转移到另一个人手中的法律制度；契约必须通过作为其标的物的财产的让渡来实现，这是绝对必要的。正是这一特性，不止一次造成了那些参考罗马法的让与制度的人的困 360
惑，他们忽视了它立基的原则，而这一原则早已被英国法和法国法典所抛弃。

另一个我试图指明的事实不仅奇特，而且具有高度的指导意义。我曾提到的德国法律观点的倾向，表明我们正处于高估法律概念的稳定性的危险中。法律概念确实非常稳定；许多扎根于我们本性中最坚实的部分，那些我们最为熟悉的概念已经为不可抵抗的最高权力保护了数代。它们巨大的稳定性往往暗示它们绝对的永恒和坚不可摧的性质；这种假设在我看来有时不仅产生于肤浅的头脑，有时也为强大灵敏的智者所认同。我不确定即使是边沁和奥斯丁这样的法律思想家是否能够幸免。他们有时仿佛认为，尽管被错误的理论、错误的逻辑和错误的陈述所遮掩，但在所有的谬见后的某处，它们揭示了一个永恒的法律概念的框架，这只能为经过训练的眼光透过元初之光(a dry
light)* 所发现，一部理性的法典或许总是与这种概念相契合。我所述的只是 361
机械改进土地登记对法律的影响，这是一个令人印象深刻的警告，即这种立场绝对令人怀疑，很可能不正确。我描述为正在衰亡和萎缩的法律概念一直被认为属于法学的基本结构；但它们仍然容易衰亡的事实非常有力地表明即使是法学本身也无法逃脱伟大的进化规律。

注释

1. 印度立法机关的两部重要法令，财产登记法和财产让与法，减轻了由于这些让与的秘密性及不同种类的形式而产生的弊端。

---

* 意为不掺杂丝毫个人喜好、偏见和欲望的光。——译者注

362
第十一章 法律规则的分类

罗马的经典法学家们将整套法律规则分为人法、物法、诉讼法三类，这一
分类几乎是每一位罗马法学生所学的首要内容。虽然他的学习课程可能很快
就将他引入关于这一分类意义的激烈争论中，但他或许要过很长时间才能充
分认识到这一分类导致的相关文献的广度和重要性。事实上，似乎是在 17 世
纪，那个伟大的法学时代，法律分类的理论取代了那些曾占据了上一代英国人
全部思想的法律改革理论。立法机关的持续活动全然是一种现代现象；在此
363 之前，边沁那类智者，更多的是考虑按照一个新的更哲理化的秩序来重新排列
这一分类的可能性，而不是考虑使法律与最大多数人的最大快乐或任何其他
原则相符合的可能性。因而呈现在我们眼前的进步与其说是法律的改革，毋
宁说是法律书籍的变革。这一理论最极端的例子，或许可以在多马(Domat)*
的尝试中找到，他据以将所有法律分类的依据，是《马太福音》第 22 章所阐述
的两大戒律——爱上帝和爱邻人。但是，总体而言，优士丁尼《法学阶梯》的编
纂者们效仿盖尤斯将法律分为人法、物法和诉讼法的安排，成为法律分类理论
变更的关键。该分类理论的发展历程与数个与其同样著名的论题的历史并不
相似。在遭受了长期的冷落后，它开始被认为是绝对真理的表述，人们假定在
罗马人所划分的法律的三个部分间存在着一种本质的、基础的区别。毫无疑
问，英国法学几乎未曾受到这种假定的影响，但英国法学家在不得不涉及国际
私法，或者，换句话说，在涉及一个社会认识和运用另一个社会的部分法学内
容时，会不时遇到由其衍生的推论。后来，人们观察到在严格适用该项罗马法
原理时出现了一些困难，为消除或理顺这些难点，人们花费了大量的聪明才
364 智。最后，这一分类被宣称在理论上无法立足，只是考虑到它的历史重要性而
应当保留。根据现代法学作者的通行意见，罗马法将法律分为人法、物法和诉
讼法的分类现在必须被认为已被推翻。

---

* 多马·让(Domat Jean，1625—1696)，法国伟大的法学家、法系学家，著有《法律论》《自然秩序中的民法》等，他寻求把所有的法律都建立在道德原则上。——译者注

由于法律的完善分类应当根据法条之间的真正关系作出，故而应当建立在对所有法律概念的全面分析的基础上，因此这一论题尚未失去对本世纪诸多才智杰出人士的吸引力。在奥斯丁遗留下来的作品中有许多对分类的思考，约翰·斯图亚特·密尔(John Stuart Mill)的一篇评述这些思考的论文极富价值，可以在他的《论文和讨论》(*Dissertation and Discussions*)的第三卷中读到。在欧陆，除英国及受英国法律体系影响的国家以外的整个文明世界中，法律的逐渐法典化给予此类问题以更为实践性的关注；因为一部法典必然以某种方式排列，而且没有人会否认这种排列越哲理化越好。但是论及这一主题的大多数作者，无论他们安以何种标题，都一致贬低罗马的及一切源于罗马 365
的分类，有时他们的责难惊人地激烈。对罗马《法学阶梯》的排列斥之以谴责甚至辱骂的现代风尚已经引发了一些反抗，我看到在美国已出现了一些复兴这一分类的勇敢尝试。一本在芝加哥出版，由爱荷华州州立大学的法律教授撰写的书，许多英国读者很可能无法读到该书，但是哈蒙德(Hammond)先生为桑达斯(Sandars)先生编辑的著名的《优士丁尼法学阶梯》美国版所作的序言必然是我所看到的对这种经典的法律分类的最好辩护。我自己的观点是现在对这种分类的普遍轻视只是一种误解而已。大多数现代思想家对这些主题所提出的法律分类是法律权利的分类。这些分类体系中的每一种分类都将法律权利作为其中心和重点。但是，无论在那些不了解它的人看来事实多么奇特，罗马人并没有认识到，或没有完全认识到在我们看来最为基本的法律权利概念。根据罗马法学家的通常用法，法(Jus)并不意味着权利(right)，而是意味着“法律”(law)，并且通常是指特定的法律部门。无疑，法的某些意义接近于权利的意义，甚至非常接近；但是，总体而言，罗马人应当被认为是在没有法 366
律权利这一概念的帮助下，建立起了他们值得纪念的法律体系。与其他思想领域相比，法律具有毋庸置疑的稳定性。我们必须对由这种稳定性引发的错觉保持经常的警惕。一些现代作者谈到罗马人时，仿佛他们应当为没有清楚地构想法律权利的概念而受责备；甚至密尔也认为在这一点上，他们的语言“令人不满”；但令人印象深刻的真相在于，权利的法律概念演化得非常缓慢。在罗马法学家的观念中，它与其他概念相纠缠，因此含义模糊。在中世纪，无疑是通过经院哲学家的研究，这一概念日益清晰。但是，毫无疑问，边沁和奥斯丁的透彻分析首次给予“一项权利”这一表达以一个清晰并连贯的含义。因此，我反对有时用于法律领域中的罗马地图的轻蔑语言，因为事实上未能认识到法律权利概念的人即使费尽心力也无法想到将权利作为基础的分类方法。为了公平对待那些首次将法律分为人法、物法和诉讼法的古代的法学家，我们必须尝试使我们自己认识到这种分类所取代的法律的视野；然后，我认为，我
367 们应当看到新的排列本身就是抽象思维所造就的一大伟绩。本文的目的在于表明什么是罗马法律体系所包含的原创性的法律概念，但为达此目的，本文的研究将阐释法律和司法的某些原初概念，人类中的大部分民族都曾对此混淆不清。

对罗马的法学阶梯中法律分类的敬意一度成为崇敬，尽管这种敬意时有起落，但已是相对现代的事。没有理由假定罗马法学家给予《法学阶梯》任何特别的重视。它只是法律论著或法律的入门，是初学者手中的教学指南。不久，学生就进而学习裁判官告示，他学生时期的绝大部分时光都要花在对裁判官告示的细致研究以及阅读大量以其为背景的评论上。但是裁判官告示，即使在经优士丁尼整理过后，也未将法律分为人法、物法和诉讼法。《十二表法》比告示更为古老，也不带有这种分类的痕迹，任何后来的罗马法纲要同样如此。《格列高利法典》(*Gregorian Code*)* 和《赫尔莫杰尼安法典》(*Hermogenian Codex*)** 根据与之不同的原则排列；狄奥多西二世的法典同样如此；《优士丁
368 尼法典》和《学说汇纂》显然也这样。当罗马法研究在中世纪复兴的时候，当时成千上万的学生所学习的法律课程并未遵循《法学阶梯》的排列方式。如哈蒙德先生在序言所称，中世纪的教师遵循一种所谓的“法律顺序(legal order)”，即课堂上所用的教科书中法律主题的实际顺序。事实上，《法学阶梯》在分类方法上的优势在对这种“法律顺序”的不满中萌发。哈蒙德先生说，它在法律院校中不断生长，直至18世纪末，甚至延续至布莱克斯通时代之后；“但《法学

* 又译为“格里哥安法典”，戴克里先在位期间，由法学家格里哥安教授编纂得名，颁布于公元295年，主要内容是整理从3世纪中叶至294年间前后12位皇帝颁行的所有法律，特别是涉及私法的法律。——译者注

** 又译为“赫摩根里鲁斯法典”，君士坦丁一世执政年间由法学家赫摩根里鲁斯编辑而得名的一部法典，颁布于324年。其主要内容主要包括君士坦丁一世以前10位皇帝的敕令，是对《格里哥安法典》的补充。传统看法认为，《优士丁尼法典》的编纂者从中汲取了不少内容。——译者注

阶梯》在学习计划中日益增长的重要性逐渐使它们的排列被认为是所有法律科学体系的基础。”但现在它已变得人尽皆知，至于比法律分类更重要的内容，那些在18世纪以科学和同样可敬的名义被抛弃的许多内容则必须被重新发现和重新研究，如果人类思想之线无论何时都能重新编织的话。那么什么是“法律顺序”？它出现在罗马人的《学说汇纂》和法典之中，当那些法律载体被融为一体时，它已经在卓越的法律天才糜集的社会的法律记录中保持其地位近十个世纪之久。我认为这个问题不仅仅是技术性的，也不仅只是出于一种古文物研究的兴趣。

法律主题的排列在罗马法中源远流长，它在作为其理论源头的《十二表 369
法》的片段中被首次发现。除第十一表和第十二表外，各表的内容一般从戈托弗雷德(Gothofred)* 时起已广为人知；但我们现在只需注意前三表，尤其是第一表。这一原始法典的第一表包含了许多**传唤到庭**规则(*de in jus vocando*)，论及了司法程序的第一阶段，论及传唤被告和辩护理由(excuse)，或者——用后来在我们自己的早期法中运用的条顿语——“不到庭理由说明”(essoins)，人们可以通过获得它而不参加审判。第二表首先是关于在法院处理案件所遵循的程序，其次(通常认为是这样)是关于**盗窃**；它随即从法律程序转到动产的欺诈性拒付(fraudulent subtraction)。第三表包含关于寄托(Deposit)的规则。我们无须再进一步，必须收集的只是那些开篇就论述法律程序，继而，随即或一会儿后，论述盗窃和寄托主题的最早期的罗马法典。在其余各表中法律的所有其他标题显然遵循同样明显的无规则的排列。现在，让我们转向《裁判官 370
告示》或《永久告示》，它们是罗马衡平法学的载体，与由《十二表法》及以其为核心衍生的法律规则发展而来的罗马普通法相对。告示无疑有其自己的主题顺序。我目前不讨论这种顺序何时、以何种方式首次出现。它以显然与十人执政官所制定的第一表相一致的标题为开端，尽管通常采用了与其不同的表述——**须赋予之诉**(de actione dandâ)。第二个标题，如同后者的第二表那样，论述法院程序。“寄托”在第三个标题中论及；但是盗窃没有像原始法典中所规定的那样紧随程序，而是安在了第四个标题的最后一部分，婚姻部分及监护

* 17世纪法国罗马法学者。

在它前面。其余标题与十二表大体但非完全一致，总体而言，告示的分类看起来像十二表法的古代顺序的现代形式。可以确认的是告示的主题分类在大量的罗马法文献中都被遵循，并且影响了早期法典化的尝试，但它引发了关于它是否决定了《优士丁尼法典》和《学说汇纂》所遵循的顺序的长期争论。初看两
371 者之间没有一丝相似或一致之处，但原因在于这两个著名的汇编都已用大篇幅的前言介绍了真正的分类。在法典中，前言是关于教会的；在《学说汇纂》中，首先有一些关于法律的总体陈述，然后是对各种各样的与法律的执行或某种司法管辖权相关的帝国官员的陈述。《学说汇纂》真正的主体部分自第二册的第四个主题开始，而且正是以十人执政官法的第一表为首个主题，传唤到庭(de in jus vocando)。在这些罗马法最早期和最晚期的不朽作品间的近似性可以在《学说汇纂》的不下 19 册中辨别出来；只有盗窃令人不解地具有了与古代法律截然不同的现代法律的特征。

从对这个占据了数代博学之人心灵之疑问的简要概括来看，贯穿其整个历史的罗马法的形式受到了《十二表法》中主题的原始排列的深刻影响。我们对这一古代法律分类的意义或原则有任何线索吗？初看之下，它只是非常紊乱无序，甚至比我们经典的英国法律汇编——培根的“节略本”的分类更不能
372 成为任何主导观念的起源。后者以“法院管辖权的妨诉抗辩”开头，继而论述了代理人和律师，但无论如何它都可以以发明了按字母排序的便利方法自居。但近来所谓的比较法学能对《十二表法》的排列问题予以解释，这一怀疑并不是什么新鲜事。一旦研究过迄今为止最早、最纯粹的条顿法典——法兰克的《撒利克法典》，我们就可以发现，它所遵循的法律主题的顺序与除《法学阶梯》外所有罗马法的不朽作品所遵循的法律主题顺序都具有某种奇特的总体性的相似之处。第一个主题是关于一方传唤另一方或他人到庭(de mannire)，这恰巧对应了罗马铜表法的第一表，以及告示的第一个主题。以下的七个主题与盗窃有关，正与罗马的第二表的第二部分相似。撒利克关于偷猪、偷牛、偷家禽及类似之物的标题依次排列直至第九个标题，接着开始规定不法侵害的主题；但法典制定者又立即回到了盗窃，尽管他转而又论述杀人及其他严重犯罪，在法典的大部分地方他都经常再度论及盗窃。与罗马的寄托最近似的标题直至《撒利克法典》的中部才出现：其标号为“50”，并有蛮族式的拉丁标题

“缔结契约的正式行为”(de fides factas)*；但它的结构极其精巧，并为现代的
日耳曼学说提供了充足的“食粮”。事实依然是，日耳曼的《撒利克法典》如 373
同罗马的《十二表》法那样，都将诉讼法置于法律的开端，这在现代法律眼光
看来实为谬误。还有，如《十二表法》那样，它非常重视盗窃——在现代法律
中一个最不重要的主题；它详尽讨论契约义务，但对此毫不重视，其地位绝
对无法与罗马《法学阶梯》为契约法所保留的地位相比。这些相似之处，如我
所言，不久前就已引起了一些关注，但人们所争论的只是这些相似点是否证明
了法兰克的法典制定者对罗马的“法律顺序”已经有所了解。一方认为，《狄奥
多西法典》极有可能与法兰克的法典化有关；另一方则认为，《撒利克法典》的
实体法并未显示出来源于罗马法学的迹象。它只是纯粹的蛮族之法。此外，
《撒利克法典》中主题的顺序并非法兰克极有可能追随的晚期罗马法的主题顺
序，而是早期罗马法的主题顺序，法典制定者对此几乎不可能有所了解。在程
序之后，《撒利克法典》论述盗窃。根据较为有力的观点，《十二表法》亦如此；
但在晚期罗马法中，盗窃已经成为一种刑事犯罪，并且无足轻重。事实在于， 374
赋予盗窃重要地位是蛮族法的一个与众不同的特征。这是由于当时动产远比
不动产、个人财产远比土地昂贵得多。法律制定者为之立法的社会拥有开垦
不尽的土地，通常暴力掠夺或欺诈的对象是动产、奴隶、家畜或因工艺落后而
人工昂贵的装饰品或器具。据此，法律制定者无法得出比重视盗窃更为确定
的结论。

即使不考虑能够支持观点的新材料，我也并不赞成《撒利克法典》的排列
源于罗马。但这些新材料进一步证实了我的这一看法。事实上，单单新近发
现的爱尔兰法就可以助我们一臂之力。它最为独特之处在于其对程序的异常
关注。爱尔兰主要的法律典籍，自称为法典并在其前言中声称是在“狄奥多西
主宰世界”时制定，几乎全为扣押法的内容。无疑，在此我们发现了罗马法第
一表“传唤”的凯尔特翻版。扣押是古代爱尔兰方法，它可能曾是希腊、罗马、 375
日耳曼和印度的方法，或许它曾是传唤的普遍方式，以迫使被告到庭并使纠纷
服从仲裁或判决。这一制度在罗马和印度几无踪迹，只在条顿法中留有较多

* 在伦巴第和法兰克的法律中，以交付树枝作为正式缔约的象征。——译者注

痕迹；如果你受到了伤害，甚至到了迫使你利用原始自然的暴力复仇法补偿的程度，出于宽容或由于法律的控制，你就使用这一制度迫使你的敌人到庭。但是，尽管这些一致是明显的，在爱尔兰法学的惊人混乱中无法找到与罗马的《十二表法》更多的相似之处。在这部伟大的法典《古制全书》(*Senchus Mor*)* 中，继扣押法之后讨论的主题是"人质安全"法，应当断定它在一个像古代爱尔兰那样处于永远交战状态的社会中必然是一个重要的法律部门。但事实上大部分法律在《古制全书》中在扣押的标题下被偶尔谈论，总体而言，必须承认在那本及其他任何爱尔兰法律书籍中都没有任何有计划的分类的明显迹象。我们所能确定的是——这是一个重要的论题——爱尔兰的布雷亨法
376 学家认为把被告带至法院的模式正当、自然地优先于其他法律主题。

在我看来，解开这些秘密的关键或许可以在那些印度的法律书籍中找到。我们或多或少对它们有所了解，尽管名之为法典极不恰当。有赖于威廉·琼斯爵士的翻译，其中的一部法典很久以前就能为英国研究者所获得。这部所谓的《摩奴法典》被传统的印度人认为是"圣法"的集合。它是威力无穷的摩奴向以"坐禅凝思"的方式谒见他的"圣人"宣布的。但是圣法是以与现代法典完全不一样的方式公布的。它们被包含在此外还论述了可见与未见的世界、统治艺术及印度社会各种阶层等其他内容的著作中。同样，基督徒的爱尔兰布雷亨法也被发现混杂在对宇宙的产生和逻辑的讨论中；罗马《十二表法》显然包含了一些宗教仪式的内容。事实上《摩奴法典》本身就可以间接地表明，作为意识反映的对象，法律是逐渐进化的结果。在一开始，它并未与各种关于影响今生或来世的事物的论说相分离。当代的梵文学者，如我在本书的前面数
377 章所解释的，根本不承认后来的那些自称年代久远的印度法律书籍。根据马克斯·穆勒教授的一个理论，他们将所谓的法典韵文本追溯至为了便于记忆而言辞简洁的格言集，并最终在雅利安族最古老的文献中找到了源头。但这些一度定型的法律书籍似乎被进一步专门化。罗马的《十二表法》中有着明显的宗教仪式的痕迹，在另一个意大利共同体的著名记录，直至几天前尚无人能读懂的尤古宾碑(Eugubine tables)中，也有一个完全照搬宗教仪式的法规纲

* 该书包含了从公元 441 年到 17 世纪末期间 12 个世纪以来爱尔兰所一直沿用的法律。尽管在这期间英格兰国王一直要废除它，引入英格兰法律。——译者注

要；在现在已译成英文的《那罗陀》一书中，英国读者将会发现摩奴“圣法”的另一个版本，其中法律已与其他主题彻底分离，并因与现代的法典编纂者具有同样的视角而获得高度的评价。

在中世纪的印度法汇编中，《那罗陀法典》是印度现行法律的真正来源，那罗陀有时被当作几乎和摩奴同样的权威来援引。实际上，摩奴和那罗陀都是虚构的，以他们的名字命名之书只不过是多少按照宗族或氏族的模式组成的
特定印度法律教派的教义概略。这些法律书籍都自称源于参与创世的摩奴所 378
宣布的圣法；现存之书声称包含了摩奴的全部教义，但该书的作者将摩奴当作与他自己不同的贤人加以引用；而《那罗陀》之书的前言则详细地描述了假定的最初的《摩奴法典》逐步专门化，直到它最终变成实在法专著的过程。作者说到，摩奴撰写了一部著作，除了其他内容，还谈到了世界的创造，提到了世上生物的分类，并且列举了分配给他们的国度，该书长达 100 000 个输洛迦(slokas)，即法律条文或诗句。摩奴把它交给那罗陀，那罗陀作了一个非常适当的评价，“鉴于其长度，此书不易为人类所学”。于是他把它删至 12 000 个诗句，他的弟子苏摩底(Sumati)进一步将其删至 4 000 句。导言说，只有神读过最初的法典。人们读的只是苏摩底的再缩本，因为生命的短暂使人类的能力只能止步于此。

《那罗陀》之书最近已由维尔茨堡(Wurzburg)的朱利叶斯·乔利博士翻译成英文，该书最引人注目之处在于其作者比《摩奴法典》的作者更像一个纯
粹的法学家，他的书更像是一部关于法律的著作。他们无疑都是婆罗门。摩 379
奴的作者强烈主张祭司掌握大权，并像更早的统治者那样把俗世的制裁当作对精神惩罚的补充和帮助。另一方面，《那罗陀》的作者几乎完全依赖于世俗制裁，他的宗教特征主要表现于诚挚热烈、令人印象深刻的有关遵守法律及包含于法律责任中的道德义务的训词。基于我现在的目的，我只须指出这些婆罗门的法典制定者，显然在一些方面彼此不同，可能双方都反映了一些为人所崇敬的学派的学说，他们在关于顺序的观念和法典的内容方面基本相同。他们所遵循的关于主题的分类可以通过考察威廉·琼斯爵士所译的《摩奴法典》的第八章观察到，而《那罗陀》之书则通篇遵循该分类。我将引述后者，因为主题分类在这本更为纯粹的法律论著中较为简明。以下对它的说明引自乔利博

士译本第 6 页上的第 16—20 个输洛迦：

> 一个法律进程的八个组成部分是国王、他的官员、陪审官、法律书籍、会计师和书吏、用于起誓的金和火、用于恢复精力的水。
>
> 380 债务的偿还、寄托、合伙经营商业、赠予物品的收回、拒不履行承诺、不付薪资、无所有权物品的出卖、已售货物的未曾送达、解除买卖、订单的违反、边界的争执、夫妻的义务、暴行、侮辱和攻击、赌博及各类争执。
>
> 共有十八个争议事项。

大体而言，这种主题的分类在全书中被严格地遵守，只在一点上有明显的例外。该书首先对法院的结构及其程序进行了详尽描述。国王手握法律书籍落座于上；但是，尽管所描述的司法完全是王室的司法，意味深长的是国王被指令遵守其首席法官或陪审官的意见。在对司法系统进行了详细说明后，作者（以我即将作出的一个评论为准）开始论述关于证据的主题，在他看来这一主题包括神裁法。然后，在概述了我们这些生活在边沁的光辉下之人所称的程序法（adjective law）后，他进而把实体法分为十八个部分，称之为“争议事项”。他对这些内容讨论的顺序就是我所援引的段落中排列的顺序；唯一的例外，即第一个争议事项，债务的偿还，它被安插在司法系统和证据之间。这可
381 能只是最古老的印度法纲要偶尔发生混乱的结果，但有人注意到“债务的偿还”这种类似错置在摩奴的论述中也能发现，因此可以设想，这可能是由不参照实体法来解释程序法所固有的困难引起的，而且为了便于给文本作者提供插图，一个“争议事项”才被挪位。

我完全认识到了这一古代分类的原则和意义。《那罗陀》或者其原作的编纂者假设人们发生争议，进而提出了用不流血、非暴力的裁决解决争议的方法。出现在他脑海中的主要概念并非法律或者权利，或者制裁，或者是实在法和自然法之间、人法和物法之间的区别，而是法院。伟大的事实在于现在出现了私人报复的替代物，一种制止个人的或世袭的血仇而非屠杀或掠夺的方法。因此，他把对法院及其结构、程序及法院对所谓事实的检验的描述放在了首位。在首先说明了解决争执的伟大机构后，作者进而根据争议的主题内容，根

据确能引发民事争议的人们间的关系，对法律予以分类。因此，债务、合伙、婚姻关系、继承和捐赠被认为是某种文明的初期的人确会发生争议的事项，而它们所导致的各种各样的权利和责任（如我们所称）只是在法院被要求裁断争议时，作为决定法院作出的判决所依据的指南而提出。 382

在我看来，这足以解释我引用过的原始法典中主题分类的所有问题。它们似乎都以司法为开端，并把实体法分为若干“争议事项”。事实上爱尔兰法从未超越最初的程序阶段。有所贡献的裁判官法学家倾其学识与天赋来解释置结怨者于制度控制下的规则，而这一制度在罗马和印度法典中早已存在并发挥着积极有序的作用。然而，司法在早期所具有的支配性的重要地位在这些法典中的一致表现更加令人震惊。如我们所见，罗马、法兰克和印度的法典也把争执的主题分成几个部分，这些争执是诉讼的素材；至于这些“争议事项”所出现的顺序，在我看来，取决于它们在确定该秩序的时代的相对重要性。我 383
毫不怀疑这种排列在某种程度上具有偶然性，但是在我看来，罗马法和印度法给予寄托的优势地位以及罗马和法兰克撒利人的法律给予盗窃的优势地位，其中必然含有深意。我们只能猜测寄托具有特别重要的理由，但对后者，我已经陈述了我的观点，即盗窃的重要性在于经济和社会进步的特定阶段。我们可以在罗马法中看到它们的重要性逐渐衰落的迹象，这正是我们从人口的增长、土地价值的增加、资金的日益充足、日用或奢侈的动产的更自由的增殖、以及随之发生的它们的相对廉价这些现象中应当预料到的。奇怪的是，在《那罗陀之书》中，盗窃不是一个特定的争议事项，只是在对寄托的讨论中偶尔提及，这可能是因为该法更为古老。

因而，我的观点是法院的权威使得在这些早期的法典制定者头脑中的所有其他想法和思考黯然失色。这些法典的制定者属于相距如此遥远、差异如此明显的雅利安族社会。这一立场的证据并非只出于可能，或仅基于对古代 384
法律纲略意义的推断。有一份冰岛的完整的文献，它生动地描述了古代社会中法院的权力和威严。几乎可以这样说，在康拉德·莫勒（Konrad Maurer）先生以其勤勉和学识向我们展示的冰岛，值得一提的制度唯有法院；整个社会围绕它形成，所有的观念以它为中心。它影响了所有的文学作品，无论是诗歌还是散文。它显然与每个篇章、事件、感情以及生命的激情紧密相连。由于所描述的社会只要循其本性，就充斥着极度的血腥与暴力，故而它显然并非我们所理解的法院，在所有人看来，它是以血还血的替代品，是受害人的复仇者，它已经获得了这种控制的权威。而且，我们无须翻阅历史记录，以证明这是人们心智的自然状态。这种现象可以再现，事实上在这个刚刚才摆脱长期政治混乱的国家，这种现象也并不罕见。自摩奴和那罗陀的法律不再由他们所描述的法院实施以来，这个国家就陷入了长久的混乱。当一个治理极其不力的省为
385 英属印度所吞并，通常第一效果既非满意亦非不满，既非旧法的和平保留，亦非新法的突然适用，而是向即刻成立的英国法院提出的诉讼呈现惊人增长。事实发生得太一致了，乍看非常令人费解，未曾获得应有的注意，但通常被遗憾地加以评论。光阴荏苒，当被吞并领土的原有状况在时光中被忘却，这种新的好讼有时被用以表明在本土规则向英国规则的转换中，社会并未获得纯粹的幸福。但我已在本文中得出了正确的结论，即当法院首次作为解决争议的手段出现时，它们往往具有凌驾于人的心智之上的巨大权威以及合其喜好的非凡吸引力。这些争议原本或以暴力调整，或者因必须冒极大的风险方能解决而被搁置。

在英属印度更为固定的区域，法院的另一个历史阶段作为例证更有说服力。对英属印度政府和英属印度立法机构命令的遵守比对任何先前存在的印度权威的命令以及最强大的莫卧儿皇帝的命令的遵守更为彻底。法律在印度
386 的遵守情况并不逊色于英国，不过，是更为刻意地遵守。在目前（以及其后的很长一段时间它都可能如此），存在定期实施法律的法院这一事实经常出现在受其管辖的印度人的脑海中，到了我们这些英国人几乎难以想象的程度。法律和法院的重要性可以以我所认同的有确实可靠根据的情况来衡量，在印度的许多地方，年轻人在每日课程中学习刑事和程序法典，如同西塞罗时代的罗马青年学习抒情短曲般的《十二表法》。但对我们而言，我几乎毋庸赘言，不存在丝毫对法律规则的刻意遵守。法律已经融入了我们的习惯和思想，因此法院很少需要强迫我们遵守它，因而，它们显然已经隐身幕后。只有当法律偶然不确定，或者当我们所关心的事实恰巧罕有地相互纠缠时，我们中并非法学家的大多数人，才接触到法律的施行。武装法律的强制力无疑仍然存在；但它只是以（恕我直言）一种简洁集中的形式处于备用的状态，这使它一直处于人们

的视线之外。总体而言,和平与文明的结果是削弱了人类对法院自觉崇敬,以及对其重要性的持久意识。

以现代眼光来看,我们可以认为早期法院令人印象深刻的原因部分是由 387
它们的软弱无力造就的。长期存在于它们身边的习惯似乎正是它们试图制止的对象。未开化文明的早期司法程序软弱无力的一大表现在于它对我们称之为"扣押",日耳曼人称之为"私力救济"的补救方式以及对敌人财产的私人复仇的补救方式的极端重视;有很多重要的证据表明早期的裁判所没有直接实施其自身法令的权力。违反法院命令的人不再受到法律的保护;他的亲属不再对他的行为负责,那些伤害他的族人也不负法律责任;因此他随时处于危险之中。因而我们不能不怀疑法律在一定情况下所允许的暴力和流血在法院产生的初期通常是普遍的,而且,它们最早的作用是提供暴行的替代品,而非彻底地抑制暴行。法院的价值和益处可能因而更加显著,虽然其权力仍有缺陷,其运作仍不规律。但逐渐地,当国家的统治权日益完善,并越来越多地由法院
支配的时候,法院的裁决变得有力、不可变更。大量习惯和观念得以形成,其 388
中心和枢纽是对法律的绝对遵守。这一遵守法律的习惯的形成及随之而来的法律的直接刑事制裁功能隐身于幕后,是司法理论发生巨变的奥秘所在。我们已经看到罗马的《十二表法》的"法律顺序"证实了程序最初的重要地位,在它已失去其意义后仍存在了很长时间;但是,在秩序总是相对良好并最终成为秩序、和平典范的国家——罗马,作为法律最早动力的强制力也退出了历史舞台。罗马《法学阶梯》的分类并未把诉讼法放在首位,而是放在了第三位,也就是最后一位,这与如此根深蒂固以致无意识地遵守法律的习惯的形成是一致的;但其他更多和更惊人的证据是自然法概念的兴起,它实际上是与刑事制裁功能相分离的法律。曾是法律动力的强制力退出了人们的视线,如果我可以这样说的话,这在现代社会比在罗马世界更彻底;部分是因为在所有地方法院的裁决都是不可动摇的,但无疑也来自直接或间接源于罗马自然法理论的长
期优势地位。现代分析法学家——边沁和奥斯丁的巨大困难,是使赋予法律 389
约束力的强制力从其藏身之处再度现身。他们不得不表明它从未消失,也无法消失;但它只是潜在的,因为它已转化为遵守法律的习惯。即使现在,他们有关强制力存在于任何法院执行法律之处的断言存在着许多自相矛盾的理

念——他们的论断在我看来无法经受历史事实的考验。

早期粗陋的和晚期精致的法律规则的这一分类的主要差别涉及诉讼、起诉和程序的规则，它们渐渐落入次要的地位并变成如边沁所称的程序法（直译为从属法）(adjective law) * 。就这一点而言，自从罗马法律教科书的作者们把诉讼法放在他们的体系的第三部分，即最后一个部分，他们就已实现了飞跃。没有人会比英国人更清楚，这并非一种人们自然而然轻易想到的排列。在法院发展的孩提时代，诉讼法的支配地位是如此之大，以至于实体法起初看起来正逐渐隐匿于程序的缝隙之中；早期的法学家只能透过法律技术的形式
390 外壳看到它。但似乎文明社会又经历了对这种思想的回归。那些能回想起往昔活跃的法律改革潮流的人中依然有人健在，这一改革是与 1832 年改革法案相联系的运动的一部分。它首次出现于诉答程序之严格性的生机勃勃的复兴，所以多年来存在争论的实际问题被向法院起诉的正确方式问题所掩盖。这与日耳曼人的古代百户区法院执行粗陋的撒利克法时的状况无甚区别。“新的起诉规则”的效果消退得非常缓慢，仅仅是在前几天，其全部影响还未被充分感受到的《司法法》，将法院的程序摆在了一个仅仅把它当作从属法的社会必然给予它的位置上。

然而最现代的分类者并非参照人与物之间的区分来划分法律，而是参照诸种权利的不同来进行划分。我以前曾说过，法律权利的明晰概念并非古代的，甚或罗马的，而是具有现代世界的特色。无疑，在认识到这一点以前，如过去那样活跃并主宰了法律的整个领域的法院的意识必然已在某种程度上衰落
391 了。对于来自契约和不法行为的那一大类权利，罗马人无疑未曾分清法律权利和法律义务的概念。他们认为这两者被法律上的约束(a *vinculum juris*)即法律锁链捆绑在一起，而“责任”则是这一锁链的名称，同时表示权利和义务；举例而言，既是享有债务的权利又是偿还债务的义务。如我在它处所言，罗马人事实上在他们眼前保持了完整的“法律锁链”的画面，而且认为其一端不逊于也不胜于另一端。但是法院焊接了这一链条，对此及其他我们可以在罗马的法律措辞中发现的混合观念的解释是，我假设，法院对所有法律概念的支配

* 此词由英国法学家边沁(1748—1832)首先使用，作为实体法(substantive law)的对称，其含义和范围与诉讼法(procedural law)相同，但该词主要见于法学著作中。——译者注

仍然影响着罗马人的法律观念。尽管罗马的初级法律课本的作者没有发明，本也不应当发明建立于权利分类基础上的法律排序，他们确实，如我们所见，认识到了与程序有所区别的法律概念，他们确实认为可以在人法和物法间分类。这两个部分和另一部分的关系引起了现代作家的热烈争论，在此我无暇多虑；但任何已认识到我试图阐明的法律的古代观念的人，或许能使自己相信，无论如何，物法的概念都是抽象思维的伟大成就；必然有一个法律天才首 392
先认识到对法律的思考和阐释，一方面应当与施行法律的法院分离，另一方面还应当与施行法律的人的分类相分离。

索　引

（下列页码均为本书边码）

F

G

H

J

K

N

O

P

S

U

V

W

Y

Z

EARLY LAW AND CUSTOM

BY

SIB HENRY SUMNER MAINE

NEW YORK

HENRY HOLT AND COMPANY

1883

图书在版编目(CIP)数据

早期法律与习俗/(英)亨利・梅因
(Henry Sumner Maine)著;冷霞译.—上海:上海人
民出版社,2021
(世界法学名著译丛)
书名原文:Early Law and Custom
ISBN 978-7-208-17022-3

Ⅰ.①早… Ⅱ.①亨… ②冷… Ⅲ.①法制史-研究
-世界-古代 Ⅳ.①D909.9

中国版本图书馆 CIP 数据核字(2021)第 115841 号

责任编辑 屠玮涓 于力平
封面设计 张志全

世界法学名著译丛
早期法律与习俗
[英]亨利・梅因 著
冷 霞 译

出　　版 上海人民出版社
(200001 上海福建中路 193 号)
发　　行 上海人民出版社发行中心
印　　刷 上海商务联西印刷有限公司
开　　本 720×1000 1/16
印　　张 16
插　　页 4
字　　数 239,000
版　　次 2021 年 7 月第 1 版
印　　次 2021 年 7 月第 1 次印刷
ISBN 978-7-208-17022-3/D・3733
定　　价 68.00 元